高职高专“十二五”规划教材

市场营销原理与实务

主　编　冯晓莉　罗建华
副主编　石　丽　鲁　杰　罗春红
参　编　高晨峰　马　瑾　李　南　吕玉玲　刘录松

机械工业出版社

本书在编写过程中，以国家职业标准为依据，以“工学结合”的高职教学理念和教学方法为指导，努力探索以任务驱动法带动相关知识教学的新思路，以培养技术应用能力为主线，全面设计学生的培养方案，从职业分析入手，根据职业岗位所需的知识来确定本书的内容。在理论知识适度的前提下，力争达到理论与实践相结合，知识与应用相统一，从而实现高职教育的目标。全书共十章，内容包括：市场营销导论、战略规划与营销管理、市场营销环境分析、消费者市场和组织市场分析、市场调查与市场预测、目标市场的选择、产品策略、价格策略、分销渠道、促销策略。

本书可作为高职高专经济、管理类专业教学用书，也可作为其他人员学习营销知识的教材或自学参考书。

图书在版编目（CIP）数据

市场营销原理与实务/冯晓莉，罗建华主编．—北京：机械工业出版社，2012.2（2019.2 重印）

高职高专“十二五”规划教材

ISBN 978-7-111-36879-3

Ⅰ．①市… Ⅱ．①冯… ②罗… Ⅲ．①市场营销学—高等职业教育—教材 Ⅳ．①F713.50

中国版本图书馆 CIP 数据核字（2011）第 268686 号

机械工业出版社（北京市百万庄大街 22 号 邮政编码 100037）

策划编辑：孔文梅 责任编辑：孔文梅 宋 燕

封面设计：鞠 杨 责任印制：孙 炜

保定市中画美凯印刷有限公司印刷

2019 年 2 月第 1 版第 5 次印刷

169mm×239mm · 17.25 印张 · 333 千字

8 001—9 000 册

标准书号：ISBN 978-7-111-36879-3

定价：35.00 元

凡购本书，如有缺页、倒页、脱页，由本社发行部调换

电话服务

社服务中心：（010）88361066

销售一部：（010）68326294

销售二部：（010）88379649

读者购书热线：（010）88379203

网络服务

门户网：http://www.cmpbook.com

教材网：http://www.cmpedu.com

前　言

高等职业教育的改革对职业教育的培养、教学内容、学习方法、教学过程等方面提出了新的要求，因此高等职业教育教材的编写就需要紧紧围绕培养高技能应用型人才进行。

本书在编写过程中，以国家职业标准为依据，以“工学结合”的高职教学理念和教学方法为指导，努力探索以任务驱动法带动相关知识教学的新思路，以培养技术应用能力为主线，全面设计学生的培养方案，从职业分析入手，根据职业岗位所需的知识来确定教材的内容。在理论知识适度的前提下，力争达到理论与实践相结合，知识与应用相统一，从而实现高职教育的目标。本书具有以下特点：

第一，实用性强。全书强化理论、训练和实务的结合，围绕应用型、技能型人才培养目标，科学设定知识目标和技能目标的立体教学目标体系，合理安排知识练习和实训操作，促进知识向能力的转化。一方面，本书按真实、正常、合理的营销活动顺序为内容设计主线，从而更加贴近市场营销教学与教改的需要，更有利于培养实用型营销专业人才；另一方面，本书遵从“理论够用”的基本原则，教学内容先进、重点突出、取舍合理、层次分明，保证理论体系的健全。

第二，基于工作过程的课程设计理念。本书在编写内容与章节顺序上，按照市场营销活动过程的内容与顺序展开，使课程章节与实际操作顺序相一致，既有利于学生对市场营销各项基本原理的掌握，又能保证市场营销活动整体过程的逻辑思路，便于学生按照市场营销活动过程的顺序掌握课程内容。

第三，编排新颖。全书在每章开始都有营销格言、知识目标、技能目标和引导案例，以方便学生为学习新知识做好准备；全书使用了丰富的案例加强学生对概念、理论进一步深化理解；每章之后都配有相应的知识练习与思考和实训操作等项目，以便学生掌握营销知识和实际操作能力。

本书的编写人员有冯晓莉、罗建华、石丽、鲁杰、罗春红、高晨峰、马瑾、李南、吕玉玲、刘录松，具体编写分工如下：冯晓莉负责编写第一章，高晨峰负责编写第二章，罗建华负责编写第三章，鲁杰负责编写第四章，刘录松负责编写第五章，罗春红负责编写第六章，马瑾负责编写第七章，吕玉玲负责编写第八章，石丽负责编写第九章，李南负责编写第十章。全书由冯晓莉统稿、修改定稿。

为方便教学，本书配备电子课件等教学资源。凡选用本书作为教材的教师请登录 www.cmpedu.com，注册为会员后可免费下载，咨询电话：010-88379375。

本书在编写过程中得到机械工业出版社的大力支持，在此致谢。由于时间紧、任务重，加之我们的研究能力和写作水平有限，书中难免有不足和疏漏，恳请广大读者提出宝贵意见和建议，以便再版时进一步修改和完善。

编　者

目　录

第一章　市场营销导论

营销格言

营销并不是以精明的方式兜售自己的产品或服务，而是一门创造真正顾客价值的艺术。

——现代营销学之父　菲利普·科特勒

知识目标

1．了解市场营销学的性质和研究对象。

2．掌握市场和市场营销的含义。

3．树立科学的市场营销观念。

技能目标

1．树立科学的市场营销观念，学会有意识训练自己的营销素质。

2．具有较强的认识能力、观察能力和思考能力。

引导案例

沃尔玛：让"上帝"满意的"零售帝国"

沃尔玛于 20 世纪 60 年代创建，1990 年成为美国第一大零售商，继而进军海外市场，近年屡屡位居全球商业企业榜首，号称全球最大企业，拥有 130 万个合作人，每天销售额 6 亿美元，被评为全美最适合工作的公司。

沃尔玛的经营哲学认为：顾客永远第一。走进任何一家沃尔玛商店，你都会看到这样一条标语："第一，顾客永远是对的；第二，顾客如果有错误，请参看第一条。"沃尔玛不断地了解顾客需要，设身处地地为顾客着想，最大限度地为顾客提供方便，它把为顾客提供超一流服务摆在和天天平价同等重要的战略高度。

沃尔玛力求在每一家连锁店都让顾客感到"这是我们的商店"，都会受到"殷勤、诚恳的接待"，以确保"不打折扣地满足顾客需要"。正是"事事以顾客为先"的点点滴滴为沃尔玛赢得了顾客的好感和信赖。

资料来源：倪自银．新编市场营销学[M]．北京：电子工业出版社，2011．

分析说明

在这个案例中，沃尔玛把顾客放在第一位，视顾客为“上帝”，从顾客的需要出发，设身处地地为顾客着想，最大限度地为顾客提供方便，通过提高顾客的满意程度赢得了顾客的好感和信赖。

第一节 明确市场营销及相关的概念

一、市场

企业营销活动的主要和重要的舞台是市场，没有市场的存在就没有营销活动的开展。因此，市场成为与市场营销联系最紧密的一个概念，只有明白了什么是市场，才能更好地理解什么是市场营销。

1．市场的概念

（1）传统的市场概念。传统的市场概念可从以下几个角度来理解：

1）市场是商品交换的场所，即买主和卖主发生交易的地点或地区。这是从空间形式来考察市场，市场是个地理概念，也就是人们通常所说的“狭义市场”。

2）市场是指某种或某类商品需求的总和。

3）市场是买主、卖主力量的集合，是商品供求双方的力量相互作用的总和。以上两种理解是从供求关系的角度提出来的。

4）市场是指商品流通领域交换关系的总和，这是从交换关系的角度提出的一个“广义市场”的概念。

（2）市场是一个发展的概念。随着生产力的发展和经营观念的转变，传统的市场概念已经适应不了现代市场经济的发展，需要作出新的解释。现代市场营销观点认为，现代市场已超出了时空和地域的概念，由传统的交换场所演变为某种营销行为。从经营者的角度来看，市场是具有现实需求和潜在需求的消费者群；从消费者的角度来看，市场是经营者为满足消费需求所提供的一切营销行为的总和。

2．市场要素

从卖方市场研究买方市场，市场构成有三个因素：①人口；②购买力；③购买动机。我们可以概括地用下列公式来简单地表示市场。

市场=人口+购买力+购买动机

人口是构成市场的基本要素，人口越多，现实和潜在的消费需求就越大；购买力是指人们支付货币购买商品或劳务的能力，购买力的高低是决定市场容量大小的重要指标；购买动机是指导致消费者产生购买行为的动机、愿望和要求，它是消费者将潜在购买力变为现实购买行为的重要条件。

3．市场的分类

市场的分类方法很多，从不同的角度可以划分出不同的市场。市场从大类上可主要分为消费品市场、生产资料市场及提供各种服务的要素市场；从营销角度可分为现实市场、潜在市场和未来市场；根据顾客性质的不同可分为消费者市场和组织市场；根据经营内容的不同可分为消费品市场、生产资料市场和要素市场；根据市场范围的不同可分为区域市场、国内市场和国际市场；根据市场状况的不同可分为买方市场和卖方市场；根据竞争程度的不同可分为完全竞争市场、完全垄断市场、寡头垄断市场和不完全垄断市场；根据流通环节的不同可分为批发市场和零售市场。这里我们主要介绍消费品市场和生产资料市场。

（1）消费品市场。消费品市场是指为了满足消费者的最终需要而形成的市场。因此，它从根本上对生产资料市场有一定的制约作用。生产资料购买的最终目的还是为了满足消费者的需求。

（2）生产资料市场。生产资料市场是指企业为了满足开展业务和创造其他产品的需求而购买产品和劳务的市场。对生产资料的需求，包括劳动手段和劳动对象，是生产性消费的劳动产品。

二、市场营销的基本含义

国内外都有普遍的误解，就是把市场营销（Marketing）等同于推销（Selling）。针对这种情况，美国市场营销学权威菲利普·科特勒指出：“市场营销最重要的部分不是推销。推销仅仅是市场营销冰山的顶端，推销仅仅是市场营销几个职能中的一个，而且往往不是最重要的一个。因为，如果营销人员做好识别消费者需要的工作，发展适销对路的产品，并且搞好定价、分销和实行有效的促销，这些货物将会很容易地销售出去。”这也正如美国企业管理学权威彼得·德鲁克指出的：“市场营销的目的在于使推销成为多余的。”至此，我们可以将市场营销理解为与市场有关的人类活动，即以满足人类各种需要和欲望为目的，通过市场变潜在交换为现实交换的活动。现代市场营销活动包括市场营销研究、市场需求预测、新产品开发、定价、分销、物流、广告、人员推销、销售促进和售后服务等。

实例 1-1

营销究竟是个什么事儿

老教授说:“它跟需求有关。”CEO 说:“它需要创新。”古董店的老板说:“它是一门艺术。”小贩说:“它就是如何赚钱。”文员说:“它跟销售没什么区别。”街边的大爷说:“不就是把东西卖出去呗。”的确，给市场营销下一个老少皆宜的定义并不是一件容易的事。不过这不要紧，那些五花八门的答案已经勾勒了新营销时代的轮廓：需求、创新、回归本质与关注人性。

资料来源：黄彪虎．市场营销原理与操作[M]．北京：北京交通大学出版社，2008.

市场营销的含义，国内外学者曾给出上百种不同的定义，本书采纳菲利普·科特勒的观点，将市场营销表述为：“市场营销是个人或群体通过创造，提供并同他人交换有价值的产品，以满足各自的需要和欲望的一种社会活动和管理过程。”

全面理解市场营销的基本含义，必须把握以下几点：

(1)市场营销是一种创造性行为。它不仅寻找已存在的顾客需要并满足它，而且激发和解决顾客并没有提出的要求，使之热烈响应企业的市场活动，即它不仅是服务于市场而且是创造市场的行为。

(2) 市场营销是一种自愿自由的交换行为。买卖双方自由交换，使各方通过提供某种东西并取得回报。交换是构成营销的基础。

(3) 市场营销是一种满足人们需要的行为。消费者的各种需要和欲望是企业营销工作的出发点。因此，企业必须对市场进行调研，寻求、了解、识别、研究和掌握消费者的需要和欲望，并确定其需求量的大小。

(4) 市场营销是一个系统的管理过程。它不仅包括生产、经营之前的具体经济活动，如收集市场环境信息、市场调研、分析市场机会、进行市场细分、选择目标市场、设计开发新产品等，而且包括生产过程完成之后进入销售过程的一系列具体的经济活动，如产品定价、选择分销渠道、开展促销活动、提供销售服务等，它还包括销售过程之后的售后服务、信息反馈等一系列活动。

(5) 市场营销是一种企业参与社会的纽带。市场营销是连接企业与社会的纽带。市场营销工作者在制定营销政策时必须权衡企业利益、顾客需要和社会利益。只有满足社会利益的企业才能长久不衰地获得经营成功。

三、市场营销的核心概念

正确理解市场营销的含义，还必须弄清其所涉及的核心概念，了解这些概念，对于学好市场营销是十分必要的。

1．企业、公司与市场营销者

（1）企业。它是指以营利为目的而参与市场竞争的组织。它是从事生产或流通等经营活动，为社会提供商品或劳务，从而获取利润的独立核算、自负盈亏的法人。

（2）公司。公司的英文原意为“合伙”，在西方国家包括个人合伙和企业合伙两种形式。营销学中的公司与企业区别不大，都是营销者。

（3）市场营销者。市场营销者是指希望从别人那里取得资源并愿意以某种有价之物作为交换的人。换言之，它主要指盈利性的企业、公司或个人。

2．用户、客户、顾客与消费者

用户、客户、顾客与消费者是指对某种商品或劳务占有、使用并从中受益的团体或个人，都是市场营销者的营销对象。因为他们对商品的使用和接受形式不同，所以使用时要注意区别开来。

3．需要、欲望和需求

（1）需要。需要是指没有得到某些满足的感受状态。例如，人们需要食品、空气、衣服等以求生存，人们还需要娱乐、教育和文化生活。

（2）欲望。欲望是指想得到某种东西或想达到某种目的的要求。例如，当一个美国人需要食品时，欲望是想得到一个汉堡包、一块烤肉和一杯可口可乐；而在我国，人们需要食品时，欲望是想得到馒头、米饭和炒菜。

（3）需求。需求是指对于有购买能力并且愿意购买某个具体产品的欲望。例如，许多人都想拥有一辆奔驰轿车，但只有少数人能够并且愿意购买它，也就是说，只有少数人有购买奔驰车的需求。

区分需要、欲望和需求的意义在于：①人类的需要在一定层次上是有限的，但其欲望却很多，当具有购买能力时，欲望才能转化成需求；②市场营销者并不创造需要，需要早就存在于市场营销之前；③市场营销活动可以影响人们的欲望，从而在某种程度上可以引导并创造需求。

4．交换和交易

（1）交换。交换是指通过提供某种东西作为回报，从别人那里取得所需物品的行为。交换的发生必须具备三个条件：①每一方都能沟通信息和传送物品；②每一方都可以自由接受或拒绝对方的物品；③每一方都认为双方交换是适当的或称心如意的。

（2）交易。交易是交换活动的一种形式，而且是基本形式，是由双方之间的价值交换所构成的行为。一次交易包括三个实质性内容：①两个及以上有价值的实物；②交易双方所同意的条件；③能为双方所接受的时间和地点。

第二节 市场营销观念的发展

企业的市场营销观念，即企业的市场营销指导思想，它是企业经营活动的一种导向。市场营销观念的核心是如何正确处理企业、顾客和社会三者的利益关系。市场营销观念随着社会经济的发展和市场形势的变化而变化，它正确与否直接关系到企业的兴衰成败。近百年来，市场营销观念的发展大致经历了五个阶段：生产观念、产品观念、推销观念、市场营销观念和社会市场营销观念。

其中，前三种观念统称为传统市场营销观念，后两种观念统称为现代市场营销观念。

一、传统市场营销观念

1. 生产观念

生产观念是指导企业市场经营行为的最传统的观念之一。生产观念认为，消费者喜欢那些可以随处买得到而且价格低廉的产品，企业应致力于提高生产效率和分销效率，扩大生产，降低成本以扩展市场。显然，生产观念是一种重生产管理，轻市场营销的企业经营观念。产生这种观念的原因主要有两个：①产品供不应求，因而消费者更看重或最紧迫的需求是从无到有的满足；②产品成本和售价太高，企业只有提高生产效率，降低成本，从而降低售价，方能扩大销路。在产品供不应求和产品成本高，必须增产来降低成本时，企业的中心任务是组织资源，增加产量，降低成本，提高销售效率。

实例 1-2

T 型车为什么会退出市场？

为了满足市场对汽车的大量需求，福特汽车在 20 世纪之初采用了当时颇具竞争力的营销战略，只生产一种车型，即只生产 T 型车，且只有一个颜色可供选择，那就是黑色。黑色的 T 型车甚至就是汽车的代名词。这样做的好处是福特能以最低成本生产，用最低价格向消费者提供汽车。T 型车改变了当时美国人的生活方式，使美国变成了汽车王国。1908 年冬天开始，美国人便能以 825 美元的价格买到一部轻巧、有力、两级变速、容易驾驶的 T 型车。这种简单、坚固、实用的小汽车推出后，它的创造者——福特欣喜若狂。这大大增强了广大中产阶级对汽车的需求，而福特也因此成为美国最大的汽车制造商，到 1914 年的时候，福特汽车占有美国一半的市场份额。然而，到 1927 年，福特不得不关闭了T型车生产线，因为汽车多样化时代开始了。

资料来源：黄彪虎．市场营销原理与操作[M]．北京：北京交通大学出版社，2008.

2．产品观念

产品观念，也是一种较传统的企业市场营销观念。其出发点仍是企业生产能力与技术优势；其观念前提是“物因优为贵，只要产品质量好，就不愁卖不出去”；其指导思想仍沿袭生产观念的指导思想；企业的主要任务是“提高产品质量，以质取胜”。

产品观念认为，消费者最喜欢高质量、多功能和具有某种特色的产品，企业应致力于生产高价值产品，并不断加以改进。该观念产生在市场产品供不应求的卖方市场形势下。最容易滋生产品观念的时机，莫过于当企业发明一项新产品时。这种观念必然导致市场营销“近视症”，即不适当地把注意力放在产品上，而不是放在市场需要上，在市场营销管理中缺乏远见，只看到自己的产品质量好，看不到市场需求在变化，致使企业经营陷入困境。

实例 1-3

文件柜制造商与客户的误会

有一个文件柜制造商对客户说：“我生产的文件柜是最好的、最结实的，你把它从楼上扔下去，它仍然会完好无损。”客户说：“我相信你的话，但是我买文件柜是用来存放文件的，并不打算把它从楼上扔下去。”文件柜制造商哑口无言。

资料来源：兰苓.市场营销学［M］.北京：中央广播电视大学出版社，2006.

3．推销观念

这一经营观念产生于20世纪20年代末至50年代初。这种观念认为，消费者不会自觉地购买足够用的产品，因而，企业应加强生产后的推销工作，以引导消费者购买其产品。在这个时期，科学技术有很大发展，产品产量迅速增加，供求状况发生了变化，虽然买方市场未最后形成，但卖主之间竞争日趋激烈，销售问题暴露出来，使企业感到仅有物美价廉的商品是不够的，要在竞争中获取更多利润，还必须重视和加强产品的推销工作。于是，企业逐渐重视广告术、推销术和市场调查，逐渐关心产品销售状况，而不像过去那样仅仅关心产品的产量。例如，20世纪30年代，美国汽车开始供过于求，每当顾客走进商店汽车陈列室，推销人员会笑脸相迎，主动介绍各种汽车的特色，有的甚至使用带有强迫性的推销手段促成交易。

这种营销观念的出发点仍然是企业的生产与技术优势：其观念前提是“只

要有足够的销售（推销或促销）力度，就没有卖不出去的东西”；其指导思想是“我能生产什么，就销售什么，我销售什么，顾客就购买什么，货物出门概不负责”；遵循这种营销观念的企业，其主要任务是“加大销售力度，想方设法（不择手段）将产品销售出去”。这种观念被大量用于销售那些非渴求物品，即购买者一般不会想到要去购买的产品或服务。许多企业在产品过剩时，也常常奉行推销观念。

实例 1–4

美国皮尔斯堡面粉公司的营销

美国皮尔斯堡面粉公司于1869年成立。到20世纪20年代初，这个公司提出：“本公司旨在制造面粉”的口号。1930年左右，皮尔斯堡面粉公司发现，在推销公司产品的中间商中有的已开始从其他的厂家进货，自己公司产品的销售量也随之不断减少。公司为了扭转这种局面，第一次在公司内部成立商情调研部门，并选派了大量的推销人员，同时他们更改了口号：“本公司旨在推销面粉”。公司认为只要有强大的推销攻势，就不愁商品卖不出去。然而，各种强有力的推销方式并未满足顾客经常变化的新需求，由此迫使皮尔斯堡面粉公司必须从满足消费者的心理及实际需要出发，对消费者进行分析研究。1950年前后，皮尔斯堡面粉公司经过市场调查，了解到家庭妇女采购食品时，日益要求多种多样的半成品或成品，如各式饼干、点心、面包等。针对市场需求的变化，皮尔斯堡面粉公司开始生产和推销各种成品或半成品的食品，使公司产品的销售量得到了迅速上升。

资料来源：余庆瑜．市场学原理[M]．广州：中山大学出版社，1997.

二、现代市场营销观念

1．市场营销观念

市场营销观念认为，实现企业目标、获取最大利润的关键在于，以市场需求为中心组织企业营销活动，有效地满足消费者的需求和欲望，即要求企业一切计划与策略应以消费者为中心，正确确定目标市场的需要与欲望，比竞争者更有效地满足目标市场的要求。

市场营销观念是一种新型的企业经营观念。这种观念是以满足顾客需求为出发点的，其指导思想是“顾客需要什么，企业就销售什么，市场能销售什么，企业就生产什么”或“生产消费者需求的”。简言之，市场营销观念是“发现需要并设法满足它们”，而不是“制造产品并设法推销出去”；是“制造能够销售出去的产品”，而不是“推销已经生产出来的产品”。因此，“顾客至上”、“顾客就是上帝”、“顾客永远是正确的”、“爱你的顾客而非产品”、“顾客才是企业的真正主人”等口号，成为现代企业家的座右铭。企业的主要任务是需求管理，即“发现顾客需求，设法满足顾客需求，通过满足顾客需要，实现企业赢利的目的”。

20 世纪 50 年代以后，随着科学技术的飞速进步和生产的不断发展，买方市场已经形成。第二次世界大战后，欧美各国的军事工业很快转向民用工业，工业品和消费品生产的总量剧增，导致了市场上的激烈竞争。并且，由于个人收入和消费水平的提高，消费者需要和欲望也发生了改变，企业为适应市场竞争的需要，开始从以生产管理为中心，转向了消费者需求为中心，从此结束了企业“以产定销”的局面，许多企业认识到，必须转变经营观念，才能求得生存和发展。

市场营销观念的出现，使企业经营观念发生了根本性变化，也使市场营销学发生了一次革命。西奥多·莱维特曾对推销观念和市场营销观念作过深刻的比较，他指出：推销观念注重卖方需要；市场营销观念则注重买方需要。推销观念以卖主需要为出发点，考虑如何把产品变成现金；而市场营销观念则考虑如何通过制造、传送产品及与最终消费产品有关的所有事务，来满足顾客的需要。从本质上说，市场营销观念是一种以顾客需要和欲望为导向的哲学，是消费者主权论在企业市场营销管理中的体现。

实例 1-5

日本本田汽车公司要在美国推出一种雅阁牌新车。在设计新车前，他们派出工程技术人员专程到洛杉矶地区考察高速公路的情况，实地丈量路长、路宽，采集高速公路的柏油，拍摄进出口道路的设计。回到日本后，他们专门修了一条 15 公里长的高速公路，就连路标和告示牌都与美国公路上的一模一样。在设计行李箱时，设计人员意见有分歧，他们就到停车场看了一个下午，看人们如何放取行李。这样一来，意见马上统一起来。结果本田公司的雅阁牌汽车一到美国就备受欢迎。

资料来源：黄彪虎．市场营销原理与操作[M]．北京：北京交通大学出版社，2008．

实例 1-6

美国的迪士尼乐园，欢乐如同空气一般无所不在。它使得来自世界各地的每一位儿童的美梦得以实现，使各种肤色的成年人产生忘年之爱。因为迪士尼乐园成立之时便明确了它的目标：它的产品不是米老鼠、唐老鸭，而是快乐。人们来到这里是享受欢乐的。迪士尼乐园提供的全是欢乐，每一个工作人员都要成为欢乐的灵魂。游人无论向工作人员提出什么问题，工作人员都必须用“迪士尼礼节”回答，决不能说“不知道”。因此，游人们一次又一次地重返这里，享受欢乐，并愿付出代价。反观我国的一些娱乐城、民俗村、世界风光城等，那单调的节目，毫无表情的解说，爱理不理的面孔，使人只感到寒意，哪有欢乐可言？由此可见，我国企业树立市场营销观念的迫切性。

资料来源：黄彪虎．市场营销原理与操作[M]．北京：北京交通大学出版社，2008.

2．社会市场营销观念

社会市场营销观念，就是不仅要满足消费者的需要和欲望并由此获得企业利益，而且要符合消费者自身和整个社会的长远利益，要正确处理消费者欲望、企业利润和社会整体利益之间的矛盾，统筹兼顾，求得三者之间的平衡与协调。这显然有别于单纯的市场营销：①不仅要迎合消费者已有的需要和欲望，而且还要发掘潜在需要，兼顾长远利益；②要考虑社会的整体利益，是对市场营销观念的修改和补充。

社会市场营销观念产生于，20 世纪 70 年代西方资本主义国家出现能源短缺、通货膨胀、失业增加、环境污染严重、消费者保护运动盛行的新形势下。因为市场营销观念回避了消费者需要、消费者利益和长期社会福利之间隐含着冲突的现实。由于市场营销的发展，一方面给社会及广大消费者带来巨大的利益，另一方面造成了环境污染，破坏了社会生态平衡，出现了假冒伪劣产品及欺骗性广告等，从而引起了广大消费者的不满，并掀起了保护消费者权益的运动及保护生态平衡的运动，迫使企业营销活动必须考虑消费者及社会长远利益。

现实生活中，有的企业只考虑自己营利的目的，丝毫不考虑社会利益、消费者需求满足与长远利益。例如，一次性筷子及饭盒的大量生产与使用，塑料包装袋的泛滥成灾，野生动物的捕捉与食用等行为，无不以国家、社会、环保、生态利益的损害为代价。

实例 1-7

汉堡包快餐行业提供了美味可口的食品，但却受到了批评。原因是汉堡包虽然可口却没有营养。汉堡包脂肪含量太高，餐馆出售的油煎食品和肉馅饼都含有过多的淀粉和脂肪。出售时采用方便包装，导致了过多的包装废弃物。在满足消费者需求方面，这些餐馆损害了消费者的健康，同时污染了环境，忽略了消费者和社会的长远利益。

资料来源：黄彪虎．市场营销原理与操作[M]．北京：北京交通大学出版社，2008.

三、两种市场营销观念的比较

两种市场营销观念的比较，见表 1-1。

表 1-1　两种市场营销观念的比较

营销观念		营销程序	重点	手段	营销目标
传统市场营销观念	生产观念	产品→市场	产品	提高生产效率	通过扩大产量降低成本，取得利润
	产品观念	产品→市场	产品	生产优质产品	通过提高质量扩大销售量，取得利润
	推销观念	产品→市场	产品	促进销售策略	加强销售促进活动，扩大销售量，取得利润
现代市场营销观念	市场营销观念	市场→产品→市场	消费者需求	整体市场营销活动	通过满足消费者需求和欲望，取得利润
	社会市场营销观念	市场→产品→市场	消费者需求、社会长期利益	协调性市场营销活动	通过满足消费者的欲望和需求，增进社会长期利益，企业取得利益

传统市场营销观念和现代市场营销观念的根本区别可以归纳为以下四点：

1．**起点不同**

在传统市场营销观念指导下，市场处于生产过程的终点，即产品生产出来之后才开始经营活动；现代市场营销观念则以市场为出发点来组织生产经营活动，市场处于生产过程的起点。

2．**中心不同**

传统市场营销观念都是以卖方需要为中心，着眼于卖出现有产品，“以产定销”；现代市场营销观念则强调以买方需要即顾客需要为中心，按需要组织生产，“以销定产”。

3．**手段不同**

传统市场营销观念主要是以广告等促销手段千方百计地推销既定产品；现代市场营销观念则主张通过整体营销的手段，充分满足顾客物质和精神上的需要，实实在在地为顾客服务，处处为顾客着想。

4．**终点不同**

传统市场营销观念以售出产品取得利润为终点；现代市场营销观念则强调通过顾客的满足来获得利润。

第三节　市场营销学的发展历程和研究对象

一、市场营销学的发展历程

1．市场营销学的产生和发展

市场营销学是适应市场经济高度发展而发展起来的一门多学科交叉渗透、

实用性很强的新学科。市场营销学的产生和发展大体可划分为以下四个阶段：

（1）初创阶段。从19世纪末到20世纪初，是市场营销学的初创阶段。从1902年开始，美国的几所大学正式开设了市场营销学课程，1912年哈佛大学教授赫杰特齐（J.E.Hegertg）调查研究了一些大企业主的经营活动，总结了他们的经验，写出了第一本以“Marketing”命名的教科书。一般认为，这是市场营销学作为一门独立学科出现的标志。但这只是市场营销学的萌芽时期，当时的市场营销学仅局限于产品推销和广告方面的研究，尚未形成自己的理论体系。

（2）发展阶段。从20世纪20年代起到第二次世界大战爆发前，为市场营销学的发展阶段。在20世纪30年代的经济大萧条之后，市场营销学有了很大的发展，学术著作日渐增多，学术团体纷纷成立，特别是1937年在美国组成的全国性的组织——美国市场营销协会（AMA），有力地推动了市场营销学的发展。但是真正的现代市场营销学是第二次世界大战后在美国形成的。因为，美国在战时损失最少，在战后20世纪50年代初最先结束了恢复时期，大量军事工业转为民用工业，加上新技术革命的深入发展，经济迅速增长，供给日益超过需求，绝大部分市场形成买方市场，买方对产品和服务质量的要求越来越高，使得卖方市场竞争空前激烈，原来的营销理论和方法已不能适应新的市场竞争需要。于是，市场营销学理论发生了重大变革，市场营销学的研究突破了流通领域，日益与企业生产经营的整体活动密切结合起来，形成了以市场为中心的现代营销观念及其指导下的一系列现代企业经营的战略和方法，并且得到广泛运用，取得显著成效。

（3）传播阶段。从第二次世界大战后至20世纪70年代，为市场营销学的传播阶段。从20世纪50年代到60年代，发源和成长于美国的市场营销学在全世界得到广泛传播，先后传入日本、西欧，以至东欧等国家和地区，可以说商品经济越发达，市场竞争越激烈的地方，市场营销也就越兴旺。20世纪50年代以来，在美国等发达国家，市场营销学著作如雨后春笋般大量出版，对商品经济的发展起了积极的促进作用。可以说，市场营销学是一门为商品经济即市场经济发展和企业市场竞争服务的科学，是一门现代企业不可或缺的科学。日本一家公司的经理曾说过：目前在日本，企业如果没有市场营销学思想，就很难生存下去。

（4）繁荣阶段。从20世纪70年代以后，是市场营销学的繁荣阶段。随着生产迅速发展，科技不断进步，市场营销学进一步与现代管理理论相结合，同时融入了经济学、社会学、心理学、统计学等内容，发展成为一门新兴的综合性学科，并被世界各国所普遍接受。现在，就世界范围来看，在市场营销理论方面美国仍处于领先地位，但在市场营销实践的绩效方面则首推日本，日本许多著名企业在经营管理上的独到之处，为全世界的企业家和学者们（包括美国的专家）所瞩目。

2．市场营销学在中国

从1979～2008年，30年间中国市场营销匆匆走完了西方国家用了上百年时间才走过的路。中国市场营销的发展是与整个国家的改革开放，特别是与市场经济发展的脉搏一起跳动的，中国市场营销历史实际上是一段由计划经济向市场经济转化和过渡的发展史。市场营销理论从20世纪70年代末80年代初经由各种途径引入中国，最初仅局限于大学课堂和学术界的交流。美国西北大学菲利普·科特勒所著的《市场营销学原理》成为市场营销入门的必读书，其理论对传播营销理论和概念起到了重要的科普作用。如今，国内有关市场营销的论著、译著、教材已达240多种。经过约30年的风风雨雨，中国市场营销学的教育与实践已从单纯的理论学习阶段步入需要全面创新和拓展的时代。中国市场营销学的研究、应用和发展，大体上可划分为以下四个阶段：

（1）引进阶段（1978～1982年）。这一阶级，主要通过翻译、考察及邀请专家的形式，系统介绍和引进了国外的市场营销理论。这是市场营销中国化非常重要的基础性工作，但由于当时社会条件的限制，参与研究者少，研究比较局限，对西方市场营销理论的认识也相对肤浅。

（2）传播阶段（1983～1985年）。1984年1月，全国高等综合性大学、财贸院校的“市场学教学研究会”成立，大大促进了市场营销理论全国范围内的传播，市场营销学开始得到高校教学的重视，有关市场营销学的著作、教材和论文在数量和质量上都有很大的提高。

（3）应用阶段（1985～1992年）。中国经济体制改革步伐的加快，市场环境的改善为企业应用现代市场营销原理指导自身经营创造了条件，但在应用过程中出现了较大的不均衡：不同地区、行业及机制中的企业在应用市场营销原理的自觉性和水平上表现出较大的差距，同时应用本身也存在一定的片面性。

（4）扩展阶段（1992以后）。在此期间，无论是市场营销的研究队伍，还是市场营销教学、研究和应用的内容，都有了极大的发展。研究重点也从过去的单纯教学与研究，改变为结合企业市场营销实践的研究，且取得了一定的成果。

由于中国市场属于转型市场，一方面，中国本土企业的市场营销水平不高，必须学习和走向国际化；另一方面，成熟市场中的营销理论、策略和方法尽管具有指导作用，也不能完全照搬，因为100多年形成的西方市场营销理论基本建立在相对稳定的成熟市场之上，主要针对市场机制完善环境中的西方企业和西方文化背景下的消费者，因此，如何将国际成熟的市场营销理论与方法和中国转型市场完成对接，是当前摆在我国营销学界和企业界面前的一个重大课题。

二、市场营销学的研究对象和研究内容

1. 市场营销学的研究对象

关于市场营销学的研究对象，中外学者有不同的表述。美国市场营销协会定义委员会的定义是：市场营销学是研究“引导商品和劳务从生产者流转到消费者和使用者中所实行的一切企业活动”的科学。日本学者认为：在满足消费者利益的基础上，研究如何适应市场需求而提供商品和劳务的整个企业活动，这就是市场营销学。美国著名的市场营销学专家菲利普·科特勒认为：市场营销学的研究对象是企业的这样一种职能，即识别目前未满足的需求与欲望，估量和确定需求量的大小，选择本企业能最好地为它服务的目标市场，并且决定适当的产品、服务和计划，以便为目标市场服务。我国学者也有多种不同的表述。有人认为，市场营销学是以商品供求关系为研究对象，揭示市场营销活动及其规律性的经济学科。也有人认为，市场营销学是从市场需求出发研究产品营销活动全过程的科学。

可见，市场营销学的研究对象是市场营销活动及其规律，即研究企业如何识别、分析评价、选择和利用市场机会，从满足目标市场顾客需求出发，有计划地组织企业的整体活动，通过交换，将产品从生产者手中转向消费者手中，以实现企业营销目标。

2. 市场营销学的研究内容

市场营销学主要是从企业的角度研究市场营销的，着重于微观市场营销活动的经营策略、方法和技巧。但市场是商品生产和商品交换的具体实现领域，市场机制的运行，市场结构、市场功能、市场环境的形成，市场作用的发挥都是宏观问题，这就决定了市场营销学也要研究宏观问题。但不是从国家的角度研究，而是从企业的角度，研究如何适应具体市场问题。所以，市场营销学研究的侧重点应该是微观问题。市场营销学就是要以企业为出发点，研究市场营销问题。

在市场营销学发展初期，其研究的内容范围仅局限于商品销售，是以商品脱离生产领域为出发点，而以商品进入消费领域为终点。20 世纪 50 年代以后，市场营销学的研究不仅突破了原来的内容范围，而且研究的出发点也有了很大的变化。市场营销学研究的内容除商品流通领域以外，还上延至生产领域的产前活动，包括市场调查与商品发展计划，同时向下延伸到流通过程结束后的售后工作，包括商品的售后维修服务和收集消费者的意见等情报。这样，市场营

销学的研究从消费者开始，也以消费者为终结，形成市场营销研究的循环。

市场营销学以消费者为中心展开对整个市场营销活动的研究，主要包括四个方面的内容，即产品（Product）、定价（Price）、渠道（Place）、促销（Promotion），简称“4P”。这四个方面的营销活动，都是在一定的外部环境下进行的，都是为了企业进入目标市场服务作准备的。因此，市场营销学必须以市场调查和预测为手段，进行市场环境和目标市场的分析研究。它是企业制定正确的营销策略的前提条件。此外，还必须重视对市场营销组合和市场营销管理的研究。

本章小结

市场营销是个人或群体通过创造，提供并同他人交换有价值的产品，以满足各自的需要和欲望的一种社会活动和管理过程。它所涉及的核心概念有：企业、公司与市场营销者；需要、欲望和需求；用户、客户、顾客与消费者；交换和交易。

市场是商品经济特有的经济范畴，是一种以商品交换为内容的经济联系形式。从不同的角度分析，市场具有不同的含义。但市场营销学从营销的角度看待市场，认为市场是由人口、购买力和购买动机（欲望）有机构成的总和。工商企业开展营销活动，必须按照不同的标志对市场进行分类，以便制定正确的营销策略。

市场营销观念是指企业在一定时期、一定生产经营技术和市场环境条件下，进行全部市场营销活动，正确处理企业、顾客和社会三者利益关系的指导思想和行为的根本准则。市场营销观念的正确与否，关系到企业营销的成败和企业的兴衰。近百年来，市场营销观念随着生产发展、科技进步和市场环境的变化，经历了生产观念、产品观念、推销观念、市场营销观念、社会营销观念的历史演变，除了生产观念、产品观念、推销观念以外，其他都属于现代营销观念，需要我们结合市场营销活动的实际情况综合运用。

知识练习与思考

一、重要概念

市场　需求　欲望　市场营销　生产观念　产品观念　推销观念　市场营销观念　社会市场营销观念

二、单项选择题

1. 市场营销学作为系统研究市场营销问题的一门独立的经济学科，是在（ ）才出现的。

A. 第二次世界大战以后
B. 资本主义工业革命以前
C. 资本主义工业革命以后
D. 买方市场出现以后

2. 市场营销学以（ ）为研究的中心内容。

A. 产品
B. 定价
C. 促销
D. 消费者

3. 只要产品质量好就不愁卖不出去，这是（ ）的体现。

A. 生产观念
B. 产品观念
C. 市场营销观念
D. 推销观念

4. 社会市场营销观念的出发点是（ ）。

A. 增加产量
B. 扩大销售
C. 顾客需求
D. 消费者和社会长远利益

5. 要求市场营销者在制定市场营销政策时，要统筹兼顾三方面的利益，即企业利润、消费者需要的满足和社会利益的营销管理哲学是（ ）。

A. 推销观念
B. 社会市场营销观念
C. 生产观念
D. 市场营销观念

6. 市场营销的核心是（ ）。

A. 生产
B. 分配
C. 交换
D. 促销

7. 从营销理论的角度而言，企业市场营销的最终目标是（ ）。

A. 满足消费者的需求和欲望
B. 获取利润
C. 求得生存和发展
D. 把商品推销给消费者

8. 从市场营销的角度看，市场就是（ ）。

A. 买卖的场所
B. 商品交换关系的总和
C. 交换过程本身
D. 具有购买欲望和支付能力的消费者

9. 为了适应社会对于环境保护的要求，许多企业主动采取绿色包装以降低白色污染。这种做法反映了企业的（ ）。

A. 社会市场营销观念
B. 销售观念

C. 市场观念　　D. 生产观念

三、多项选择题

1. 按照菲利普·科特勒教授的定义，我们可将市场营销的概念归纳为以下要点（　　）。

A. 市场营销的最终目标是满足需求和欲望

B. 交换是市场营销的核心

C. 交换过程是一个满足双方需求和欲望的社会过程和管理过程

D. 交换过程能否顺利进行取决于企业对交换过程的管理水平和企业产品满足顾客需求的程度

2. 以企业为中心的市场营销观念包括（　　）。

A. 生产观念　　B. 推销观念

C. 市场营销观念　　D. 社会市场营销观念

3. 社会市场营销观念的核心是正确处理（　　）之间的利益关系。

A. 企业　　B. 供应商　　C. 顾客

D. 中间商　　E. 社会

4. 市场包括以下几个要素（　　）。

A. 销售者　　B. 购买者　　C. 购买力

D. 市场营销机构　　E. 购买欲望

四、判断题

1. 在组成市场的双方中，买方的需求是决定性的。（　　）

2. 市场营销就是推销和广告。（　　）

3. “酒好不怕巷子深”，体现了企业的推销观念。（　　）

4. 市场营销观念和社会市场营销观念的最大区别在于后者强调了社会和消费者的长远利益。（　　）

5. 从企业实际的营销经验来看，维系老顾客要比吸引新顾客花费更高的成本。（　　）

五、简答题

1. 什么是市场？市场的构成要素有哪些？

2. 什么是市场营销？如何全面理解市场营销？

3. 现代市场营销有哪些观念？你是如何理解市场营销观念变化的原因的？

4. 比较传统市场营销观念与现代市场营销观念的根本区别。

5. 如何理解“市场营销就是要使销售成为多余”？

6. 海尔的张瑞敏曾经说过：“促销是手段，市场营销才是战略；先开市场，后开工厂”。如何理解？

7. 市场营销观念有哪些？它们分别在什么背景下产生的？

六、案例分析

满足顾客的需求

日本三重县人三井高利是一位立志要做布商的人，他赤手空拳前往东京闯天下，可是很长一段时间一直没有起色。正当他想关闭店门回到故乡的时候，一天，他在洗澡堂里听到几个手艺人在高声谈论，准备穿一条新丁字裤（兜裆布）去参加庙会，可是却凑不齐人数合伙去买，为此烦恼不已。

凑齐人数合伙去买新的丁字裤，这是怎么回事？三井高利一边冲洗着一边在想。

原来，在当时的商业习惯上，布料是凑集几个伙伴去买一匹漂白布，可是人数却不易凑齐。

用现在的话来说，当时布料只以匹为单位出售，是“不符合顾客需求的”。于是第二天，三井高利便在店门口贴上了这样一张纸条：“布匹不论多少都可以剪下来卖。”

昨天在澡堂里遇到的手艺人看了这张纸条飞奔进来：“买够做一条丁字裤的漂白布。”

三井高利看准了在接近庙会的这段日子里，有相同需求的人一定非常多。于是，店里所有的漂白布，在那一天统统销售一空。

许许多多的女孩子和附近的太太们都涌到店里来买零头布。三井高利的店门口连日来热闹非凡。

三井高利领悟到做生意倾听顾客心声的好处，他把吃饭的时间都节省下来站在店门口接待顾客，由此又获得很多启示。

布店主要的顾客是女性，但女性买东西买得最多的时候，是女儿将出嫁的时间。可是出嫁时所需要的东西，不仅是衣服，还要备齐放衣服的衣橱、包绸缎及和服的纸、梳子、簪子、鞋箱、餐具等种种东西。由此，新娘和她的母亲必须东一家西一家地去选购。但是，如果那些东西可以在一个地方一次买齐，对顾客来说该是多方便呀。于是三井高利马上将其付诸实施，这就是日本的第一家百货公司——“三越”。

百货公司之所以能以压倒竞争对手的优势成为零售业的王者，是由于其苦心谋求如何才能方便顾客，于是，有能力的布店有很多都学“三越”的做法，扩充店面，引来了许多买东西的顾客。

资料来源：方光罗．市场营销学[M]．大连：东北财经大学出版社，2003．

问题：1．三井高利为什么能够成功？

2．怎样才能树立正确的市场营销观念？

实 训 操 作

实训目的：了解市场营销在我国的现状。

实训要求：

（1）随机调查你身边的同学及朋友，了解他们对于市场营销的看法，并纠正其中错误的观点和观念。

（2）随机调查学校周围的商店，了解它们的经营中是否运用了市场营销手段。

（3）运用网络和图书馆，了解市场营销在我国企业中的运用情况。

实训指导：

（1）将学生分组，每组分别进行一项内容的调查。

（2）实训结束后，各组交流调查信息。

第二章　战略规划与营销管理

营销格言

在双方军队参战之前，战争的胜负已经可以从双方的战略家身上看出来了。

——德国著名的军事战略家　克劳塞维茨

知识目标

1. 掌握市场营销管理过程的主要内容。
2. 了解行业竞争结构的分析方法。
3. 掌握市场竞争战略。

技能目标

1. 树立清晰的营销战略规划步骤，熟练掌握两种评价的方法。
2. 能够清楚了解市场营销管理本质及内容。

引导案例

TCL公司所拥有的资源和机会及战略

美国有线电视供应商通信公司——TCL公司曾提出了以下的战略展望：在其有限的特许经营权领域内，为所有的客户提供有线电视、电话、互联网以及各种未来派的数据和信息服务。

公司的首席执行官约翰·马龙是一位被人们认为是关于新的信息技术将如何改变媒体和通信最有影响力的权威，他认为："我们同时追猎的兔子太多了。对自己能够同时完成的事情，我们过于雄心勃勃。如果你读过我们去年的年度报告，你可能会认为我们的业务1/3是数据服务，1/3是电话服务，1/3是电视娱乐，而不会认为电视娱乐占100%，其他两项只是实验。现在，我们的居民电话服务为零，高速互联网服务的收入在下降，而电视娱乐业的收入则为60亿美元。我的工作是破灭气泡。"

多年来，约翰·马龙和通信公司一起致力于推崇这样一个观点：在同电话公司所进行的激烈竞争中，将最新发现的通信技术应用于公司现有的有线网络之上，提供各种各样的信息和通信产品服务，将有很大的潜力。第一代扩张的服务于1996年和1997年推出，这项服务是：将一个数据电缆盒安装在居民的电视机上，然后就可以接收到500个频道，并且有屏幕浏览指导，声音和图像的质量也相对较好。然而，这种数据电缆盒的生产商遇到了一些问题，只能提供少量的供货，同时由于公司对提供这种扩展服务的基础设施进行了积极的投资，公司的现金流很紧张，从而使得一些证券及信用评价机构将其列入了观察行列，并且可能将其信用等级下调。在强劲的股票市场上通信公司的股票价格无处可逃。而且1996制定的《通信法案》使得当地电话公司和长话公司纷纷采取了一系列战略行动，进入全国范围内的电话业务和信息高速业务领域，这意味着有线电视公司面前突然出现了一群大型资源丰富的竞争对手。

通信公司新制定的更窄的战略展望其用意是要把资源更加集中于有线电视业务（这项业务正在受到两个方面的攻击：利用卫星技术的替代厂商和安装了光缆的电话公司），把信息高速公路和多媒体方面的规划放到次要地位，在未来做这两项业务的条件是：技术前景更加明确，改造现有系统提供更广泛的产品和服务能够获得足够的利润。公司的收缩战略包括：暂缓推出数据电缆盒，继续测试电话服务市场，减少双向通信能力的投资——直到公司的负债降低，现金流能力增强后，直到这项新技术具有明显的成本有效和竞争性后，才考虑这项投资。通信公司还决定剥离它的一些业务。

资料来源：王利平，管理学原理．修订版．北京：中国人民大学出版社，2008.

分析说明：

1．这实际上是公司战略要解决的问题，是成长型战略的选择问题，需要在专注与多元之间作出选择。

2．实行多元化需要具备一定的条件：一是要客观地评价自己的实力；二是要有主有次；三是要考虑管理上调整的难度。当然最主要的还是要考虑企业的资源是否能够支持其进行多元化。如本例中，企业的数据业务目前还很难赢利，但发展它又需要相当数量的资金和资源，因而坚持做好主业才是正确的选择。

第一节 营销战略规划

一、营销战略规划概述

当企业开始进入某一行业，风险随之而来。面对快速变化的竞争环境、日益加剧的产业全球化竞争、复杂多样的侵略性竞争行为，企业如何能够创造和保持竞争优势，以求得在不确定环境下的长期生存和持续发展，这已经成为当今企业面临的首要问题。而制定战略的根本目的在于提高企业对内外部环境的适应性，使企业做到可持续发展，因此，企业经营业绩的好坏与企业战略制定的成败有十分重要的关系。

1．企业战略的含义

企业战略是设立远景目标并对实现目标的轨迹进行的总体性、指导性谋划，属宏观管理范畴，具有指导性、全局性、长远性、竞争性、系统性、风险性六大主要特征。

企业战略是对企业各种战略的统称，其中既包括竞争战略，也包括营销战略、发展战略、品牌战略、融资战略、技术开发战略、人才开发战略、资源开发战略等。企业战略是层出不穷的，但基本属性是相同的，都是对企业整体性、长期性、基本性问题的计谋。

无论哪个方面的计谋，只要涉及的是企业整体性、长期性、基本性问题，就属于企业战略的范畴。

2．营销战略的含义

营销战略是企业用以实现其市场营销目标的基本方法，是企业可以遵循的营销活动的总纲领，包括目标市场、产品定位、市场营销组合和市场营销费用水平等决策，它是整个企业战略的一个有机组成部分，它必须能预见到企业的优势、劣势，实施战略的可能性和风险性。

其主要特征有长期性、整合性、灵活性和统一性。首先，战略应该是长期的，它应从长期（通常至少 3～5 年）而不是短期角度出发。比如，降价出售是大多数商店间或运用的一种战术，而折扣商店则每天降价出售一次，它则是把降价出售作为一种战略。其次，战略应该是整合的，即企业的营销战略不但与企业的目标、任务和使命紧密相连，而且贯穿于企业一切的市场营销活动，产品、定价、分销、促销等构成市场营销组合的活动都必须集中体现战略的运用。再次，战略也应该是灵活的，即在对竞争和市场变化作出反应方面提供灵活性，具有可调整和变化的空间。最后，战略应该是有统一性的，即战略不但关注于外部市场环境的变化，而且也是内在的，通常需要进行大量的内部组织工作。在制定市场营销战略的过程中，市场营销经理需要与生产部门、采购部门、财务部门等密切合作，共同协商，努力实现其营销战略与其他职能部门战略的统一。

3．营销战略与企业战略的区别

在企业经营过程中，营销战略有着举足轻重的作用。但是必须承认，营销战略只是企业的一种职能战略，绝不能代替企业战略，在企业经营活动中，我们必须准确把握它们的联系与区别。

企业战略的关注点是建立和管理好一个高业绩的业务单元组合，如并购公司、加强现有业务的地位、剥离那些不符合公司计划的业务等。它会建立相关业务单元之间的协同作用，并将其转化为竞争优势，确定投资优先排序，将资源集中到最有吸引力的业务单元。同时，也是评价、改进、统一业务单元重要的经营方式和行动方案。企业战略的直接负责人是企业董事长。

营销战略的关注点是设计恰当的营销方式和行动方案，以取得竞争的成功，获取竞争优势，对外界的环境变化作出反应，以支持公司战略，完成其职能和部门业绩目标。同时，评价、改进和统一低层管理者提出的与营销战略相关的行动方案和销售、推广策略。营销战略的直接责任人通常为营销副总，最高为总裁。

这样，我们就很清晰地了解营销战略的位置和职责了。营销战略的诞生和职能作用都与企业战略有着明显的层次差异，从时间顺序上讲，在大多情况下，应该先有企业战略，后有营销战略。

实例 2-1

柯罗尼亚公司的战略规划及追踪审核控制

柯罗尼亚公司是大洋洲一家颇具规模的公司，设有三个事业部：蔗糖部、建筑与建筑材料部和矿业与化学品部。每个事业部下面又设有若干分公司。该公司经常召开各种会议，通过这些会议使各级管理人员了解整个公司的业务情况和各项目标。在每个月的董事会会议之后，公司总经理要会晤各部门的50名高级主管人员，同他们商讨公司的业务情况。另外，公司每年还召开两次中级经理人员会议，使他们了解外界环境的各种变化及其对公司业务的影响。

在三个事业部中，以赫伯特领导的矿业与化学品部的计划工作最为成功。计划工作的程序是自下而上。参与制订计划的人员包括该部所属的10家分公司的经理，在某些情况下，还包括这些分公司的厂长和业务经理。

为了使各分公司的步调能够一致，赫伯特总是把总公司对通货膨胀及其他各种经济因素的看法，及时告诉各分公司的经理，让他们把这些因素作为制订计划时的参考资料。

各分公司从每年的4月份（该公司会计年度开始的月份）开始制订自己的战略计划，8月份之前制定完毕，并交给事业部经理。按公司规定，战略计划所包括的时间为5年，其内容包括生产目标、投资计划等。事业部经理在收到这些计划之后，先进行挑选，再安排先后次序，最后在这些计划的基础上制订出事业部的战略计划。事业部的计划包括对各分公司未来5年的展望，主要的问题，所采用的战略，以及各种投资计划等内容。该计划还对投资报酬率和现值报酬率进行调整和修正。计划说明书简明扼要，第1页仅包括一些重要的数据，如纳税前和纳税后的利润目标、投资报酬率和整个计划的总投资额。第2页以后为一些比较详细的统计资料，包括各分公司的财务计划和该事业部的总财务计划。

随后，各事业部把自己的计划送到总公司的财务部，财务部于9月份将这些计划送往公司总经理办公室。在此后的一个月中，总管理处与各事业部的经理仔细研究和讨论他们的计划。对有些分公司的扩建计划，总公司可能予以批准，对另一些分公司的扩建计划，总公司可能不予以批准，而是让他们先集中力量降低产品的成本。总公司也可能让某个分公司推行增加某种产品产量的计划。

在每年的11月份之前，总公司会把各种指导性文件发到各事业部，文件中详细地说明了哪些计划已被批准，以及总公司对各事业部有什么希望。在这个会计年度的最后几个月里，各事业部根据总公司发给的指导性文件，重新制订自己的战略计划并编制预算。随后，总公司再根据这些计划制订出整个公司的总计划。总计划应对整个公司的目标和战略作出详细的说明，并附有必要的统计资料。

为保证战略计划的完成，该公司还建立了一套“追踪审核”制度。该制度规定，在每一个会计年度结束之前，各分公司都应指派专门的稽核人员，对计划执行情况进行检查，并写出“追踪审核”报告，这种报告能使下一年的预测更为准确。

该公司认为，上述制定战略计划的程序和“追踪审核”制度有以下几个方面的优点：①由于战略计划有明确的目标，因此公司可以根据这些目标的完成情况对职工进行考核，并据此对其晋升和加薪问题做出决定；②高级主管人员可根据计划给下级更多的权利，而自己可把更多的精力放在对战略计划实施情况的监督上；③可以使高级主管人员有时间对其他重要问题进行研究，并作出相应的决策。

资料来源：梁东．高等学校应用型特色规划教材·经管系列：市场营销学[M]．北京：清华大学出版社，2006.

二、营销战略规划的作用

企业最基本的任务是通过满足消费者需求而获利，但谁负责与消费者沟通？谁来挖掘和满足他们的需求？从目前来看，这个任务非营销战略莫属。只有它把企业战略（包括业务战略）翻译成消费者能够看得懂、听得懂的东西，与消费者建立良好关系，从而获取合理利润。因为，企业战略和业务战略研究的是如何更有效地配置资源，采取什么样的经营模式，积累和建立什么样的竞争优势等问题。而营销战略研究的是，在有限的资源范围内，如何细分市场、如何定位市场，如何开发和维护具有竞争力的产品，如何用合理的渠道接近消费者，又如何用恰当的传播方式与消费者沟通，让消费者以更高的价钱更多、更长久地购买企业的产品等。因此，营销战略是企业战略与消费者沟通的环节。没有营销战略，企业战略就像缺一条腿，难以实现目标。

当然我们可以从以下几个方面进一步了解营销战略规划的作用：

（1）营销战略是协调企业内部各种活动（资金筹措、资源配置、生产过程、销售过程等）的总体指导思想和基本手段，它可以在企业内部形成明确的共同思想，有利于充分而合理地利用企业内部的各种资源（人力、财力、物力、企业声誉等），从而使企业实现其各项目标的可能性最大。

（2）营销战略促使企业决策者从全局出发，高瞻远瞩地考虑问题，不仅要考虑在顺境更要考虑逆境下应当采取什么行动。事先的考虑能够使企业对实际情况有更加理性的反应，保持企业各种目标的一致性。制定营销战略规划还可以加强企业内部各部门、各层次横向和纵向的信息沟通。把企业内部可能出现的冲突减少到最低限度。这对于有效地实现那些最符合企业整体利益的各个目标会起到无形的促进作用。

（3）营销战略可以减轻甚至消除出乎预料的市场波动或事件对企业造成的影响，避免在此情况下可能出现的大的混乱。

（4）营销战略促使管理人员必须仔细观察、分析市场动向并对其未来的走向作出评价，从而有利于明确和决定企业未来的行动方向，大大减少盲目性。

综上所述，企业通过制定营销战略，统一思想，统一步调，能够大大提高营销活动的目的性、预见性、整体性、有序性和有效性，增强企业的竞争能力和应变能力。因此，在当代，无论是在开放条件下的国内市场，还是在竞争激烈的国际市场，进行有效的营销战略规划已成为维系企业生存与发展的关键。

第二节　制定营销战略规划

企业的营销战略包含的内容十分丰富，制定和选择最佳的市场营销组合，是战略规划的核心内容。一个企业在制定市场营销战略规划的过程中，必须服从于企业的营销战略，根据各策略的特点，结合营销战略的需要，往往在 4P 组合中突出某一个或两个因素，兼顾其他的因素。例如，一家企业在新产品推广时注重销售折扣商品以打开市场，则主要是以价格策略作为自己的竞争手段。因此，一个企业在营销战略中突出什么策略，兼顾什么策略，就要根据企业内外环境作出抉择。这就是营销战略需要讨论的核心内容。

一、明确企业任务

一般来说，企业任务是对实现目标的轨迹进行的总体性、指导性谋划，它是方向性、抽象性的陈述，是企业的远景与发展方向，也称为纲领性陈述、目的陈述、宗旨陈述、信念陈述、经营原则陈述等。

主要从以下几个因素去考虑确认企业任务：

（1）企业过去历史的突出特征。例如，希尔顿酒店一向是豪华酒店，其最高管理层在规定任务时应尊重其高端定位。

（2）企业的业主和最高管理层的意图。例如，沃尔玛提出“帮顾客节省每一分钱”的宗旨，实现了价格最便宜的承诺。高层的意图是为低收入的消费者群体服务，那么这种意图就会影响企业的任务。

（3）企业周围环境的发展变化。企业周围环境的发展变化会给企业造成一些环境威胁或给企业带来市场机会。例如，大学城的建立将给其周围企业带来市场机会。

（4）企业的特有能力。例如，麦当劳公司也许能进入太阳能行业，但是其特长是经营为大众服务的廉价快餐。

这就是说，企业在规定其任务时要扬长避短，这样才能取得最好的经营效益。

二、明确企业目标

企业任务是方向性、抽象性的陈述，是企业的远景与发展方向，而且时限相对较长（5～10 年）。靠抽象的任务，无法指导企业的经营活动，也不能激励员工。因此，企业目标主要解决或明确的是每个职能部门干什么和如何干的问题。为了更好地将抽象的企业任务转变为具体的目标，我们需要了解企业目标的含义。

企业目标是企业未来一定时期内要实现的、明确的具体任务。例如，明年销售额比今年提高 5%；保持企业市场份额在 20%；投资收益率达到 10%。企业目标常常是量化的，量化的目标便于理解，同时在目标实现的过程中也便于衡量和比较。

三、分析企业现有任务

企业所拥有的资源是有限的，同时各个业务单位的增长机会、经营效益大不相同。所以，营销战略的制定者必须对现有各种业务加以分析、评价，看看哪些业务应当发展，哪些应当维持，哪些应当减少，哪些应当淘汰。

市场营销中常用的评价方法有波士顿矩阵法和通用电气公司法。

1．波士顿矩阵法

波士顿矩阵法（又称四象限分析法、波士顿咨询集团法）是由美国波士顿咨询集团首创的一种规划企业产品组合的方法。波士顿矩阵图如图 2-1 所示。

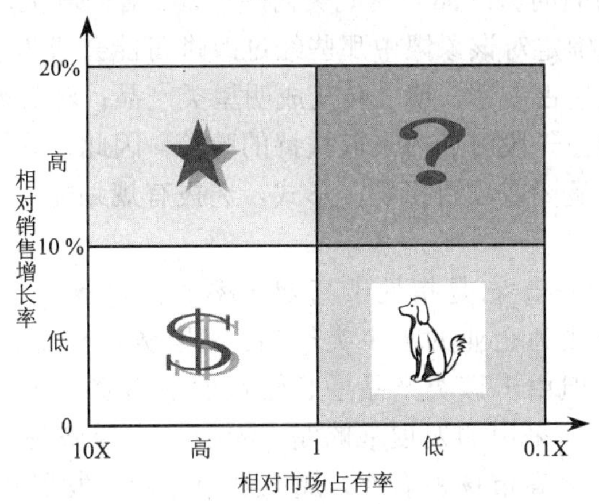

图 2-1　波士顿矩阵图

矩阵图中的纵坐标代表相对销售增长率，表示企业的各战略业务单位的相对销售增长率。假设以 10%为界限，10%以上为高增长；10%以下为低增长。

矩阵图中的横坐标代表相对市场占有率，表示企业各战略业务单位的市场占有率与同行业最大的竞争者（即市场上的领导者或“大头”）的市场占有率之比。如果企业的战略业务单位的相对市场占有率为 0.1，即其市场占有率为同行业最大竞争者的市场占有率的 10%；如果企业的战略业务单位的相对市场占有率为 10，即企业的战略业务单位是市场上的领头者，其市场占有率为市场上的一般企业的市场占有率的 10 倍。假设以 1 为分界线，1 以上为高相对占有率，1 以下为低相对占有率。

对于一个拥有复杂产品系列的企业来说，一般决定产品结构的基本因素有两个，即市场引力和企业实力。市场引力包括企业销售增长率、目标市场容量、竞争对手强弱及利润高低等。其中最主要的是反映市场引力的综合指标——销售增长率，这是决定企业产品结构是否合理的外在因素。企业实力包括市场占有率、技术、设备、资金利用能力等，其中市场占有率是决定企业产品结构的内在要素，它直接显示出企业的竞争实力。销售增长率与市场占有率既相互影响，又互为条件。市场引力大，销售增长率高，可以显示产品良好的发展前景，企业也具备相应的适应能力，实力较强。

通过以上两个因素相互作用，会出现四种不同性质的产品类型，形成不同的产品发展前景。

（1）问题类产品。它是处于高增长率、低市场占有率象限内的产品群，说明市场机会大，前景好，而在市场营销上存在问题。其财务特点是利润率较低，所需资金不足，负债比率高。例如，在产品生命周期中处于引进期并因种种原因未能开拓市场局面的新产品即属此类问题产品。对问题类产品应采取选择性投资战略，即首先确定对该象限中那些经过改进可能会成为明星的产品，进行重点投资，提高市场占有率，使之转变成明星类产品；对其他将来有希望成为明星类产品的，则在一段时期内采取扶持的政策。因此，对问题类产品的管理组织，最好采取智囊团或项目组织等形式，选拔有规划能力、敢于冒风险、有才干的人负责。

（2）明星类产品。它是指处于高增长率、高市场占有率象限内的产品群，这类产品可能成为企业的金牛类产品。其财务特点是具有一般水平的利润率和负债比率，但由于该类产品增长较快而显得资金不足，需要加大投资以支持其迅速发展。采用的发展战略是，积极扩大经济规模和市场机会，以长远利益为目标，提高市场占有率，加强竞争地位。发展战略以及明星类产品的管理与组织最好采用事业部形式，由对生产技术和销售两方面都很内行的经营者负责。

（3）金牛类产品（又称厚利产品）。它是指处于低增长率、高市场占有率象限内的产品群，其已进入成熟期。其财务特点是销售量大，产品利润率高，负债比率低，可以为企业提供资金，而且由于增长率低，也无需增大投资，因而成为企业回收资金、支持其他产品尤其是明星类产品投资的后盾。对这一象限内的大多数产品，市场占有率的下跌已成不可阻挡之势，因此可采用收获战略，即所投入资源以达到短期收益最大化为限。具体的作法是：①把设备投资和其他投资尽量压缩；②采用榨油式方法，争取在短时间内获取更多利润，为其他产品提供资金支持。金牛类产品适合于用事业部进行管理，其经营者最好是市场营销型人才。

（4）瘦狗类产品（又称衰退类产品）。它是处在低增长率、低市场占有率象限内的产品群。其财务特点是利润率低，处于保本或亏损状态，负债比率高，无法为企业带来收益。对这类产品，企业应采用撤退战略，首先应减少批量，逐渐撤退，对那些销售增长率和市场占有率均极低的产品应立即淘汰；其次是将剩余资源向其他产品转移；最后是整顿产品系列，最好将瘦狗类产品与其他事业部合并，统一管理。

2．通用电气公司法

通用电气公司的方法较波士顿咨询集团的方法有所发展。它用“多因素投资组合矩阵”来对企业的战略业务单位加以分类和评价。图 2-2 是多因素投资组合矩阵图，图中的 7 个圆圈代表企业的 7 个战略业务单位。圆圈大小表示各个单位所在行业（市场）大小，圆圈内的空白部分表示各个单位的市场占有率。例如，圆圈 D 表示战略业务单位所在行业是一个较小的行业，但其市场占有率较大（37.5%）；圆圈 B 表示战略业务单位所在行业是中等的，其市场占有率为 25%。

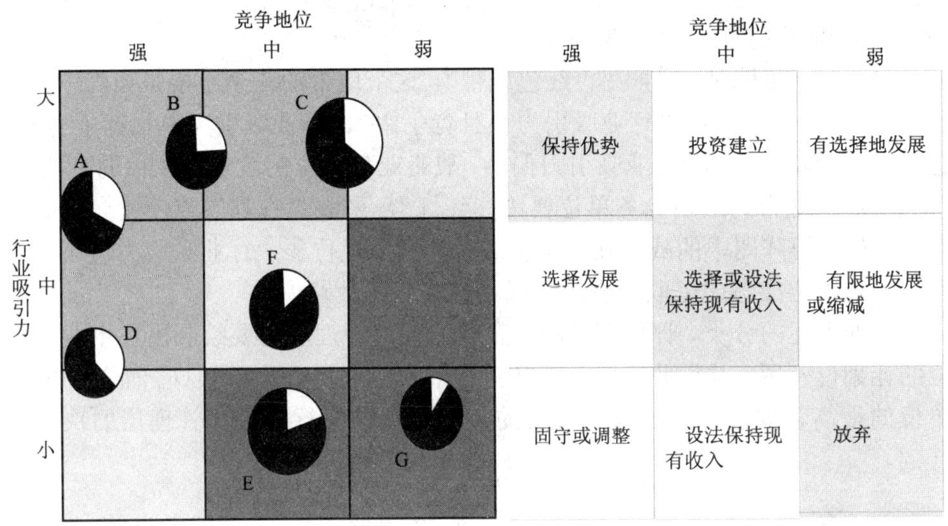

图 2-2 多因素投资组合矩阵图

通用电气公司认为，企业在对其战略业务单位加以分类和评价时，除了要考虑市场增长率和市场占有率之外，还要考虑许多其他因素。这些因素可以分别包括在以下两个主要变量之内。

（1）行业吸引力。行业吸引力包括市场大小、市场年增长率、历史的利润率、竞争强度、技术要求、由通货膨胀所引起的脆弱性、能源要求、环境影响以及社会、政治、法律的因素等。多因素投资组合矩阵图中的纵坐标代表行业吸引力，以大、中、小概括地表示。

（2）竞争地位。它是指战略业务单位在本行业中的竞争能力，包括市场占有率、市场占有率增长、产品质量、品牌信誉、商业网、促销力、生产能力、生产效率、单位成本、原料供应、研究与开发成绩以及管理人员等。多因素投资组合矩阵图中横坐标代表战略业务单位的竞争地位或竞争能力，以强、中、弱概括地表示。如果行业吸引力大，企业的战略业务单位的竞争地位又强，显然这种业务是最好的业务。

（1）左上角地带（又叫做“绿色地带”，这个地带的三个小格是矩阵中“行业吸引力大且竞争强”、“行业吸引力中且竞争强”、“行业吸引力大且竞争中”的三个部分）。对这个地带的战略业务单位要“开绿灯”，采取增加投资和发展的战略。

（2）从左下角到右上角的对角线地带（又叫做“黄色地带”，这个地带的三个小格是矩阵中“行业吸引力小且竞争强”、“行业吸引力中且竞争中”、“行业吸引力大且竞争弱”的三个部分）。企业对这个地带的战略业务单位要“亮黄灯”，采取维持现状的战略。

（3）右下角地带（又叫做“红色地带”，这个地带的三个小格是矩阵中“行业吸引力小且竞争弱”、“行业吸引力小且竞争中”、“行业吸引力中且竞争弱”）。总的说来，这个地带的行业吸引力偏小，战略业务单位的竞争地位偏弱。因此，企业对这个地带的战略业务单位要“亮红灯”，采取“收割”或“放弃”的战略。例如，矩阵图中的战略业务单位G，其竞争地位弱，行业吸引力又小，企业对这种单位应考虑采取“收割”或“放弃”的战略。

根据上述的分类、评价和战略，企业的最高管理层还要绘制出各个业务单位的计划位置图，并据此决定各业务单位的目标和资源分配预算。而各个业务单位的最高管理层和市场营销人员的任务是贯彻执行好最高管理层的决定和计划。

实例 2-2

格兰仕的战略演变

格兰仕集团从1978年成立至今，已发展成为一家与全球200多家跨国公司建立全方位合作联盟的全球化家电专业生产企业，它也是中国家电业最优秀的企业集团之一。2003年，格兰仕集团的年销售额突破100亿元，出口创汇5亿美元，顺利实现年度销售目标。纵观集团的发展历程，可以划分为创业、转型和国际化三个发展阶段。随着公司的发展，它的战略类型也发生了不同的变化。

一、创业阶段（1978～1992**年**）

这一时期，公司主要经营羽绒和服装等产品。

1978年，梁庆德带领10余人筹办羽绒制品厂。1979年，广东顺德桂洲羽绒厂（格兰仕公司的前身）成立，以手工操作洗涤鹅、鸭羽毛供外贸单位出口，年产值46.81万元。1983年，桂洲羽绒厂与港商、广东省畜产进出口公司合资兴建的华南毛纺厂建成并投产，引进日本最新型号的粗梳毛纺生产线，年产量300吨，年创汇400多万美元。1984年，桂洲羽绒厂扩建，水洗羽绒生产能力达600吨，年产值达300多万元。1985年，桂洲羽绒厂更名为“桂洲畜产品工业公司”，1987年，它与港商合资成立华丽服装公司，与美国公司合资成立华美实业公司，生产羽绒服装和羽绒直接出口。1988年，桂洲畜产品企业（集团）公司成立，其成员企业包括桂洲畜产品工业公司以及该公司与外商合资的3家工厂，年产值超过1亿元。1989年，桂洲畜产品企业（集团）公司与港商合资的桂洲毛纺有限公司投产；1990年，桂洲畜产品企业（集团）公司全面实行现代企业制度改革；1991年，中外合资的华诚染整厂有限公司建成投产。至此，桂洲畜产品企业（集团）公司的经营业务包括原白色兔毛纱出口、染色纱出口、纱线染色加工、羽绒被、服装等制品生产、出口。同时，格兰仕牌羽绒被、服装开始在国内市场销售，仅羽绒被年销售额就达1500万元。1992年6月，桂洲畜产品企业（集团）公司更名为“广东格兰仕企业（集团）公司”，格兰仕牌羽绒系列制品全国总销售额达3000万元，集团公司总产值达几百亿元人民币，年出口额达2300万美元。

二、转型阶段（1992～1997年）

这一时期，公司经营重点由羽绒和服装产品转向微波炉产品。

1991年，格兰仕最高决策层普遍认为，羽绒服装及其他制品的出口前景不佳，并达成共识：从现行业转移到一个成长性更好的行业。经过市场调查，公司初步选定家电业为新的经营领域，并进一步地选定小家电为主攻方向，最后确定以微波炉为进入小家电行业的主导产品（当时，国内微波炉市场刚开始起步，生产企业只有4家，其市场几乎被外国产品垄断）。

公司领导层做出决策后，首先聘请上海微波炉专家组建了一支优秀的技术人员队伍，同时从日本东芝集团引进具有20世纪90年代先进水平的自动化生产线，并与其进行技术合作。1992年9月，中外合资的格兰仕电器有限公司开始试产，第一台以“格兰仕”为品牌名的微波炉正式诞生。1993年，格兰仕试产微波炉1万台，开始从纺织业为主转向家电制造业。1994年，格兰仕集团推行股份制改革，集团骨干人员贷款购买公司股份并成为公司的主要股东，依照现代企业制度重组公司的治理结构；初步建立了一个遍布全国的销售网络。1995年，格兰仕微波炉销售量达25万台，市场占有率为25%。1996年8月，格兰仕集团在全国范围内打响微波炉的价格战，降价幅度平均达40%，带动中国微波炉市场的销售量从1995年的不过百万台增至200多万台。格兰仕集团以全年产销售量65万台的规模，占据中国市场的34.7%，部分地区和月份的市场占有率超过50%。1997年2月，国家统计局授予格兰仕“中国微波炉第一品牌”称号；同年10月，格兰仕集团第二次大幅降价，降价幅度达

29%～40%；全年微波炉产销售量达 198 万台，市场占有率达 47.6%以上，稳居第 1 位。

三、第三阶段（1998 年至今）

这一时期，公司采取相关多元化战略，经营产品从微波炉拓展到电饭煲等小家电领域。

1995 年以来，格兰仕微波炉国内市场占有率一直居第 1 位，达到 60%以上。在此基础上，格兰仕集团于 1998 年开始实施新的战略：通过国际化与多元化，实现全球市场小家电多项冠军的宏伟目标。

1998 年，格兰仕微波炉年产销售量达 450 万台，成为全球最大规模化、专业化制造商。同时，格三仕集团投资 1 亿元进行自主技术开发，并在美国建立研发机构；下半年格兰仕微波炉大举进入欧洲共同体市场；从单项微波炉走向产品多元化，全年豪华电饭煲产销规模达到 250 万只，成为全球最大的制造商。

1999 年 1 月，格兰仕结束最后一项轻纺产业毛纺厂，全面转型为家电集团；同年 3 月，格兰仕北美分公司成立，同时在美国成立微波炉研究所；向市场推出新开发的品种达百余种，其产品融入了新开发出的专有技术，全年销售额达 29.6 亿元，微波炉销售量达 600 万台，其中内销与出口各占 50%，国内市场占有率为 67.1%，稳居第 1 位，欧洲市场占有率达 25%；在关键元器件供应领域，开始采取垄断战略；电饭煲国内市场占有率达 12.2%，居第 3 位。

2000 年 9 月，格兰仕宣布进军空调产业，通过在全球产业链中的强强合作，迅速建立起国际一流的高度自动化生产线；2001 年度内销实现 40 万台，2002 年产能扩张至 300 万台。

到 2003 年，格兰仕已打造出“全球微波炉制造中心”、“全球空调制造中心”、“全球小家电制造中心”、“全球物资管理中心”四大基地，微波炉制造、光波炉制造世界第一。至此，格兰仕集团的多元化和国际化经营步伐仍在加快。

资料来源：曾晓洋，胡维平．市场营销学案例集[M]．上海：上海财经大学出版社，2005.

四、开发企业新业务

通过对现有各种业务加以分析、评价，营销战略制定者决定哪些业务应当发展、维持、收割、放弃；还需要建立一些新的业务，代替被淘汰的旧业务，否则不能实现预定利润目标。

一般可以遵循这样一种系统的思路规划新增业务。首先，在现有业务范围内寻找进一步发展机会；然后，分析建立和从事某些与目前业务有关的新业务的可能性；最后，考虑开发与目前业务无关，但有较强吸引力的业务。这样就形成了以下三种市场机会：

1．密集性市场机会

密集性市场机会是指一个特定市场的全部潜力尚未达到极限时存在的市场机会。运用安索夫的产品/市场矩阵图（图 2-3），可以对企业业务扩展（或扩展战略）进行清晰分类。

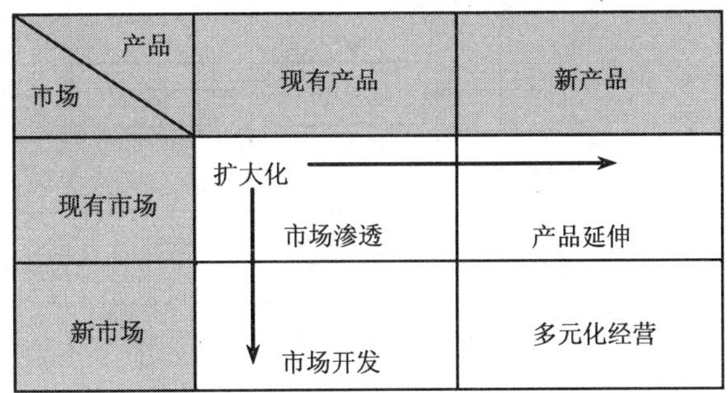

图 2-3　安索夫的产品/市场矩阵图

安索夫的产品/市场矩阵图是以 2×2 的矩阵代表企业企图使收入或获利成长的四种选择，其主要的逻辑是企业可以选择四种不同的成长性策略来达成增加收入的目标。

（1）市场渗透。企业以现有的产品面对现有的顾客，以其目前的产品市场组合为发展焦点，力求增大产品的市场占有率。企业采取市场渗透的策略，借由促销或是提升服务品质等方式来说服消费者改用不同品牌的产品，或是说服消费者改变使用习惯、增加购买量。

（2）市场开发。提供现有产品开拓新市场，企业必须在不同的市场上找到具有相同产品需求的使用者顾客，其中往往产品定位和销售方法会有所调整，但产品本身的核心技术则不必改变。

（3）产品延伸。企业推出新产品给现有顾客，采取产品延伸的策略，利用现有的顾客关系来借力使力。通常是以扩大现有产品的深度和广度，推出新一代或是相关的产品给现有的顾客，提高该厂商产品在市场中的占有率。

（4）多元化经营。企业提供新产品给新市场，此处由于企业的既有专业知识能力可能派不上用场，因此是最冒险的多元化策略。其中成功的企业多半能在销售或产品技术等方面取得综合优势，否则多元化的失败概率很高。

2．一体化市场机会

一体化市场机会是指一个企业把自己的营销活动延伸到供、产、销不同环节而使自身得到发展的市场机会。利用这样的市场机会获得的一体化增长策略有三种情况，即后向一体化、前向一体化和水平一体化。一体化增长策略图如图 2-4 所示。

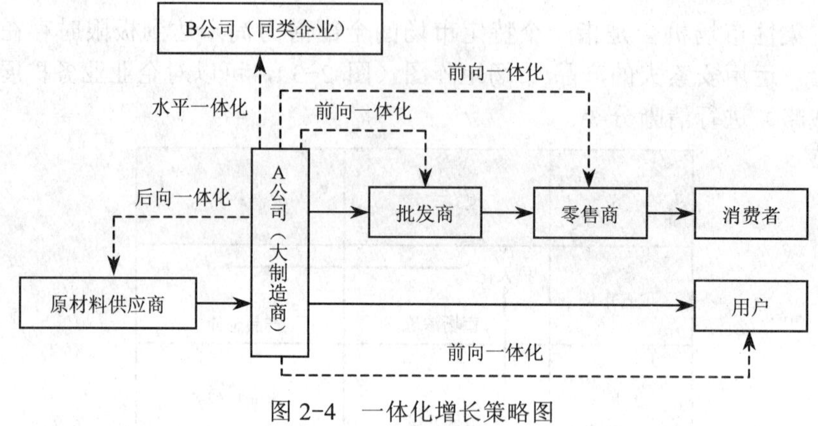

图 2-4 一体化增长策略图

3．多样化市场机会

多样化市场机会是指企业利用经营范围以外的市场机会，新增与现有产品业务有一定联系或毫无联系的产品业务，实行跨行业经营所获得的市场机会。多样化增长策略也有三种形式，即同心性多样化增长、水平多样化增长和集团式多样化增长。多样化市场机会的关键因素见表 2-1。

表 2-1 多样化市场机会的关键因素

多样化增长策略	关 键 因 素
同心性多样化增长	技术或特长
水平多样化增长	市场（渠道）
集团式多样化增长	资金

实例 2-3

2002 年，对于家电市场而言，惯于打价格战的春兰表现颇为平淡，但对于春兰集团而言却是个丰收年：春兰的中型卡车在国内市场的销售挺进三甲，研制了八年之久的高动能镍氢电池项目也开花结果。

对于春兰的这种多元化，许多家电同行认为是“叛逆”，而陶建幸却认为，春兰的发展模式对中国的家电行业有振聋发聩的意义：跨不出产业同心圆，家电企业面临的只能是竞争越来越残酷的绝境。

春兰的发展是从空调开始的，“没有空调，就没有春兰”，陶建幸的这句话清楚地表达了春兰对空调产业运作成功的欣慰。从 1989 年春兰成为中国空调市场的老大，市场占有率连续6年在30%以上，到1994年，春兰已成为中国最大空调生产基地、世界空调七强之一。有资料表明，1994年，春兰在当时还只有单一的空调产品时，曾创下过一个月回笼20亿元资金的纪录。然而，春兰没有止步于这种成绩。1994年底，春兰投资20多亿元兴建了年产100万辆摩托车和100万辆摩托车发动机的生产线，迈出了春兰多元化经营的第一步。

迈出的这一步当时并没有为春兰赢得好评，反对的声音甚至掩盖了这样的创举，春兰一举进入摩托车发动机制造领域，第一次改变了当时中国摩托车企业以整车组装为主的生产模式。

1995～1996年，这一阶段是春兰发展史上的扩张期。在此期间，春兰推出第一个五年计划“100工程”，确定“立足空调产业，进行产业扩张，形成多元经营框架”的方针，开始逐步涉足家电、自动车、电子和海外产业。

1995年春兰与韩国LG集团合资的无氟冰箱项目启动。到1996年底，产品开始陆续投放市场。选择市场上相对稀缺的无氟冰箱为切入点，这与陶建幸1986年进入空调业的思路一脉相承。当时他提出“避开大路，占领两厢”，回避正面强敌，寻找市场空白。

1997年11月，春兰以7.2亿元接手了已经举步维艰的南京东风汽车公司，成立南京春兰汽车有限公司。2001年3月份开始投入批量生产，气派的春兰豪华卡车彻底改写了中国卡车一往的形象，也让外界对春兰的多元化另眼相看。

2002年，在中国家电行业效益整体下滑的大背景下，春兰的多元化之路越走越宽，春兰中型卡车国内销售挺进三甲，已能够为春兰集团贡献2亿元的利润，春兰公司成为中国汽车产业里杀出的一匹黑马，也标志着春兰的第二个产业支柱——汽车产业初具规模；年产3万套高能动力镍氢电池组和3万辆电动自行车生产线全面投产，标志着继传统家电产业、汽车产业后，春兰的第三个产业支柱——新能源产业正在崛起。

当然，春兰的多元化历程也并非一马平川。早在1996年，春兰携百亿巨资想进入家庭轿车产业，但因拿不到“准生证”而流产。1997年，春兰启动0.8微米集成电路项目，但因不能收购原电子部的“908工程”而受挫。

但是，家电出身的春兰最终超越了家电。陶建幸说，春兰的家电公司，属于家电企业，而春兰集团不是。春兰现在的目标就是争取在二十到三四十年内，把春兰建成一个世界著名的多元化公司，让春兰成为中国的“通用”。

资料来源：曾晓洋，胡维平. 市场营销学案例集[M]. 上海：上海财经大学出版社，2005.

第三节 营销管理过程

一、营销管理的基本任务

营销管理的基本任务，就是为促进企业目标的实现而调节需求的水平、时机和性质；其实质是需求管理。根据需求水平、时间和性质的不同，市场营销管理的基本任务也有所不同。

市场上的需求状态是不断变化的，不同的需求状态应实施不同的营销管理。八种典型的需求状态及应实施的营销管理见表2-2。

表2-2 八种典型的需求状态及应实施的营销管理

市场需求状态	营 销 类 型	应改变的状态
负需求	改变营销	正需求
无需求	刺激营销	有需求
潜在（隐）需求	开发营销	实际需求
下降需求	再营销	恢复需求
不规则需求	同步营销	适应需求
充分需求	保持营销	维持需求
溢余需求	减少营销	降低需求
有害需求	反营销	消灭需求

针对市场上各种不同的需求情况，采取不同的营销方式来适应市场需求的变化，以取得预期的营销结果，是营销管理需要考虑的问题。

二、营销管理的具体过程

1. 分析市场机会

市场机会是指市场上存在的未被满足的消费需求。在当今的时代，没有一家企业可以依赖目前的市场和产品而长盛不衰。所以，任何企业都必须不断地寻找、发现和分析新的市场机会，为企业的生存和发展寻找出路。

（1）发掘市场机会。企业可以通过获取市场情报，寻找新的市场机会，以产生许多市场开发的新构想。

发现市场机会：①可以在现有市场上挖掘潜力，指导现有的产品进一步渗透到现有的目标市场上去，扩大销售量；②可以在现有的产品无潜力可挖的情况下，以现有的产品开发新的市场；③在市场开发无潜力可挖时，考虑进行新产品开发；④当产品开发也已潜力不大时，可根据自身资源条件考虑多元化经营，在多种经营中寻求新的市场机会。

（2）评估市场机会。在发掘市场机会后，进行市场机会的鉴别是营销成功的重要前提。要使市场机会变成企业的机会，必须与企业的目标相一致。同时，企业还必须具有利用该市场机会的能力。如果市场机会与企业目标不一致，或企业暂时无能力开发，则是不适宜的市场机会。

2．选择目标市场

在发现和评估市场机会中，往往会产生出许多新的市场开发构想。企业要做的文章是如何从若干好的构想意见中遴选出最能符合企业目标与开发能力的一项作为开发任务。

（1）市场细分。企业要通过地理变数、人口变数、心理变数、行为变数等来细分市场。

（2）选择目标市场。细分后的市场各有不同的需求，企业要选择其中的一个或几个进行经营。

（3）市场定位。企业一旦选定目标市场，就要研究如何在目标市场上进行产品的市场定位，即勾画产品形象，为自己的产品确定一个合适的市场位置。

3．确定市场营销组合

企业选定目标市场并制订出产品开发定位的计划后，便可开始策划市场营销组合的细节。市场营销组合是企业针对确定的目标市场，综合运用各种可能的营销手段，组合成一个系统化的整体策略，以便达到企业的经营目标。麦卡锡把这些手段归为四个因素，简称“4P's”，即产品、价格、分销和促销。

（1）产品。产品是企业开展营销的基础与前提，代表企业提供给目标市场的货物或服务的组合，包括产品的品牌、包装、品质、服务以及产品组合等内容。

（2）价格。价格往往是诱使消费者购买的主要因素之一，代表消费者为获得该产品所付出的金额，包括制订零售价、批发价、折扣和信用条件等。

（3）分销。它是指企业为使产品送达目标顾客手中所采取的各种活动，包括发挥批发商和零售商的作用等。

（4）促销。它是指企业为宣传其产品优点及说服目标顾客购买所采取的各种活动，包括广告、人员推销、营业推广及公共关系等。

第四节　制定竞争性营销战略

许多管理人员一门心思地把注意力集中在争夺市场份额的直接竞争对手上，而没有认识到他们也正与顾客和供应商的讨价还价能力进行着较量。同时，他们也忽视了密切注意行业中将要参与竞争的新公司，或者未能看出替代产品的潜在威胁。增长是企业生存的关键，企业的定位就是要找到一个位置，一来不容易受到新老对手的正面攻击，二来也不容易受到来自购买者、供应商和替代产品的侵蚀。可以采取加强与有相关利益顾客的关系，通过营销在数量或心理上使产品差异化、前向或后向整合、建立技术主导地位等多种形式来实现目标定位，确立企业的优势竞争地位。

一、竞争者分析

1．竞争对手识别

培根说“这是一个最好的时代，也是一个最糟糕的时代”。经济持续发展增长了消费者购买力；同时，同类商品越来越多，企业间的竞争变得越来越激烈。仅了解自己的顾客远远不能满足当前激烈的市场竞争的需要，为了制订有效的竞争性市场营销策略，企业需要尽可能多地找出有关竞争对手的资料，必须经常与那些实力相当的竞争者在产品、价格、渠道和促销上作比较。这样企业才能找出自己潜在的优势与劣势，做到知己知彼。

因此，企业需要了解、掌握谁是竞争者，他们的经营策略手段是什么及其反应模式。

根据产品替代观念，我们可以区分以下四种层次的竞争者：

（1）品牌竞争。当其他公司以相似的价格向相同的顾客提供类似产品与服务时，企业应将其视为竞争者。例如，被别克公司视为主要竞争者的是福特、本田、雷诺和其他中档价格的汽车制造商。但它并不把梅塞德斯奔驰汽车看成是自己的竞争对手。

（2）行业竞争。企业可把制造同样或同类产品的公司都广义地视做竞争者。例如，别克公司认为自己在与所有其他汽车制造商竞争。

（3）形式竞争。企业可以更广泛地把所有制造能提供相同服务的产品的公司都作为竞争者。例如，别克公司认为自己不仅与汽车制造商竞争，还与摩托车、自行车和卡车的制造商在竞争。

（4）一般竞争。企业还可进一步把所有争取同一消费者的人都看做竞争者。例如，别克公司认为自己在与所有的主要耐用消费品、国外度假、新房产和房屋修理的公司竞争。

2．确定竞争者的策略

企业间的策略越相似，它们间的竞争就会越激烈。确定竞争者的策略可以从侧面分析、对比，及时对企业策略制定作出调整以适应竞争。从营销战略的角度来看，本田的营销战略途径与方法至少包括这样一些内容：在产品策略上，以小型车切入美国市场，提供尽可能多的小型车产品型号，提高产品吸引力；

在价格上，通过规模优势和管理改进降低产品成本，低价销售；在促销上，建立摩托车新形象，使其与哈雷的粗犷风格相区别。事实证明，这些战略途径行之有效，大获成功。相对应地，哈雷公司却没有明确的战略途径与方法。哈雷公司虽然也注入资本提高产量，也曾一度进行小型车的生产，结果由于多方面因素的不协同而以失败告终。

3．确定竞争者的优势与劣势

企业要充分考虑评估每个竞争者的优势与劣势，通过收集一手资料或二手资料来了解有关竞争者的优势与劣势。企业可以通过与顾客、供应者和经销商合作而进行原始的市场营销研究，从而找出改进业绩的方法。

4．确定竞争对手的反应模式

每个竞争者对事情的反应各不相同。但概括起来，竞争对手的反应不外乎三种：①不采取行动；②防御型；③进攻型。这主要取决于竞争对手自己的战略意图及所具有的战略能力，竞争对手是否对自己目前的形势满意，竞争对手受到威胁的程度。另外，还取决于竞争对手的实力和信心，即他是否有足够的信心依靠现有的条件化解对手对其的威胁。

5．选择竞争对手

经过分析后，企业应认识到可与谁进行有效的竞争，决定与哪个竞争者进行最有力的竞争，企业就可把注意力集中在这一竞争对手上。

二、企业竞争战略

企业对自己在本行业中所处竞争地位的分析，是企业制定经营战略和策略的基础。企业竞争地位分析与行业发展有着密切的联系。在行业处于高速发展时期，由于每个企业都可以随着行业的发展而获得一定程度的发展，并在发展中获得收益，因而企业对竞争者的研究就相对少一些。在行业发展缓慢时，就导致了竞争的加剧，企业就特别注重对竞争对手的研究，并经常向竞争者的弱点发起攻击，以改变企业的竞争地位。每个企业都应认识到自己所处的竞争地位。这将有助于企业在本行业中是否要采取扩张、维持、缩小或退出战略。

根据各企业在行业中所处的地位，美国著名市场营销学教授菲利普•科特勒把企业分成四类，即市场领先者、市场挑战者、市场追随者和市场补缺者。这种分类方法被世界许多国家所接受。

1．市场领先者

市场领先者是指该企业在相关的产品市场中占有最大市场份额，并且在价格变化、新产品开发、渠道和促销手段上，对其他企业起着领导作用。

居于市场领先地位的企业要想继续保持其市场领先地位，需要从以下几方面进行努力。

（1）扩大总需求。为了扩大总市场，市场领先者通常采用以下几种方法：

1）寻找新用户。例如，女性香水市场饱和，企业便说服男性使用香水。

2）寻找产品的新用途。例如，海尔公司开发出可以洗红薯的洗衣机。

3）说服消费者在各种场合更多地使用该产品。消费者更多地使用，该产品的销售量就会增加，企业扩展市场的目的就能达到。

（2）保护现有市场份额。市场领先者在努力扩大市场总规模的同时，还必须注意保护自己现有的市场不受侵犯。

（3）企业扩大市场份额。市场份额是指一个企业的产品销售量（或销售额）在市场同类产品中所占的比重，直接反映企业所提供的商品和劳务对消费者和用户的满足程度，表明企业的产品在市场上所处的地位。市场份额是指企业的产品在市场上所占份额，也就是企业对市场的控制能力。市场份额越高，表明企业经营、竞争能力越强。企业市场份额的不断扩大，可以使企业获得某种形式的垄断，这种垄断既能带来垄断利润又能保持一定的竞争优势。

2．市场挑战者

市场挑战者是指那些积极向行业领先者或者其他竞争者发动进攻来扩大其市场份额的企业。这些企业可以是仅次于领先者的大公司，也可以是那些让对手看不上眼的小公司。只要是为了扩大市场份额，对市场领先者或其他竞争者发动进攻的企业，都可称为市场挑战者。

（1）市场挑战者在向竞争对手发起进攻之前，通常要确定竞争对手和目标。其进攻的对手可以是领先者，也可以是其他竞争者。挑战的目标一般是为了扩大市场份额。

（2）在确定了对手和目标后，市场挑战者会集中自己的优势向竞争对手发起攻击，以达到自己的目标。市场挑战者对竞争对手的攻击主要有两种方式：

1）直接进攻。这种方式是指直接地从正面向竞争者发起攻势。

2）间接进攻。这种方式是指市场挑战者避开直接向竞争者居优势的领域进行攻击，而是绕到竞争者的后方，攻击竞争者较薄弱且较容易进入的市场，以扩大自己的资源基础和市场份额。

实例 2-4

世界上第一瓶可口可乐于1886年诞生于美国，距今已有100多年的历史。这种神奇的饮料以它不可抗拒的魅力征服了全世界数以亿计的消费者。作为市场后起者，有两种战略可供选择：向市场领导者发起攻击以夺取更多的市场份额——市场挑战者战略；或者是参与竞争，但不让市场份额发生重大改变——市场追随者战略。显然，经过近半个世纪的实践，百事可乐深刻地意识到，后一种选择连公司的生存都不能保障，是行不通的。于是，百事可乐向可口可乐发出强有力的挑战，并在与可口可乐的交锋中越战越强，最终形成分庭抗礼之势。

1902 年，可口可乐公司投入 12 万美元广告费，使可口可乐成为最知名的品牌。次年，可口可乐改变配方，除掉古柯碱成分。由于受到广告刺激与禁酒运动的影响，可口可乐快速成长起来。

1915 年，来自印第安纳州霍特市的一位设计师推出了 6.5 盎司（1 盎司=28.41 立方厘米）的新瓶装，使得可口可乐与其他仿冒品相比，显得不同。此后，这种新瓶装约生产了 60 亿瓶。百事可乐最早是以 Me-too（我也是）的策略进入市场，即“你是可乐，我也是可乐”。可口可乐的命名是取可乐倒进杯中，“喀啦喀啦”的声音，百事可乐的命名则是取打开瓶盖可乐冒气“拍嘘”的声音，两种可乐音同而首字不同。

在 1970 年后，可口可乐公司的宣传重点从“清凉顺畅、心旷神怡”的软性诉求，转向“只有可口可乐，才是真正的可乐”的防御策略。提醒消费者可口可乐才是真正的创始者，其他都是仿冒品。后来更进一步将“CocaCola”浓缩为“Coke”一字，以摆脱百事可乐的同名干扰。这样店老板再也不会搞不清是拿可口可乐还是拿百事可乐了。这是领导性品牌围、追、堵的很好策略。

百事可乐成长于 20 世纪 30 年代经济大恐慌时期。由于消费者对价格很敏感，因此 1934 年百事可乐推出了 12 盎司装的瓶子，但与可口可乐 6.5 盎司的价格一样，也是 5 分钱。百事可乐利用电台广告大力宣传“同样价格、双倍享受”的利益点，成功地击中了目标，尤其是年轻人的市场。

1954 年，可口可乐销售量降低了 3%，百事可乐上升 12%。1955 年可口可乐不得不发动反击，同时推出 10 盎司、12 盎司及 16 盎司新包装，但为时已晚。可口可乐从 20 世纪 50 年代以 5:1 的悬殊销售比领先百事可乐，到 60 年代百事可乐已将比例缩小到一半。

百事可乐的另一个成功策略是抓住了“新一代”。从 1961 年开始，其广告强调“现在，百事可乐献给自认为年轻的朋友”，1964 年喊出“奋起吧！你是百事的一代”，使这个观念更明确风行，大大影响了年轻人的传统意识。

百事可乐广告的成功，在于充分掌握了年轻人的喜好，使电影和音乐的魅力再现于广告影片中。百事可乐先后以“大白鲨”、“ET”、“回到未来”等主题拍摄饶富趣味的影视广告，特别是通过制作流行音乐引起广大青年人的共鸣。他们还率先聘请当代知名的摇滚红歌星如迈克尔·杰克逊作为电视广告主角，通过一系列广告影片，风靡全世界，使其品牌形象不断上升，甚至有凌驾可口可乐之上的趋势。

百事可乐不仅在美国国内市场上向可口可乐发起了最有力的挑战，还在世界各国市场上向可口可乐挑战。在美国市场，百事可乐因为可口可乐的先入优势已经没有多少空间。百事可乐的战略就是进入可口可乐公司尚未进入或进入失败的“真空地带”，当时公司的董事长唐纳德·肯特经过深入考察调研，发现前苏联、中国以及亚洲、非洲还有大片空白地区可以有所作为。

1959年，美国展览会在莫斯科召开，唐纳德·肯特利用他与当时的美国副总统尼克松之间的特殊关系，要求尼克松“想办法让前苏联领导人喝一杯百事可乐”。于是在各国记者的镜头前，赫鲁晓夫手举百事可乐，露出一脸心满意足的表情。这是最特殊的广告，百事可乐从此在前苏联站稳了脚跟。1975年，百事可乐公司以帮助前苏联销售伏特加酒为条件，取得了在前苏联建立生产工厂并垄断其销售的权力，成为美国闯进前苏联市场的第一家民间企业。这一事件立即在美国引起轰动，各家主要报刊均以头条报道了这条消息。

在以色列，可口可乐抢占了先机，先行设立了分厂。但是，此举引起了阿拉伯各国的联合抵制。百事可乐见有机可乘，立即放弃本来得不到好处的以色列，一举取得中东其他市场，占领了阿拉伯海周围的每一个角落，使百事可乐成了阿拉伯语中的日常词汇。

20世纪70年代末，印度政府宣布，只有可口可乐公布其配方，它才能在印度经销，结果双方无法达成一致，可口可乐撤出了印度。百事可乐因此乘机以建立粮食加工厂、增加农产品出口等作为交换条件，打入了这个重要的市场。

在与可口可乐角逐国际市场时，百事可乐很善于依靠政界，抓住特殊机会，利用独特的手段从可口可乐手中抢夺市场。

百事可乐与可口可乐的销售差距从1960年的2.5:1，缩小到1985年的1.15:1，可口可乐的领导地位首次出现危机。在1985年年底，百事可乐的销售额一度超过了可口可乐，到1986年可口可乐才夺回宝座。

资料来源：食品商务网．Http://www. 21food. cn/html/news/13/71802. html

3．市场追随者

市场追随者是指那些不愿扰乱市场形势的一般性企业。这些企业认为，它们占有的市场份额比领先者低，但自己仍可以盈利，甚至可以获得更多的收益。市场追随者常常仿效市场领先者，为购买者提供相似的产品和服务。

市场追随者通常采用以下三种方式进行追随：

（1）紧密跟随。市场追随者在尽可能多的细分市场和在营销组合领域中模仿市场领先者。

（2）距离跟随。市场追随者仅在主要市场和产品创新、价格水平和分销上追随市场领先者，在其他方面则同市场领先者保持一段距离。

（3）选择跟随。此类企业不完全地追随市场领先者，而是有选择地进行追随，即根据自己的情况在有些方面紧跟市场领先者，以明显地获得好处，而在其他方面又走自己的路。这类企业可能具有完全的创新性，但它们又避免直接地与市场领先者发生对抗。这类企业通常会成长为未来的市场挑战者。

4．市场补缺者

市场补缺者是指那些选择不大可能引起大企业注意的市场的某一部分进行专业化经营的小企业。这些企业为了避免同大企业发生冲突，往往占据着市场的小角落。它们通过专门化的服务，包括对某一类型的最终使用者服务，按照客户需要的服务，专业化生产某一种有特色的产品，把销售对象限定在少数的几类特定的顾客等。

市场补缺者在经营上的特点是：高度集中，不愿意样样都干，通常拥有质量高、价格低的产品或服务，单位产品成本较低；在产品的研究和开发、新产品引进、广告、促销和人员开支上花费较少；优越的售后服务等。

市场补缺者成功与否的关键在于市场补缺基点的选择上。这些企业通常寻找一个或多个安全且有利可图的市场补缺基点。一个理想的市场补缺基点一般有下列特征：

（1）该补缺基点有足够的规模和购买力，企业有利可图。

（2）该补缺基点有成长潜力。

（3）该补缺基点被大企业所忽略或者不愿意满足。

（4）企业有市场需要的技能和资源，可以进行有效服务。

（5）企业能够靠已建立的顾客信用进行自卫以抵制竞争者的攻击。

市场补缺者承担的主要风险是选定的市场基点可能会枯竭或受到其他竞争者的攻击，市场补缺者往往选择多个补缺基点，作为自己经营的领域，以增加企业的生存机会。

维珍：永远的“补缺者”

从 1970 年到现在，维珍集团成为了英国最大的私人企业，旗下拥有 200 多家大小公司，产品涉及航空、金融、铁路、唱片、婚纱直至避孕套等行业，俨然半个国民生产部门。布兰森曾经说过，如果有谁愿意的话，他可以这样度过一生：喝着维珍可乐长大，到维珍唱片大卖场买维珍电台上放过的唱片，去维珍院线看电影，通过维珍网交上一个女朋友，和她坐维珍航空去度假，享受维珍假日无微不至的服务，然后由维珍新娘安排一场盛大的婚礼，幸福地消费大量维珍避孕套，直到最后拿着维珍养老保险进坟墓。当然，如果不幸福的话，维珍还提供了大量的伏特加以供选择。

红白相间的维珍品牌在英国的认知度达到了96%，在“英国男人最知名品牌评选”中排名第一，在“英国女人最知名品牌评选”中位列第三。但是，维珍产品在所处的每一个行业里都不是名列前茅的老大或老二，而是一只“跟在大企业屁股后面抢东西吃的小狗”。这正是维珍的老板布兰森本人所期望的。

维珍总是选择进入那些已经相对成熟的行业，给消费者提供创新的产品和服务。可以说，在它进入的每一个行业里，维珍都成功地扮演了市场补缺者和品牌领先者的角色。

维珍集团进入每一个行业时，很多分析家认为市场已很成熟，已经被一些大集团瓜分的差不多了。维珍集团在这个时候进入市场先天就已经落后了，如果不想捡别人剩下的东西吃，只能找到利基市场，只能创新。这正是科特勒关于“落后进入战略”（Laggard-Entry Strategy）的核心所在。

布兰森认为，在一个成熟的市场环境里竞争，竞争的压力翻过来加剧了企业间的相互模仿，追求标准、降低成本、回避风险成了企业的游戏规则，企业自身的创新潜力受到了压制，而消费者只能在价格上进行比较。这导致了相当糟糕的局面：管理者思想僵化、新的创意越来越少。这正是维珍的机会。维珍提供给目标顾客的是那些老大们没有想到，或者是不愿意去做，而消费者其实很欢迎、很需要，企业能够从中得利的产品和服务。

维珍集团的经营虽然天马行空，涵盖了生活的方方面面，但是所有产品和服务的目标客户群都锁定在了“不循规蹈矩的、反叛的年轻人”身上。它把握了现代人注重享受生活、体验生活、追求个性的心理，赢得了年轻客户的认同和信任，通过长期对他们的服务和研究，掌握了关于他们职业、兴趣的信息，让他们成为了维珍集团源源不断的财富源泉。

维珍移动采用横向、纵向市场并重的策略，在对市场、客户进行细分之后，将单一的移动通信产品或服务有机地捆绑打包，形成具有维珍品牌特色的增值服务产品，再通过在线和离线两个渠道进行销售。从纵向市场来看，维珍移动把其客户群分成四大类：体育爱好者、文艺爱好者、旅行者、家居者。再针对这些细分的市场把其服务分成三大类：标准服务、特别服务、其他服务。标准服务包括：免费留言信箱、短消息、来电显示、来电等候、传真及数据、无线上网、MP3下载播放、电话热线以及服务质量保证，这些服务都是标准化的。特别服务则是定制化的服务，包括通过短消息给兴趣群体传送即时新闻、体育比赛、文娱项目的售票信息、无线电广播、基于地理位置的信息、交通信息、手机购物等。其他服务则给客户和合作伙伴提供了开发交叉销售、升级销售的机会。例如，客户可购买手机保险，汽车路上修理应急服务，预付费卡月度明细账单，长达三个星期的语音留言保存，以及国际漫游等。它的电信促销以非常趣味的方式开展，并将“一种新的生活方式”概念销售给年轻人。例如，将预设的配置装在手机里，只要打个特定的号码，有关的商品可以送到顾客手中。维珍移动还与其集团旗下深受年轻人欢迎的航空公司、旅游业务公司、音乐公司等相互合作，捆绑销售，为年轻的电信用户提供不同的优惠与配套服务。

战略规划协会的一项研究发现，中小市场的投资回报达到了27%，超过大市场投资回报16个百分点。这是一项很惊人的发现，研究者认为，造成这个结果的主要原因就是服务于中小市场的企业往往和顾客的沟通更多，更加了解顾客的想法和需要。维珍公司就是把自己定位在了“服务于年轻人的专家”，由此在不同的领域所向披靡。

资料来源：市场补缺者战略[J]成功营销，2003（8）.

本章小结

企业通过制定市场营销战略，统一思想，统一步调，能够大大提高营销活动的目的性、预见性、整体性、有序性和有效性，增强企业的竞争能力和应变能力。因此，在当代，无论是在开放条件下的国内市场，还是在竞争激烈的国际市场，进行有效的市场营销战略规划已成为维系企业生存与发展的关键。

企业确立正确的营销思想，仅是获得营销成功的先决条件之一，企业的营销成功要通过企业营销管理来落实正确的营销观念。企业营销管理是指企业把科学的管理技术和方法用于对市场营销的管理，根据需求水平、时间和性质的不同，发现、分析、选择和利用市场营销机会，以实现企业任务和预期目标的过程。

在市场营销管理的过程中，我们还需要及时了解竞争者动态，不断调整企业策略。每个企业都可以认识到自己所处的竞争地位。这将有助于企业决定在本行业中是否要采取扩张、维持、缩小或退出战略。

知识练习与思考

一、重要概念

企业战略　市场营销战略　市场机会　一体化市场机会

多角化市场机会　企业营销管理

二、单项选择题

1. “适应企业界解决问题的需要”，这是IBM公司为自己规定的（　　）。
   A. 企业的短期目标　　B. 企业的任务
   C. 企业的经营策略　　D. 企业的目标
2. 对处于黄色地带的企业，可供选择的策略应是（　　）。
   A. 增加投资　　B. 维持现状
   C. 收割　　D. 发展战略
3. 某油漆公司不仅生产油漆，还拥有和控制200家以上的油漆商店，这就叫（　　）。
   A. 前向一体化　　B. 后向一体化
   C. 水平一体化　　D. 多元化
4. 军工企业兼营民用品生产与销售，这种做法属于（　　）策略。
   A. 市场渗透　　B. 多元化
   C. 产品开发　　D. 市场开发
5. 市场营销组合是指（　　）。
   A. 对企业微观环境因素的组合
   B. 对企业宏观环境因素的组合
   C. 对影响价格因素的组合
   D. 对企业可控的各种营销因素的组合
6. 一个战略业务单位是企业的一个（　　）。
   A. 部门　　B. 车间
   C. 产品　　D. 环节
7. 战略环境因素变化的结果，对企业及其活动形成有利的条件是（　　）。
   A. 环境威胁　　B. 市场机会
   C. 市场利润　　D. 成本优势
8. 别克公司认为自己在与所有其他汽车制造商竞争，那么它们属于（　　）。
   A. 品牌竞争　　B. 行业竞争
   C. 形式竞争　　D. 一般竞争
9. 市场营销管理的实质是（　　）。
   A. 刺激需求　　B. 需求管理
   C. 生产管理　　D. 销售管理
10. “欧莱雅”化妆品公司兼并了“美宝莲”化妆品公司，这属于（　　）。
   A. 前向一体化　　B. 后向一体化
   C. 同心多角化　　D. 横向一体化

三、多项选择题

1. 根据各企业在行业中所处的地位，美国著名市场营销学教授菲利普•科特勒把它们分成（　　）。

A. 市场领导者　　B. 市场追随者

C. 市场补缺者　　D. 市场挑战者

2. 波士顿矩阵中将经营单位划分为（　　）几种类型。

A. 明星类　　B. 金马类

C. 奶牛类　　D. 问号类

E. 瘦狗类

3. 多因素投资组合矩阵依据行业吸引力的大小和竞争能力的强弱分为九个区域，由它们组成三种战略地带。这三种战略地带是（　　）。

A. 红色地带　　B. 绿色地带

C. 黄色地带　　D. 蓝色地带

E. 白色地带

4. 市场营销组合因素包括（　　）。

A. 产品　　B. 竞争

C. 定价　　D. 分销

E. 促销

四、判断题

1. 市场营销管理的任务，就是为促进企业目标的实现而调节需求的水平、时机和性质，其实质是需求管理。（　　）

2. 某拖拉机公司以前向橡胶和轮胎公司采购所需轮胎，现决定自己办厂生产轮胎。这就实现了前向一体化。（　　）

3. 企业战略规划的第一个步骤是确定企业目标。（　　）

4. 企业市场营销管理的目的在于使企业获得更多的利润。（　　）

5. 处于红色地带的企业一般采用收割或放弃战略。（　　）

五、简答题

1. 什么是市场营销战略？它与企业战略有什么联系与区别？

2. 什么是市场营销管理？

3. 主要从哪几个因素考虑确认企业任务？

4. 企业任务与企业目标之间的联系与区别是什么？

5. 根据各企业在行业中所处的地位，我们可以把它们分为几类？它们各自可以采取的营销策略是什么？

六、案例分析

百事可乐如何从可口可乐手里挣得市场份额

在第二次世界大战前，可口可乐统治着美国的软饮料行业。那时的确没有值得一提的第二位公司。“在可口可乐意识下，百事很难有一点被认知的火花。”百事可乐是一种新饮料，制造成本较低，与可口可乐相比口味较差一些。百事可乐主要的销售宣传要点是用同样的价格可以得到更多的饮料。百事可乐在它的言行中强调“五分钱可买双倍饮料”。百事可乐的瓶子不美观，瓶上贴着纸制标签。搬运中经常破损，从而给人们留下一种印象，认为百事可乐是第二流的软饮料。

第二次世界大战期间，百事可乐和可口可乐都伴随着美国国旗飘扬在世界各地而同时增加了销售量。战后，百事可乐的销售与可口可乐相比开始下降。百事可乐的问题是由很多因素造成的，包括它不良的形象、较差的口味、马虎的包装和差劲的质量管理。而且，由于成本增加，百事可乐不得不提高售价，这使它的成交条件不如从前。在20世纪40年代末期，百事可乐的士气相当低落。

在这关键时刻，商界素享盛誉的艾尔弗雷德.N.斯蒂尔出任百事可乐的总经理。他和他的同僚认为，他们的主要希望在于把百事可乐从可口可乐的廉价仿制品转变为第一流的软饮料。他们也承认这个转变需要若干年的时间。他们设想了一个向可口可乐发动的大攻势，这个攻势分两个阶段进行。第一阶段，从1950～1955年，采取下列步骤：第一，改进百事可乐的口味。第二，重新设计和统一百事可乐的瓶子和商标。第三，重新设计言行活动以提高百事可乐的形象。第四，斯蒂尔选定25个城市进行特别的推销以争取市场份额。

到1955年，百事可乐所有的主要弱点都被克服，销售量大幅上升，于是斯蒂尔准备了第二阶段的进攻计划。第二阶段计划包括向可口可乐的“堂饮”市场发动直接进攻，特别是对迅速成长的自动售货机和冷藏饮用细分市场的进攻。另一个决策是引入新规格的瓶子，使家庭市场和冷藏饮用市场的顾客更感方便。最后，百事可乐对想要购买和安装百事可乐自动售货机的装瓶提供财力帮助。1955～1960年，百事可乐的这些行动大幅度地增加了销售量，十年之中，百事可乐的销售量增长34倍。

问题： 1．百事可乐为什么能够成功？

2．百事可乐如何利用企业竞争战略？

实 训 操 作

一、课堂模拟训练

训练目的：理解企业竞争战略。

训练内容：假设你正准备自主创业，请利用企业竞争战略分析你将选择的行业地位。

训练要求：

（1）请从自己生活中熟悉的行业进行分析。

（2）从实际出发，合理分析。

二、实战演练

演练目的：了解市场营销战略规划对海尔集团的重要意义。

演练要求：

（1）通过多种手段收集海尔集团的发展资料。

（2）收集海尔集团各个时期竞争者的发展资料。

（3）通过对比了解为什么海尔集团相对于各个时期竞争者发展得更好。

演练指导：

（1）将学生分组，每组分别进行一项内容的调查。

（2）实训结束后，各组交流调查信息。

第三章　市场营销环境分析

营销格言

知彼知己，胜乃不殆；知天知地，胜乃可全。

——《孙子兵法·地形篇》

知识目标

1. 了解市场营销环境对市场营销活动的重要影响作用。
2. 理解影响市场营销宏观环境和微观环境的因素。
3. 掌握 SWOT 分析法，科学分析环境给企业带来的机会与威胁。

技能目标

1. 识别市场营销机会，分析和利用市场营销环境信息进行营销决策。
2. 能够进行 SWOT 分析。

引导案例

店址的选择

某个服装店老板在确定开店地址时，面临着这样的选择：是开在还没有服装店的街上，还是开在已经有许多服装店的街上。如果是前者，其有利之处是没有同行的竞争者，独此一家，由于没有竞争者，到这条街上购买服装的顾客都会光临这个店，但同时也存在着这样的问题，由于服装店太少，顾客选择的空间小，顾客很可能在一家店中买不到他所需要的服装，所以他就有可能不来这条街上买服装，而转向其他选择余地多的街上购买。独家经营，尽管没有竞争者，但顾客也会比较少。如果店开在服装店较多的街上，尽管顾客可能会在任何一家店购买，其他的同行店会抢走许多生意，但由于来这条街买服装的顾客多，即使只有其中一部分光临此店，业务量也会不少。

分析说明

在这个案例中，服装店老板实际上面临着竞争者多少这个营销环境问题。店多拢市和店多对手多是同时存在的。俗话说“货卖扎堆”，如果你周围的店是开服装的，你就开服装，这样能互相带动客流，彼此都是有利的，关键是服装的定位问题。如果你的周围都是做五金家电的，而你开服装店，肯定不行。

第一节　了解市场营销环境分析的意义

一、认识市场营销环境

1．市场营销环境的含义

市场营销环境是企业营销职能外部不可控制的因素和力量，这些因素和力量是影响企业营销活动及其目标实现的外部条件。任何企业都如同生物有机体一样，总是生存于一定的环境之中，企业的营销活动不可能脱离周围环境而孤立地进行。企业营销活动要以环境为依据，企业要主动地去适应环境；但是，企业可以了解和预测环境因素，不仅主动地适应和利用环境，而且透过营销努力去影响外部环境，使环境有利于企业的生存和发展，有利于提高企业营销活动的有效性。因此，重视研究市场营销环境及其变化，是企业营销活动最基本的课题。市场营销环境包括微观环境和宏观环境。微观环境是指与企业紧密相连，直接影响企业营销能力的各种参与者，包括企业内部环境、顾客、供应商、营销中介、竞争者以及社会公众。宏观环境是指影响微观环境的一系列巨大的社会力量，主要包括：人口环境、经济环境、自然环境、技术环境、政治与法律环境和社会文化环境。微观环境直接影响与制约企业的营销活动，多半与企业具有或多或少的经济联系，也称直接营销环境，又称作业环境。宏观环境一般以微观环境为媒介去影响和制约企业的营销活动，在特定场合，也可直接影响企业的营销活动。宏观环境被称做间接营销环境。宏观环境因素与微观环境因素共同构成多因素、多层次、多变的企业市场营销环境的综合体。市场营销环境按其对企业营销活动的影响，也可分为威胁环境与机会环境，前者是指对企业市场营销不利的各项因素的总和，后者是指对企业市场营销有利的各项因素的总和。市场营销环境按其对企业营销活动影响时间的长短，还可分为企业的长期环境与短期环境，前者持续时间较长或相当长，后者对企业市场营销的影响则比较短暂。

市场营销环境的内容比较广泛，可以根据不同标志加以分类。基于不同观点，营销学者提出了各具特色的对环境分析的方法，菲利普·科特勒则采用划分为微观环境和宏观环境的方法。微观环境与宏观环境之间不是并列关系，而是主从关系，微观营销环境受制于宏观营销环境，微观环境中所有的分子都要受宏观环境中各种力量的影响。

2．市场营销环境的基本特点

（1）客观性。环境作为营销部门外在的不以营销者意志为转移的因素，对企业营销活动的影响具有强制性和不可控性。

（2）差异性。不同的国家或地区之间，宏观环境存在着广泛的差异，不同的企业，微观环境也千差万别。

（3）多变性。构成市场营销环境的诸因素都受众多因素的影响，每一环境因素都随着社会经济的发展而不断变化。

（4）相关性。市场营销环境诸因素间，相互影响，相互制约，某一因素的变化，会带动其他因素的相互变化，形成新的市场营销环境。

3．市场营销活动与市场营销环境

市场营销环境通过其内容的不断扩大及其自身各因素的不断变化，对企业营销活动产生影响。首先，市场营销环境的内容随着市场经济的发展而不断变化。其次，市场营销环境因素经常处于不断变化之中。

市场营销环境是企业营销活动的制约因素，营销活动依赖于这些环境才得以正常进行。营销管理者必须注意营销决策，不得超越营销环境的限制；企业营销活动所需的各种资源，需要从营销环境许可的条件下取得，企业生产与经营的各种产品，也需要获得消费者或用户的认可与接纳。

虽然企业营销活动必须与其所处的外部和内部环境相适应，但营销活动绝非只能被动地接受环境的影响，营销管理者应采取积极、主动的态度能动地去适应营销环境。在一定条件下，也可运用自身的资源，积极地影响和改变环境因素，创造更有利于企业营销活动的空间。

二、市场营销环境分析的意义

市场营销环境是企业市场经营活动的约束条件。现代管理理论中的“组织—环境适应”理论表明，任何组织都是也只能是和环境协调的产物。根据这一理论，企业成败的关键就在于企业能否与不断变化的市场营销环境相适应。企业组织与市场营销环境越协调，发展就越好，否则企业就面临被环境淘汰的威胁。分析市场营销环境，就是使企业对于其所处的环境中各种可能的营销机会和环境威胁进行了解，旨在预见环境变化的趋势和规律，制定能够充分利用营销机会并避开、消除环境威胁的营销战略。环境威胁是指市场营销环境中出现的对企业不利的发展趋势及由此形成的挑战，对此，如果企业无适当的应变措施，这种不利的趋势将导致营销企业的市场地位被侵蚀；而营销机会则是市场营销环境中出现的对企业营销活动具有吸引力的领域，在这一领域内，企业具有竞争的优势或许有得到更多营销成果的可能性。在现实生活中，营销机会和环境威胁往往同时存在。企业营销活动的主要任务就在于能够识别营销机会和发现环境威胁，以提高企业对市场营销环境的适应能力，通过适当安排营销组合，使之与不断变化着的市场营销环境相适应。只有这样，企业才能及时抓住市场机会，取得营销活动的成功，从而更好地满足目标顾客日益增长的需要。市场营销环境分析的意义具体表现在以下几个方面：

1．市场营销环境分析是企业营销活动的基础

企业的市场营销活动是在复杂的市场环境中进行的。社会生产力水平，技术进步变化的趋势，消费者需求结构的改变，国家一定时期的政治经济政策等，都直接或间接地影响着企业的生产经营活动。成功的企业经营者，都十分注重市场调查以及分析市场营销环境。忽视市场营销环境分析，通常会使企业生产经营活动遭受影响和冲击。例如，美国曾被称为“车轮上的国家”，其发达的汽车工业曾使无数的美国人引以为荣。20 世纪 70 年代初期发生了石油危机，由于美国汽车巨头们的反应迟钝，在能源趋紧的环境条件下，依然生产着体积大、高能耗的传统汽车，而日本企业却适时地研制出小型节能汽车，成功占领美国国内汽车市场的“半壁江山”。因此，营销企业只有密切注意并对市场营销环境进行调查、预测和分析，才能确定适当的生产经营战略，并相应调整企业的组织机构和管理体制，使之与变化了的市场营销环境相适应。

2．市场营销环境分析有利于企业寻求新的市场营销机会

市场营销环境中的环境威胁和营销机会恰似一枚硬币的两面，一面的存在以另一面的存在为前提，且在一定条件下可以相互转化。如果企业不注重市场营销环境分析，它所失去的不仅是新的市场营销机会，而且可能遭到变化了的市场营销环境的威胁；如果对环境威胁十分重视，积极地寻求规避环境威胁的对策，不仅可能消除环境威胁，而且极有可能将环境威胁转化为企业发展的新机遇。比如，人类面临着严重的资源危机，对于某些高能耗的企业来说，这是一个威胁。但是，如果企业能够开发出低能耗的、利用可再生资源的替代品，这无疑为企业大发展提供了良机。

3．市场营销环境分析为企业科学决策提供了依据

企业的生产经营活动要受到各种环境因素的制约，企业的内部条件、外界的市场环境与企业经营目标的动态平衡，是科学决策的必要条件。在风云变幻的市场营销环境和激烈的市场竞争中，“适者生存”同样是真理。企业的各种活动与决策都应当具备一定的科学性，这种科学性主要来源于对市场营销环境的客观分析。企业只有认真分析自身的内部条件和外部的市场环境，充分了解自己所拥有的实力，才能找出自己的优势和不足，明确它们能够为企业带来哪些相对有利条件以及企业可能面临的环境威胁，从而为企业的科学决策提供充分的客观依据，促使企业在生产经营过程中的资源得到最优配置，确保企业在激烈的市场竞争中立于不败之地。

实例 3-1

斯沃琪：每天一个新变化

瑞士是举世闻名的钟表大国，它生产的劳力士、欧米茄、梅花、雷达、浪琴、天梭等手表，无一不是享誉世界的品牌。在人们心目中，瑞士手表一直是精美、高雅、华贵的代名词，是身份、地位和财富的象征。然而，20 世纪 80 年代初期诞生的斯沃琪（Swatch）全塑电子手表，却在一夜之间打破它们的统治，迅速成为瑞士乃至全球钟表业的佼佼者。如今，斯沃琪手表已经成为世界各国青少年的腕上宠物，它早已不再是简单地发挥计时的作用，而是代表一种观念、一种时尚、一种艺术和一种文化。

斯沃琪根据消费者的需求设计和改进自己的产品。瑞士钟表公司有这样一句口号："唯一不变的是我们一直在变。"公司每年要向社会公开征集钟表设计图，根据选中的图案生产不同的手表系列，其中包括儿童表、少年表、少女表、男表、女式手表、春天表、夏天表、秋天表和冬天表，后来又推出每周套表，从星期一到星期天，每天一块，表面图案各不相同。公司的产品不断翻新，迎合了社会不同层次、不同年龄、不同爱好、不同品位的需要，因此深受广大消费者的欢迎和喜爱，销售量年年攀升，市场份额不断扩大，公司的效益自然也越来越好。

资料来源：吴涛. 市场营销管理[M]. 北京：中国发展出版社，2005.

三、市场营销环境分析的方法——SWOT 分析法

企业的生存与发展、企业战略计划的制订和对市场营销过程进行的管理都离不开对市场营销环境的分析。市场营销环境的客观性、多变性、复杂性决定了企业应当主动地适应环境、利用环境并善于分析和识别由于环境变化而造成的市场机会和威胁，及时、有针对性地制定和调整自己的战略和策略，不失时机地利用营销机会，使企业的经营管理与市场营销环境的发展和变化相适应，尽可能减少威胁带来的损失，以获取最大的利益。

SWOT 分析法中的 SWOT 是："优势"（Strengths）、"弱势"（Weaknesses）、"机会"（Opportunities）、"威胁"（Threats）四个英文单词的第一个字母的缩写。企业通过 SWOT 分析法，可以结合环境对自身的内部能力和素质进行评价，弄清楚企业相对于其他竞争者所处的相对优势和劣势，帮助企业制定竞争战略。

1．企业的优势和劣势分析

企业的优势和劣势分析实质上就是企业内部经营条件分析，或称企业实力分析。优势是指企业相对于竞争对手而言所具有的优势，如人力资源、技术、产品以及其他特殊实力。充足的资金来源，高超的经营技巧，良好的企业形象，完善的服务体系，先进的工艺设备，与买方和供应商长期稳定的合作关系，融洽的雇员关系，成本优势等，这些都可以形成企业优势。劣势是指影响企业经营效率和效果的不利因素和特征，它们使企业在竞争中处于劣势地位。一个企业潜在的弱点主要表现在：缺乏明确的战略导向，设备陈旧，盈利较少甚至亏损，缺乏管理和知识，缺少某些关键的技能，内部管理混乱，研究和开发工作落后，企业形象较差，销售渠道不畅，营销工作不得力，产品质量不高，成本过高等。

2．企业机会与威胁分析

企业的机会与威胁均存在于市场营销环境中，因此，企业的机会与威胁分析实质上就是对企业外部环境因素变化的分析。市场营销环境的变化或给企业带来机会或给企业造成威胁。环境因素的变化对某一企业是不可多得的机会，但对另外一家企业则可能意味着灭顶之灾。环境提供的机会能否被企业利用，同时，环境变化产生的威胁能否有效化解，取决于企业对市场变化反应的灵敏程度和实力。市场机会为企业带来收益的多寡，不利因素给企业造成的负面影响的程度，一方面取决于这一环境因素本身的性质，另一方面取决于企业优势与劣势的结合状况。最理想的市场机会是那些与企业优势达到高度匹配的机会，而恰好与企业弱点结合的不利因素将不可避免地消耗企业人量资源。

某房地产经营企业的SWOT分析，见表3-1。

表3-1　某房地产经营企业的SWOT分析

	有利条件（机会）	不利因素（威胁）
外部环境	1．商务写字楼市场需求潜力大 2．企业拟开发的地段处于本市规划中的中央商务区范围内，具备良好的升值潜力 3．政府对开发商务用房产较为支持，有优惠政策	1．房地产企业受宏观经济因素影响大，波动性强 2．商品住宅市场趋于饱和 3．房地产项目融资困难 4．市场竞争激烈、本企业知名度不高
	企业优势	企业劣势
内部环境	1．企业管理能力、市场应变能力强，发展势头平稳 2．领导班子强、团结，中层干部力量强 3．设计人员素质高 4．具有较强的质量意识	1．企业整体规模不大，属中小型开发商 2．首次涉足商务用房市场，开发经验欠缺 3．项目资金不足

四、企业对机会和威胁的反应

市场营销环境分析的重点是市场机会和威胁的分析，明确主要的机会和威胁是什么，来自何方，对企业营销的影响程度有多大，并提出相应的对策。市场机会和威胁的分析方法主要有以下三种。

1．市场营销环境威胁的分析

市场营销环境威胁是指由于环境的变化形成的对企业营销活动的冲击和挑战。其中，有些冲击和影响是共性的，有些对不同的产业影响程度不同。即使是同处一个行业、同一环境中，由于不同的抗风险能力，所受的影响不尽一致。研究市场营销环境对企业的威胁，一般分析两方面的内容，一方面分析威胁对企业影响的严重性；另一方面分析威胁出现的概率。市场营销环境威胁分析矩阵如图 3-1 所示。

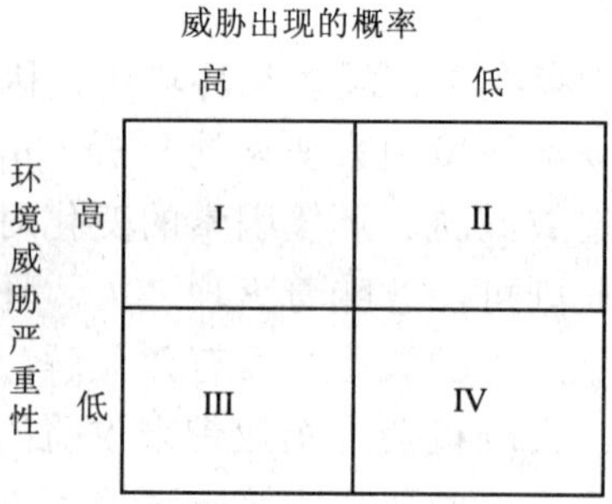

环境威胁严重性 \ 威胁出现的概率	高	低
高	I	II
低	III	IV

图 3-1　市场营销环境威胁分析矩阵图

第 I 象限区内，环境威胁严重性高，出现的概率也高，表明企业面临着严重的环境危机，企业应处于高度戒备状态，积极采取相应的对策，避免威胁造成严重的损失。

第 II 象限区内，环境威胁严重性高，但出现的概率低，企业不可忽视，必须密切注意其发展方向，也应制定相应的措施准备，力争避免威胁的危害。

第 III 象限区内，环境威胁严重性低，但出现的概率高，虽然企业面临的威胁不大，但是，由于出现的可能性大，企业也必须充分重视。

第 IV 象限区内，环境威胁严重性低，出现的概率也低，在这种情况下，企业不必担心，但应该注意其发展动向。

2．市场营销环境机会的分析

市场营销环境机会是指由于环境变化形成的对企业营销管理富有吸引力的领域。在该市场领域里，企业将拥有竞争优势，可以将市场机会转为营销机会，利用营销机会获得营销成功。市场营销环境机会并不等于每一个企业的营销机会，从特定企业的角度来看，只有与该企业的经营目标、范围相一致，并有利于发展该企业优势，能够使企业比其竞争对手获得更多利益的环境机会，才是对该企业富有吸引的营销机会。企业在每一特定市场机会中成功的概率，取决于其经营实力同该市场客观需要的成功条件相符合的程度。评价市场机会主要有两个方面：①考虑机会给企业带来的潜在利益大小；②考虑机会出现的概率大小。市场营销环境机会分析矩阵如图 3-2 所示。

成功的概率

潜在的吸引力	大	小
大	I	II
小	III	IV

图 3-2　市场营销环境机会分析矩阵图

四个区域中，区域Ⅰ是最好的机会，企业必须高度重视，因为它的潜在利益和利益出现的可能性都很大；区域Ⅱ和区域Ⅲ不是企业的主要市场机会，但也是企业不容忽视的，区域Ⅱ出现的可能性低，但其潜在利益很大，区域Ⅲ潜在利益小，但出现的可能性却很大，因此，企业必须注意区域Ⅱ和区域Ⅲ的特点，制定相应对策；区域Ⅳ的市场机会、潜在利益和出现的可能性都很小，要留意它的发展变化。

3．威胁—机会综合分析

市场营销环境的变化对企业的威胁和产生的机会是并存的，威胁中有机会，机会中也有挑战。在一定条件下，两者可相互转化，从而增加了环境分析的复杂性。企业可以运用威胁—机会矩阵加以综合分析和评价，如图 3-3 所示。

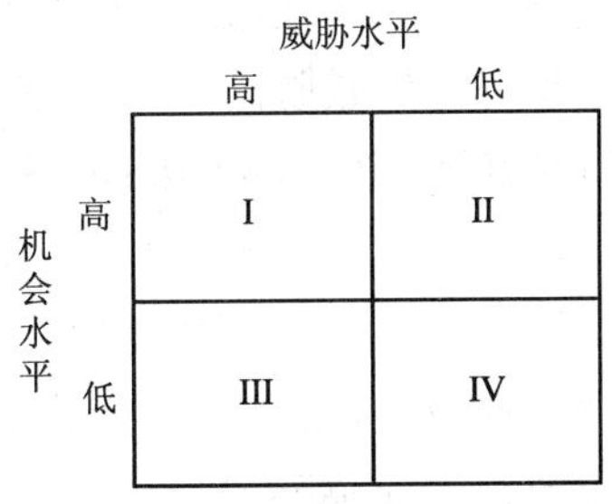

图 3-3　威胁—机会综合分析矩阵图

第I象限为冒险营销。营销机会水平和威胁水平均高，也就是说，在市场营销环境中机会与挑战并存，成功与风险同在。冒险营销对企业有较大的吸引力，企业应抓住机会充分利用，同时制定避免风险的对策。

第II象限为理想营销。营销机会水平高，威胁水平低，说明企业有非常好的发展前景，理想营销对企业最为有利，但这样的情况是很少的。

第III象限为艰难营销。营销面临较大的环境威胁，而营销机会也很少，这种营销如果不能减少环境威胁，企业将陷入经营困难的境地。

第IV象限为保险营销。营销的机会和威胁水平均低，说明企业发展的机会已很少，自身发展潜力也很低，保险营销能够维持企业的运营。但企业应研究环境营造的新机会，进一步开拓，否则将影响企业的生存。

4. 企业应对市场营销环境影响的对策

（1）应对市场机会的营销对策。

1）及时利用策略。当市场机会与企业的营销目标一致，企业又具备利用市场机会的资源条件，并享有竞争中的差别利益时，企业应抓住时机，及时调整自己的营销策略，充分利用市场机会，求得更大的发展。

2）待机利用策略。有些市场机会相对稳定，在短时间内不会发生变化，而企业暂时又不具备利用市场机会的必要条件。此时，企业可以积极准备，创造条件，等待时机成熟时，再加以利用。

3）果断放弃策略。市场机会十分具有吸引力，但企业缺乏必要的条件，无法加以利用，此时企业应作出决策果断放弃。因为任何犹豫和拖延都可能导致错过利用其他有利机会的时机，从而一事无成。

（2）应对环境威胁的营销对策。

1）转移策略。它是指当企业面临环境威胁时，通过改变自己受到威胁的产品现有市场，或者将投资方向转移来避免环境变化对企业的威胁。该策略包括三种转移：①产品转移，即将受到威胁的产品转移到其他市场；②市场转移，即将企业的营销活动转移到新的细分市场上去；③行业转移，即将企业的资源转移到更有利的新行业中去。

2）减轻策略。它是指当企业面临环境威胁时，力图通过调整、改变自己的营销组合策略，尽量降低环境威胁对企业的负面影响程度。

3）对抗策略。它是指当企业面临环境威胁时，试图通过自己的努力限制或扭转环境中不利因素的发展。对抗策略通常被称为是积极、主动的策略。

第二节　市场营销微观环境分析

企业的市场营销微观环境是指对企业服务其目标市场的营销能力构成直接影响的各种因素的集合。它包括企业内部环境、顾客、供应商、营销中介、竞争者和社会公众等与企业具体营销业务密切相关的各种组织与个人。其中，供应商、企业、营销中介、顾客这一链条构成企业的核心营销系统。企业市场营销活动的成败，还直接受到另外两个群体的影响，即竞争者和社会公众。

一、企业内部环境

企业为开展营销活动，必须设立某种形式的营销部门，而且营销部门不是孤立存在的，它还面对着财务、采购、制造、研究与开发等一系列职能部门。一方面，企业营销部门与这些部门在最高管理层的领导下，为实现企业目标共同努力；另一方面，企业营销部门与这些部门之间既有多方面的合作，也存在争取资源的矛盾。例如，在产品品质方面，营销部门从顾客需求出发，会对产品品质提出更高的要求；而生产部门从成本的角度出发，可能会降低对品质的要求。再如，对营销推广费用的核定，营销部门与财务部门往往会不一致。因此，这些部门的业务状况如何，它们与营销部门的合作，以及它们之间是否协调发展，对营销决策的制定与实施影响极大。营销部门在制订和实施营销目标与计划时，要充分考虑企业内部环境力量，争取高层管理部门和其他职能部门的理解和支持。企业的内部环境构成了市场营销微观环境的主要内容，影响和决定着企业为消费者提供商品和服务的能力和水平。

实例 3-2

人本管理思想是塑造企业文化的基础来源

松下电器株式会社创始人松下幸之助先生的理念代表了日本企业对“人”的传统看法。在顾客提出“松下电器公司是制造什么的”的问题时，松下先生叮嘱职员这样回答：“松下电器公司首先是制造人才的地方，兼而制造电器产品。”通用电气也持有类似观点：我们造就了不起的人，然后他们造就了不起的产品和服务。

资料来源：http://www.cnemag.com.cn

二、顾客

顾客是企业服务的对象，同时也是产品销售的市场和企业利润的来源。因此，顾客是企业营销活动的极其重要的营销环境。企业要投入很多的精力去研究顾客的真实需求情况，在产品营销的方方面面都要充分考虑到他们的要求，并尽可能去满足他们的需求。否则企业的营销活动就会陷入“对牛弹琴”的局面。企业营销活动本质上就是围绕顾客需求而展开的。例如，连锁经营之所以发展如此迅速，是因为它解决了顾客对企业信誉不放心的消费心理。

三、供应商

供应商是指向企业及竞争者提供生产经营所需资源的企业或个人。供应商对企业营销活动产生极其重要的影响，其所供应的原材料数量和质量将直接影响企业产品的数量和质量，所供应原材料的价格会直接影响产品的成本、利润和价格。特别是在现代化生产方式下，企业的许多成品、半成品都是由许多企业合作生产的。

企业与供应商的关系，既是一种合作关系，也是一种竞争关系。竞争关系主要表现在交易条件方面的竞争。例如，供应商获利多了，企业获利就少了。在这种竞争关系中，谁处于优势，谁处于劣势，不同的企业、不同的供应商是不同的。例如，当某种产品供不应求时，供应商就处于优势地位，他所获得的交易条件会更有利一些。再如，随着连锁企业的市场声誉不断扩大，对零售渠道的控制能力也不断增强，连锁企业在双方关系中的优势也会不断扩大，除不断要求降低进货价格外，可能对有些知名度不高的产品还要求增加诸如进场费之类的费用，供应商也只能接受。

四、营销中介

营销中介是协助企业促销和分销其产品给最终购买者的个人或组织，包括中间商（批发商、代理商、零售商），物流配送公司（运输、仓储），市场营销服务机构（广告、咨询、调研）以及财务中介机构（银行、信托、保险等）。这些组织都是营销所不可缺少的中间环节，大多数企业的营销活动都需要他们的协助才能顺利进行。商品经济越发达，社会分工越细，中介机构的作用越大。例如，随着生产规模的增加，降低产品的配送成本就显得越来越重要。于是，适应这种需求的生产性服务行业就得到了发展。企业在营销过程中，必须处理好同这些中介机构的合作关系。

五、竞争者

一个行业只有一个企业，或者说一个企业能够控制一个行业的完全垄断的情况在现实中很不容易见到。因此与同行的竞争是不可避免的。我们可以将企业的竞争对手分为四个层次：产品品牌竞争者、产品形式竞争者、平行竞争者、需求愿望竞争者。在四个层次的竞争对手中，品牌竞争者是最常见、最外在的，其他层次的则相对比较隐蔽。正是如此，在许多行业里，企业的注意力总是集中在品牌竞争因素上，而对如何抓住机会扩大整个市场、开拓新的市场领域，或者说起码不让市场萎缩，经常忽略不顾。所以，有远见的企业不会仅仅满足于品牌层次的竞争，关注市场发展趋势、维护和扩大基本需求优势更加重要。

六、社会公众

社会公众是指对企业实现营销目标的能力具有实际或潜在利害关系和影响力的团体或个人。社会公众对企业的感觉和与企业的关系对企业的市场营销活动有着很大的影响。所有的企业都必须采取积极的措施，保持和主要公众之间的良好关系。

1．金融公众

金融公众主要包括银行、信用公司、保险公司和其他金融组织机构。金融机构可以为企业营销活动提供融资及保险服务，对企业有着重要的影响。

2．媒介公众

媒介公众是指那些刊载、播送新闻、特写和社论的机构，特别是报纸、杂志、电台、电视台。它们主要通过社会舆论来影响其他公众对企业的态度。特别是主流媒体的报道，对企业影响极大，甚至可以达到“一条好的报道可以救活一个企业，一个负面的报道可以使一个企业破产”的程度。企业对待媒体要慎之又慎。

3．政府公众

政府公众是指与企业营销活动有关的各级政府机构部门，他们所制定的方针、政策，对企业营销活动或是限制，或是机遇。政府公众包括主管部门、财政、工商、税务、物价、商品检验等部门。

4．群众团体

群众团体是指与企业营销活动有关的非政府机构，如消费者协会、环境保护团体及其他有影响力的团体。这些群众团体的意见、建议往往对企业营销活动决策有着十分重要的影响作用。

5．社区公众

社区公众主要是指企业所在地周围的居民和社区团体。他们是企业的社区邻里，企业保持与社区的良好关系，为社区的发展做一定的贡献，会受到社区居民的好评，他们的口碑会帮助企业在社会上树立形象。

6．内部公众

内部公众包括企业内部的决策层、管理人员、职工等。企业处理好内部的公众关系，是搞好外部公众关系的前提。企业应采取措施调动内部公众开展市场营销活动的积极性和创造性。

第三节 市场营销宏观环境分析

市场营销宏观环境主要包括人口环境、经济环境、自然环境、技术环境、政治与法律环境及社会文化环境等一些企业很难控制的大的环境因素。

一、人口环境

人口是构成宏观市场环境的第一位因素。因为人口的多少直接决定市场的潜在容量，人口越多，市场规模就越大。而人口的其他指标，如年龄结构、地理分布、婚姻状况、出生率、死亡率、人口密度、人口流动性及其文化教育等，都会影响企业的市场营销活动。

1. 人口数量

人口数量是决定市场规模和潜量的一个基本要素，因此，企业按照人口数量可以大略推算出市场规模。我国人口众多，无疑是一个巨大的市场。

实例 3-3

人口的迅速增长会给企业营销带来的市场影响有哪些？

对食物、衣着、日用品的需要量增加；人均耕地减少，粮食供应不足，食物消费模式将发生变化；能源的供应矛盾将进一步扩大，研制节能产品和技术是企业必须认真考虑的问题；住宅供需矛盾日益加剧，给建筑业及建材业的发展带来机会。

2. 人口结构

人口结构主要包括人口的年龄结构、性别结构、家庭结构和社会结构。

（1）年龄结构。不同年龄的消费者对商品的需求不一样。老年人、中年人、青年人与儿童等的需要是大不相同的。目前我国人口老龄化现象十分突出，因此，诸如保健用品、营养品、老年人生活必需品等市场将会兴旺。

（2）性别结构。人口的性别不同，反映到市场上就会出现男性用品市场和女性用品市场。男性与女性在消费心理与行为、购买商品类别、购买决策等方面有很大的不同。一般来说，男性以阳刚粗犷为美，崇尚冒险精神，以事业为重，决策果断，因而男性消费者的需求特征常常表现为粗放型、冒险型、冲动型和事业型；女性比较温柔细腻，善于谨慎从事，以生活和家庭为重，因而女性消费者的需求特点多为谨慎型、生活型和唯美型。

（3）家庭结构。家庭是购买、消费的基本单位。家庭的数量直接影响到以家庭为基本消费单位的商品的数量，如住房、家用电器、汽车等。

（4）社会结构。我国的人口绝大部分在农村，这一社会结构的客观因素决定了企业在国内市场中，应当以农民为主要营销对象，市场开拓的重点也应放在农村。尤其是一些中小企业，更应注意开发物美价廉的商品以满足农民的需要。

二、经济环境

经济环境是指影响企业营销活动的购买力因素，包括消费者的收入水平、消费支出模式和消费结构及社会经济发展等内容。

1. 消费者的收入水平

有钱才能消费，消费者收入水平对企业营销活动影响极大。不同收入水平的消费者，其消费的项目是不同的，消费的品质是不同的，对价格的承受能力也是不同的。例如，价格昂贵的品牌服饰的购买对象为高收入消费者。企业在研究消费收入时，要注意以下几点：

（1）个人可支配收入。这是在个人收入中扣除税款等后所得余额，它是个人收入中可以用于消费支出或储蓄的部分，它构成实际的购买力。

（2）个人可任意支配收入。这是在个人可支配收入中减去用于维持个人与家庭生存不可缺少的费用（如房租、水电、食物、燃料、衣着等项开支）后剩余的部分。这部分收入是消费需求变化中最活跃的因素，也是企业开展营销活动时所要考虑的主要对象。因为这部分收入主要用于满足人们基本生活需要之外的开支，一般用于购买高档耐用消费品、旅游、储蓄等，它是影响非生活必需品和劳务销售的主要因素。

（3）家庭收入。家庭收入的高低会影响很多产品的市场需求。一般来讲，家庭收入高，对消费品需求大，购买力也大；反之，需求小，购买力也小。需要注意的是，企业营销人员在分析消费者收入时，还要区分货币收入和实际收入。只有实际收入才影响实际购买力。

货币收入是指用每个时期的实际货币数量度量的消费者的收入。除了工资薪酬，货币收入还包括福利薪酬之外的货币收入，如纯自我雇佣收入、利息、股息、租金收入、特权或版税收入、基金（证券）收益、社会保障金、社会补助金、退休金等其他金钱收入。

实际收入是名义收入的购买力。它是与前期相比名义收入能够购买的商品和服务。名义收入是在没有考虑市场因素的情况下的收入。比如，当出现通货膨胀的时候，货币会贬值，商品价格会上涨，那么获得的收入就只是名义上的收入。

2．消费支出模式

消费支出模式是指消费者各种消费支出的比例关系，也就是常说的支出结构。在收入一定的情况下，消费者会根据消费的急需程度，对自己的消费项目进行排序，一般先满足排序在前即为主要的消费。例如，温饱和治病肯定是第一位的消费，其次是住、行和教育；再次是舒适型、提高型的消费，如保健、娱乐等。当家庭收入增加时，用于购买食物的支出比例下降，而用于服装、交通、保健、娱乐、教育的支出比例上升。这一研究结论被称为“恩格尔定律”。恩格尔定律的具体运用主要是通过计算恩格尔系数，恩格尔系数的计算公式为

$$恩格尔系数=食物支出/总支出\times 100\%$$

食物支出占总消费量的比重越大，恩格尔系数越高，生活水平就越低；反之，食物支出所占比重越小，恩格尔系数越小，生活水平就越高。恩格尔系数反映了人们收入增加时支出变化的一般趋势，已成为衡量一个国家、地区、城市、家庭生活水平高低的重要参数。

在分析消费支出模式时，还必须考虑我国消费者储蓄意识比较浓厚的这个特征。存的钱越多，用于消费的钱就越少。近年来，我国居民储蓄额和储蓄增长率均较大，使得国内消费总规模始终不能显著增长，影响了很多商品的销售。

3．消费结构

消费结构是指消费过程中人们所消耗的各种消费资料（包括劳务）的构成，即各种消费支出占总支出的比例关系。优化的消费结构是优化的产业结构和产品结构的客观依据，也是企业开展营销活动的基本立足点。因此，企业要输送适销对路的产品和劳务，以满足消费者不断变化的需求。

4．社会经济发展

企业的市场营销活动还要受到整个国家或地区的经济发展水平的制约。经济发展阶段不同，居民的收入不同，顾客对产品的需求也不一样，从而会在一定程度上影响企业的市场营销活动。例如，在经济发展水平比较高的地区，消费者更注重产品的款式、性能及特色，品质竞争多于价格竞争。而在经济发展水平比较低的地区，消费者往往更注重产品的功能及实用性，价格因素显得比产品质量更为重要。因此，对于经济发展水平不同的地区，企业应采取不同的市场营销策略。另外，经济发展阶段，经济体制，地区与行业发展状况，城市化程度都会给企业的市场营销活动带来一定的影响。

三、自然环境

自然环境是人类最基本的活动空间和物质来源，可以说，人类发展的历史就是人与自然关系发展的历史，自然环境的变化与人类活动休戚相关。

1．自然环境面临的危机

目前，自然环境面临的危机主要表现在：

（1）自然资源逐渐枯竭。人们将地球上的自然资源分成三大类：取之不尽、用之不竭的资源，如空气、水等；有限但可再生的资源，如森林、粮食等；有限又不能再生的资源，如石油、煤及各种矿物。由于现代工业文明对自然资源无限度地索取和利用，导致矿产、森林、能源、耕地等日益枯竭，甚至连以前认为永不枯竭的水、空气也在某些地区出现短缺。目前，自然资源的短缺已经成为各国经济进一步发展的制约力，甚至是反作用力。

（2）自然环境受到严重污染。截至目前，世界经济是物质经济，是一种肆意挥霍原料、资源、能源等自然资源的经济，是一种严重依赖于矿物燃料作为发展动力的经济。这种粗放型经济模式不仅极大地消耗地球资源，而且使人类生存环境遭到空前污染。土壤沙化、温室效应、物种灭绝、臭氧层破坏等，环境的恶化正在使人类付出惨重的代价。

2．自然环境的变化对企业营销活动的影响

这些影响从目前情况看，主要表现在以下两方面：

（1）企业经营成本的增加。自然环境的变化对企业经营成本增加的影响主要通过两个方面表现出来。一方面，经济发展对自然资源严重依赖是传统经济发展模式的主要特征之一。自然资源日趋枯竭和开采成本的提高，必然导致企业生产成本的提高。另一方面，环境污染造成的人类生存危机，使得人们对环境的观念发生改变，环保日益成为社会主流意识。昔日粗放模式下的生产方式必须进行彻底改变，企业不仅要担负治理污染的责任，还必须对现有可能产生污染的生产技术和所使用的原材料进行技术改造，而这不可避免地加大了企业生产成本。

（2）新兴产业市场机会增加。自然环境的变化给企业带来的市场机会也主要体现在两个方面。 方面，为了应对环境变化，企业必须寻找替代的能源以及各种原材料，替代能源及材料生产企业面临大量的市场机会。例如，石油价格的居高不下和剧烈波动，激起企业对替代能源研究的大量投资，仅仅太阳能领域，已有成百上千的企业推出了更新一代具有实用价值的产品，用于家庭供暖和其他用途。另一方面，在应对环境变化的过程中，随着人们环保意识的不断增强和治理污染的各种立法出台，给污染控制技术及产品（如清洗器、回流装置等）创造了一个极大的市场，促使企业探索其他不破坏环境的方法去制造和包装产品。

四、技术环境

科学技术是社会生产力的新的和最活跃的因素，作为营销环境的一部分，技术环境不仅直接影响企业内部的生产和经营，还同时与其他环境因素互相依赖、相互作用，特别是与经济环境、文化环境的关系更紧密。尤其是新技术革命，给企业市场营销既造就了机会，又带来了威胁。例如，一种新技术的应用，可以为企业创造一个明星产品，产生巨大的经济效益；也可以迫使企业的某一传统优势产品退出市场。新技术的应用还会引起企业市场营销策略、经营管理方式以及消费者购物行为发生变化。

1．新技术引起的企业市场营销策略的变化

新技术给企业带来巨大的压力，同时也改变了企业生产经营的内部因素和外部环境，引起以下企业市场营销策略的变化：

（1）产品策略。由于科学技术的迅速发展，新技术应用于新产品开发的周期大大缩短，产品更新换代加快。在世界市场的形成和竞争日趋激烈的今天，开发新产品成了企业开拓新市场和赖以生存发展的根本条件。因此，要求企业营销人员不断寻找新市场，预测新技术，时刻注意新技术在产品开发中的应用，从而开发出给消费者带来更多便利的新产品。

（2）分销策略。由于新技术的不断应用，技术环境的不断变化，人们的工作及生活方式发生了重大变化。广大消费者的兴趣、思想等差异性扩大，自我意识观念增强，从而引起分销机构与分销方式的不断变化，大量的特色商店和自我服务的商店不断出现。例如，20 世纪 30 年代出现的超级市场，40 年代出现的廉价商店，六七十年代出现的快餐服务、自助餐厅、特级商店、左撇子商店等。尤其在信息技术迅猛发展的今天，网上销售更成为未来企业产品分销的重要途径，同时也引起分销实体流动方式的变化。

（3）价格策略。科学技术的发展及应用，一方面降低了产品成本使价格下降；另一方面使企业能够通过信息技术，加强信息反馈，正确应用价值规律、供求规律、竞争规律来制订和修改价格策略。

（4）促销策略。科学技术的应用引起促销手段的多样化，尤其是广告媒体的多样化，广告宣传方式的复杂化。信息沟通的效率、促销组合的效果、促销成本的降低、新的广告手段及方式将成为今后促销研究的主要内容。

2．新技术引起的企业经营管理方式的变化

技术革命是管理改革或管理革命的动力，它向管理提出了新课题、新要求，又为企业改善经营管理，提高管理效率提供了物质基础。目前，许多企业在经营管理中都使用了计算机、传真机等设备，这对于改善企业经营管理，提高企业经营效益起了很大作用。现在，凡是大众化的商品，在商品包装上都印有条码，使得结账作业速度迅速提高，大大提高了零售商店收款工作效率，缩短了顾客等候收款时间，提高了服务质量。

3．新技术对零售商业和购物习惯的影响

自动售货机的出现，使销售形式得到改变，这种方式对于卖方来说，不需要营业人员，只需少量的工作人员补充商品，回收现金，保养、修理机械；对于买方来说，购货不受时间限制，在任何时间都可以买到商品和提供的服务。网络销售的出现，使消费者足不出户即可完成购物，大大方便了消费者，也改变了消费者的购物习惯和生活方式。

五、政治与法律环境

政治与法律是影响企业营销活动的重要的宏观环境因素。政治因素像一只有形之手，调节着企业营销活动的方向，法律则为企业规定商贸活动行为准则。政治与法律相互联系，共同对企业的市场营销活动发挥影响和作用。

1．政治环境

政治环境是指企业市场营销活动的外部政治形势、国家方针政策及其变化。在国内，安定团结的政治局面不仅有利于经济的发展和人们收入的增加，而且影响到人们的心理状况，导致市场需求发生变化。党和政府的方针、政策，规定了国民经济的发展方向和速度，也直接关系到社会购买力的提高和市场消费需求的增长变化。对国际政治环境的分析，应了解政治权力与政治冲突对企业市场营销活动的影响。政治权力对企业营销活动的影响主要表现在有关国家政府通过采取某种措施限制外来企业及产品的进入，如进口限制、外汇控制、劳工限制、绿色壁垒等。政治冲突则是指国际上重大事件和突发性事件，这类冲突即使在以和平和发展为主流的时代也从未绝迹过。这种冲突对企业的市场营销工作的影响或大或小，或意味着机会或产生巨大的威胁。

2．法律环境

法律环境是指国家或地方政府颁布的各项法规、法令、条例等。法律环境不仅对企业的营销活动而且对市场消费需求的形成和实现具有一定的调节作用。企业研究并熟悉法律环境，不仅可以保证自身严格依法经营和运用法律手段保障自身权益，还可通过法律条文的变化对市场需求及其走势进行预测。各个国家的社会制度不同，经济发展阶段和国情不同，体现统治阶级意志的法律制度也不同。从事国际市场营销的企业，必须对相关国家的法律制度和有关的国际法规、国际惯例和准则进行深入的学习研究并在实践中遵循。

六、社会文化环境

市场营销学中所说的社会文化因素，一般是指在一种社会形态下形成的价值观念、宗教信仰、道德规范以及世代相传的风俗习惯等被社会所公认的各种行为规范。它是指一个国家或地区的价值观念、生活方式、风俗习惯、民族特征、宗教信仰、伦理道德、教育水平、文学艺术等内容的总和。主体文化占据主体地位，起凝聚整个国家和民族的作用，是千百年的历史沉淀，包括价值观、人生道德观等；次级文化则是在主体文化支配下形成的文化分支，包括宗教、种族、地域习惯等。文化对企业营销活动的影响是多层次、全方位、渗透性的。企业的市场营销人员应分析、研究和了解社会文化环境，以针对不同的文化环境制定不同的营销策略。

1．教育状况

教育是按照一定目的和要求，对受教育者施以影响的一种有计划的活动，是传授生产经验和生活经验的必要手段，反映并影响着一定的社会生产力、生产关系和经济状况，是影响企业市场营销活动的重要因素。教育状况对企业营销活动的影响，可以从以下几个方面考虑：

（1）对企业选择目标市场的影响。处于不同教育水平的国家或地区，对商品的需求不同。

（2）对企业营销商品的影响。文化不同的国家和地区的消费者，对商品的包装、装潢、附加功能和服务的要求有差异。通常文化素质高的地区或消费者要求商品包装典雅华贵，对附加功能也有一定要求。

（3）对企业营销调研活动的影响。企业的营销调研活动在受教育程度高的国家和地区可在当地雇佣调研人员或委托当地的调研公司或机构完成具体项目，而在受教育程度低的国家和地区，企业开展营销调研活动要有充分的人员准备和适当的方法。

（4）对经销方式的影响。企业的产品目录、产品说明书的设计要考虑目标市场的受教育状况。如果经营商品的目标市场在文盲率很高的地区，企业的产品目录、产品说明书就不仅需要文字说明，更重要的是要配以简明图形，并要派人进行使用、保养的现场演示，以避免消费者和企业不必要的损失。

2．宗教信仰

纵观历史上各民族的消费习惯的产生和发展，可以发现宗教是影响人们消费行为的重要因素之一。某些国家和地区的宗教组织在教徒购买决策中也有重大影响。一种新产品出现，宗教组织有时会提出限制，禁止使用，认为该商品与宗教信仰相冲突。所以企业可以把影响大的宗教组织作为自己的重要公共关系对象，在经销活动中也要针对宗教组织设计适当方案，以避免由于矛盾和冲突给企业营销活动带来的损失。

3. 价值观念

价值观念就是人们对社会生活中各种事物的态度和看法，不同的文化背景下，人们的价值观念相差很大，消费者对商品的需求和购买行为深受价值观念的影响。对于不同的价值观念，企业的市场营销人员就应该采取不同的策略。一种新产品的消费，会引起社会观念的变革。而对于一些注重传统、喜欢沿袭传统消费方式的消费者，企业在制定促销策略时应把产品与目标市场的文化传统联系起来。

4. 消费习俗

消费习俗是人类各种习俗中的重要习俗之一，是人们历代传递下来的一种消费方式，也可以说是人们在长期经济与社会活动中所形成的一种消费风俗习惯。不同的消费习俗，具有不同的商品需要，企业研究消费习俗，不但有利于组织好消费用品的生产与销售，而且有利于正确、主动地引导健康的消费。了解目标市场消费者的禁忌、习俗、避讳、信仰、伦理等是企业进行市场营销活动的重要前提。

5. 审美观念

人们在市场上挑选、购买商品的过程，实际上也就是一次审美活动。近年来，我国人民的审美观念随着物质水平的提高，发生了明显的变化。

（1）追求健康的美。体育用品和运动服装的需求量呈上升趋势。

（2）追求形式的美。服装市场的异军突起，不仅美化了人们的生活，更重要的是迎合了消费者的求美心愿。在服装样式上，青年人一扫过去那种多层次、多线条、重叠反复的造型艺术，追求强烈的时代感和不断更新的美感，由对称转为不对称，由灰暗色调转为鲜艳、明快、富有活力的色调。

（3）追求环境美。消费者对环境的美感体验，在购买活动中表现得最为明显。因此，企业营销人员应注意以上三方面审美观的变化，把消费者对商品的评价作为重要的反馈信息，使商品的艺术功能与经营场所的美化效果融合为一体，以更好地满足消费者的审美要求。

企业在研究社会文化环境时，还要重视亚文化群对消费需求的影响。每一种社会文化的内部都包含若干亚文化群。因此，企业市场营销人员在进行社会文化环境分析时，可以把每一个亚文化群视为一个细分市场，生产经营适销对路的产品，满足顾客需求。

本章小结

市场营销环境是指影响企业市场营销活动和市场营销目标实现的各种因素及条件，具有客观性、多变性、差异性和相关性。分析市场营销环境通常是利用环境威胁矩阵图和市场机会矩阵图。企业对其所面临的市场机会及主要威胁，必须认真评价其质量或特点，制定恰当的营销对策，慎重行事。

知识练习与思考

一、重要概念

市场营销环境　营销环境机会　市场营销微观环境　供应商
营销中介　社会公众　市场营销宏观环境　经济环境

二、单项选择题

1. 下列不属于市场营销微观环境的因素是（　　）。
   A. 供应商　　B. 竞争者
   C. 顾客　　D. 亚文化群
2. 与企业紧密相连，直接影响企业营销能力的各种参与者，被称为（　　）。
   A. 营销组合　　B. 营销环境
   C. 宏观环境　　D. 微观环境
3. 市场机会和市场威胁水平都高的环境，称为（　　）。
   A. 理想环境　　B. 成熟环境
   C. 冒险环境　　D. 困难环境
4. 威胁水平和机会水平都高的业务，被叫做（　　）。
   A. 理想业务　　B. 冒险业务
   C. 成熟业务　　D. 困难业务
5. 一般来说，市场营销环境包括（　　）。
   A. 直接营销环境和间接营销环境
   B. 微观环境和宏观环境
   C. 微观环境和中观环境
   D. 宏观环境和中观环境

三、多项选择题

1. 市场营销环境（　　）。
   A. 是企业能够控制的因素　　B. 是企业不可控制的因素

C. 可能形成机会也可能造成威胁　　D. 是可以了解和预测的

E. 通过企业的营销努力是可以在一定程度上去影响的

2. 微观环境是指与企业紧密相连，直接影响企业营销能力的各种参与者，包括（　　）。

A. 企业本身　　B. 市场营销渠道企业

C. 顾客　　D. 竞争者

E. 社会公众

3. 企业市场营销中的宏观环境包括（　　）。

A. 人口环境和经济环境　　B. 社会文化环境

C. 政治与法律环境　　D. 科学技术环境

E. 自然环境

4. 市场环境有（　　）的特征。

A. 复杂性　　B. 动态性　　C. 不可控性

D. 相当稳定性　　E. 关联性

5. 营销中介包括（　　）。

A. 中间商　　B. 物流机构　　C. 营销服务机构

D. 金融机构　　E. 广告公司

四、判断题

1. 市场营销微观环境与宏观环境是一种并列关系，各自独立地影响企业的营销活动。（　　）

2. 直接影响企业营销能力的各种参与者，事实上都是企业营销部门的利益共同体。（　　）

3. 文化对市场营销活动的影响多半是通过直接的方式进行的。（　　）

4. 市场营销环境是一个动态的系统，每个环境因素都随社会经济的发展而不断变化。（　　）

5. 企业的营销活动往往只能被动地受制于环境的影响。（　　）

五、简答题

1. 影响企业营销活动的主要因素有哪些？

2. 简述宏观环境对企业的影响。

3. 微观环境包括企业本身吗？为什么？

六、案例分析

香烟的市场环境

某烟草公司的宇宙牌香烟基本上处于无库存状态，销路畅通，但近年来形势发生变化，不容乐观，首先市场部经过市场调查和市场试验得到如下信息：①越来越多的城市禁止在公共场所吸烟；②低价吸烟人数在减少，落后地区吸烟人数在增加；③实验表明，高档香烟由每包10元升至每包12元，销售量变化不大，而低档香烟由5元降至4元，销售量能提高18%。据此其市场部提出如下应对策略：①将高档香烟过滤嘴加长，同时由10元调至12元；②低档香烟价格不变；③研制利用莴苣叶制造无害烟叶；④推出不同档次的产品，将价格低廉产品重点推向不发达地区。

问题：

1．该公司市场部需要考虑的环境因素主要有哪些？

2．试分析评价市场部提出这四项应对策略的基本依据。

（www.fjlzy.com/jpkc/scyx/xgpj.html 2007-5-22）

实训操作

实训目的：通过实训帮助学生学会根据调查内容，运用SWOT分析法进行环境分析，撰写环境分析报告。

实训要求：将班级学生划分若干小组，每一小组3～5人，并选出一名小组长协调本组工作，辅导老师及时检查学生市场环境分析报告的完成情况，提出指导和建议，并组织学生进行经验交流，针对共性问题在课堂上组织讨论和专门的讲解。

实训指导：

（1）调查收集有关企业的市场环境资料信息。各小组确定分析的行业或企业，要考虑获取资料和数据的可行性和便利性，通过不同途径开展调查。

（2）运用SWOT分析法进行环境分析。各小组把收集的资料进行整理汇总，对行业或企业市场营销环境进行分析，找出行业或企业优势、劣势，发现面临的机会、威胁。

（3）完成市场环境分析报告。报告内容包括：行业或企业概况、对该行业或企业有重大影响的市场营销环境因素分析、优势和劣势分析、机会和威胁等分析。

（4）汇报分析报告。根据市场环境分析报告制作PPT，各小组派代表汇报分析结果。

第四章　消费者市场和组织市场分析

营销格言

不要强迫推销。不是卖顾客喜欢的东西，而是卖对顾客有益的东西。

——松下电器创始人　松下幸之助

知识目标

1. 了解消费者市场和组织市场的含义和特点。
2. 了解消费者市场和组织购买行为的决策过程。
3. 掌握影响消费者购买行为的基本因素和影响组织市场购买决策的因素。

技能目标

1. 树立科学的市场分析观念，学会有意识地分析消费者市场和组织市场。

2. 加强认识能力、观察能力和思考能力的训练，培养和提高分析消费者市场和组织市场的能力。

引导案例

杭州狗不理包子店为何无人理

杭州狗不理包子店是天津狗不理集团在杭州开设的分店，地处商业黄金地段。正宗的狗不理以其鲜明的特色（薄皮、馅稀、滋味鲜美、咬一口汁水横流）而享誉神州。但正当杭州南方大酒店创下日销包子万余只的纪录时，杭州的狗不理包子店却将楼下 1/3 的营业面积租让给服装企业，依然“门前冷落车马稀”。当狗不理一再强调其鲜明的产品特色时，却忽视了消费者是否接受这一特色。那么受挫于杭州也是必然了。

首先，狗不理，包子馅比较油腻，不合喜爱清淡食物的杭州市民的口味。

其次，狗不理包子不符合杭州人的生活习惯。杭州市民将包子作为便捷快餐对待，往往边走边吃。而狗不理包子由于薄皮、馅稀、容易流汁，不能拿在手里吃，只有坐下用筷子慢慢享用。

再次，狗不理包子馅多半是蒜一类的辛辣刺激物，这与杭州这个南方城市的传统口味也相悖。

分析说明

狗不理包子在杭州“失宠”，并非因其自身品质不优、品牌不名，而是从整个营销过程开始就没有注意到杭州消费者的生活方式和颇具个性化的“口味”。一个产品价值的高低、能否畅销最终是由顾客决定的。狗不理包子馅较油腻、不合杭州市民的口味，又不符合杭州市民把包子作为快餐、边走边吃的生活方式，在杭州失宠就在所难免了。

第一节 了解消费者市场

企业市场营销的目标是使目标顾客的需要和欲望得到满足和满意。然而，认识顾客绝不是一件轻而易举的事情。顾客往往对他们的需要和欲望表现为言行不一致。他们不会暴露自己的内心世界，他们对环境的反应在最后一刻都有可能会发生变化。为了更好地把握购买者市场及其影响因素和决策的过程，企业必须了解消费者市场和组织市场。

一、消费者市场的含义

根据顾客购买商品或劳务的目的不同，市场可分为消费者市场和组织市场两大类。消费者市场是指由为了满足生活消费而购买商品和服务的个人与家庭而构成的市场。生活消费是产品和服务流通的终点，因此消费者市场也被称为最终产品市场。

二、消费者市场的购买对象

消费者市场的购买对象是多种多样的。如果按照消费者的购买习惯来划分，消费者的购买对象一般包括三大类，即日用品、选购品和特殊品。

1. 日用品

它是指消费者日常生活中必需而且要重复购买的商品。

消费者对这类商品一般比较熟悉，具有一定的商品知识，在购买时不大愿意或者觉得没有必要花很多的时间来比较价格和质量，多数是选择就近购买，而且愿意接受其他代用品。

日用品范围很广，如粮食、饮料、肥皂、洗衣粉、调料等。

日用品的生产企业，在选择分销渠道时，应注意销售点分布的广泛性以及合理性，以便满足消费者及时、方便购买的需要。

2．选购品

它是指消费者往往要花费较多的时间对所选商品的质量、价格、样式、适用性、厂商等进行比较之后才会作出购买决策的商品，如服装、家具等。

消费者购买时往往会对多家商店出售的同类商品加以比较。

选购品的生产企业，应该将销售网点设在商业网点比较集中的地区，并将产品的销售点相对集中，以便顾客进行比较和选择。

3．特殊品

它是指那些具有独特的品质、风格、造型、工艺等特性，或者消费者对其具有特殊偏好并愿意花费较多时间去选择、购买的商品。

特殊品的一般特点是：

（1）价格比较高，使用时间比较长，如电视机、冰箱、电风扇、空调、照相机、自行车和洗衣机等。

（2）消费者对某些品牌与商标有一定的选择偏好和忠实性，从而愿意多花时间与精力去购买。

（3）很多消费者可能不愿接受其他代用品。

特殊品的上述特点要求营销管理人员采用更集中的经营方式，如通过专营商店和直接与零售商建立联系等来扩大产品的销售量。

三、消费者市场的特点

1．分散性

消费者市场的购买单位是个人或家庭，人数众多，分布广泛。消费者的购买活动呈现出分散性、小型化的特点。消费者购买次数频繁，但每次购买数量较少。

2．差异性

消费者受到年龄、性别、身体状况、性格、习惯、偏好、职业、地位、收入、文化教育程度、地理环境、气候条件等多种因素的影响，消费者市场的消费需求和购买行为具有很大的差异性，所购商品的品种、规格、数量、质量、花色和价格也千差万别。

3．情感性

消费品有千千万万，消费者对所购买的商品大多缺乏专门的甚至是必要的知识，对质量、性能、使用、维修、保管、价格乃至市场行情都不太了解，只能根据个人好恶和感觉作出购买决策，多属非专家购买，受情感因素影响大，受企业广告宣传和推销活动的影响大。

4. 伸缩性

消费需求受消费者收入、生活方式、商品价格和储蓄利率影响较大，在购买数量和品种选择上表现出较大的需求弹性或伸缩性。收入多则增加购买，收入少则减少购买；商品价格高或储蓄利息高的时候减少消费，商品价格低或储蓄利息低的时候增加消费。

实例 4–1

便民超市的购物环境改变

便民超市营业面积 600 平方米，位于居民聚集的主要街道上，附近有许多各类商场和同类超市。便民超市的经理认为，便民超市的营业额和利润虽然还过得去，但是与同等面积的商场相比，还是觉得不理想。他通过询问部分顾客，得知顾客认为店内拥挤杂乱，商品质量差、档次低。听到这种反应，便民超市经理感到诧异，因为便民超市的顾客没有同类超市多，每每看到别的超市人头攒动而本店较为冷清，怎会拥挤呢？本店的商品都是货真价实的，与别的超市相同，怎说质量差、档次低呢？他经过对便民超市购物环境的分析，发现了真实原因。原来，便民超市为了充分利用商场的空间，柜台安放过多，过道太狭窄，购物高峰时期就会造成拥挤，顾客不愿入内，即使入内也不易找到所需的商品，往往是草草转一圈就很快离去；商场灯光暗淡，货架陈旧，墙壁和屋顶多年没有装修，优质商品放在这种背景下也会显得质量差、档次低。为了提高竞争力，便民超市的经理痛下决心，拿出一笔资金对商店购物环境进行彻底改造。对超市的地板、墙壁、照明和屋顶都进行了装修，减少了柜台的数量，加宽了过道，仿照别的超市摆放柜台和商品，以方便顾客找到商品。便民超市整修开业后，购物环境的改变立刻收到了成效，第一个星期的销售额和利润比过去增加了 70%。

第二节　消费者的购买动机和购买行为

消费者行为是受动机支配的。因此，企业首先要研究消费者动机的形成和类型。

一、消费者动机的形成

消费者行为受消费动机支配，而动机又是由需要产生的。因此，学习消费心理学、行为科学，研究消费者的需要、动机和行为，是每个营销管理者竞争取胜的必修之课。

马斯洛的动机形成理论是最著名的行为理论之一。马斯洛是美国著名心理学家，他在 1954 年发表的代表作《动机与个性》里提出了这个理论。这个理论的基本观点是：

（1）人是有需要和欲望的，随时有待于满足；需要的是什么，要看已满足的是什么，已满足的需要不会形成动机，只有未满足的需要才会形成导致行为的动机。

（2）人的需要是从低级到高级具有不同层次的，只有当低一级的需要得到相对满足时，高一级的需要才会起主导作用，成为支配人的行为的动机。一般来说，需要强度的大小和需要层次的高低成反比，即需要层次越低，需要的强度越大。

马斯洛依需要强度的顺序，把人的需要分为五个层次：生理的需要、安全的需要、社会交往的需要、尊重的需要和自我实现的需要如图 4-1 所示。但这种结构不是刚性的，有的人情况特殊，需要层次的顺序不同或无高层次的需要。

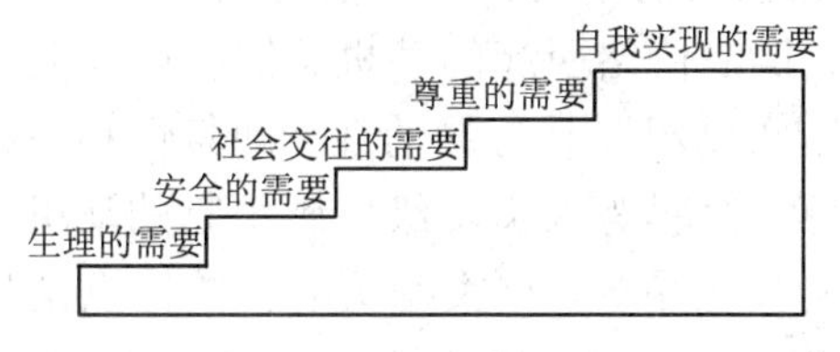

图 4-1　马斯洛的需要层次

（1）生理的需要。人的生理需要，是最低限度的基本需要，如衣、食、住等方面的需要。

（2）安全的需要。人身安全和健康需要得到保障，避免遭受威胁和伤害，如保险、保健等方面的需要。

（3）社会交往的需要。人们在社会生活中，往往很重视人与人之间的交往，希望成为某一团体或组织有形或无形的成员，得到人们尊重、友谊和爱情等。

（4）尊重的需要。人具有自尊心和荣誉感，希望有一定的社会地位和自我表现的机会，得到社会的尊重和承认，使自尊心得以满足。这是比较高层次的需要，只有当以上几种需要得到一定满足时才会产生。

（5）自我实现的需要。这是最高层次的需要，如对获得成就的欲望，发挥自我潜能，追求理想的实现等。

在消费者购买动机的形成过程中，内在需要是产生购买动机的根本原因，而外界刺激因素，包括商品实体和促销服务的刺激，如商品的良好质量，美观新颖的造型，精致漂亮的包装，合理实惠的价格，以及生动活泼的广告宣传和热情周到的服务等，也是激发消费者购买动机的重要原因。

消费者购买动机是消费者内在需要与外界刺激相结合，使主体产生一种动力而形成的。

二、消费者动机的类型

动机是由需要产生的，人的需要多种多样，动机也就有各种各样。据国外资料分析，有600多种消费动机，各种动机错综复杂，常常交织在一起。消费者的需要大致可分为生理需要和心理需要两大类，因而购买动机也可分为生理性动机和心理性动机两大类。一般来说，生理性动机比较明显与稳定，具有普遍性与主导性。在现代市场上，生理性动机虽然是引起购买行为的重要因素，但也往往混合着其他非生理性动机，如表现欲、享受欲、审美欲等。心理性动机较生理性动机更为复杂，当社会经济发展到一定水平时，心理性动机通常在消费者行为中占重要地位。心理性动机一般可分为感情动机、理智动机和惠顾动机三种。

（1）感情动机。它包括情绪动机与情感动机两种。情绪动机是由人的喜、怒、哀、欲、爱、恶、惧等情绪引起的动机。情绪可以促使消费者行为积极或消极，由情绪引起的购买动机，具有冲动性、即景性和不稳定性的特点。情感动机是道德感、群体感、美感等人类高级情感引起的动机，如人们因爱美而购买化妆品，为友谊而购买礼品等。这类购买动机的特点是具有较大的稳定性和深刻性，往往可以从购买行为中反映出购买者的精神面貌。

（2）理智动机。它是指建立在人的理性认识基础上的动机，具有客观性、周密性和可控性的特点，在理智动机驱使下的购买，比较注重商品质量，讲求实用，对价格和售后服务更加关心。

（3）惠顾动机。它是基于感情与理智的经验，对特定的商店、商品或品牌产生特殊信任和偏好，促使消费者习惯性地重复购买的一种动机。惠顾动机一般是由名牌、老店，以及服务周到、设备完善、品种齐全、地点适中等因素引起的。但各种惠顾动机往往错综复杂又相互冲突。零售企业促销活动的目的，就在于创造良好的企业形象，激发顾客的惠顾动机。

三、消费者购买行为分析

1. 消费者购买行为分析要解决的问题

消费者购买行为分析要解决的根本问题是“消费者是如何进行购买决策的。”假如我们能够掌握消费者的决策过程及其影响因素，就可以设法通过影响和控制这些因素来影响消费者的购买行为，从而达到提高营销绩效的目的。

一般从消费者的行为入手考察其相关的问题：

1）哪些人构成该市场（Whom）？

2）他们购买什么东西（What）？

3）他们为什么购买（Why）？

4）谁参与购买（Who）？

5）他们如何购买（How）？

6）他们何时购买（When）？

7）他们在何地购买（Where）？

2．消费者购买行为分析模型

由于消费者决策过程是一种思想过程，难以具体观察和测量，因此，专家们通常采用行为科学中经常使用的“刺激——反应”分析法，通过对外部刺激变量与消费者最后的行为（反应）之间的联系来判断消费者的决策过程（黑箱），如图 4-2 所示。

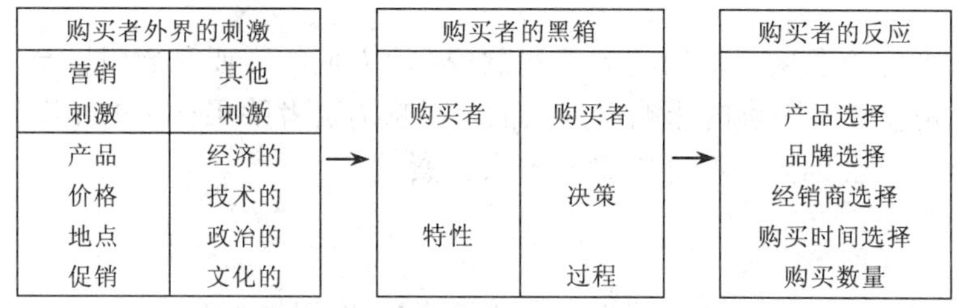

图 4-2　刺激——反应分析法

从图中可以看出，“购买者外界的刺激”有两类：一类是工商企业所安排的市场营销刺激，包括“4Ps”即产品、价格、地点和促销；另一类是其他刺激，包括经济的、技术的，政治的和文化的刺激等。这些外界刺激进入“购买者的黑箱”（Buyers black box）（即“心理过程”），经过一定的心理过程，就产生一系列看得见的购买者反应，如产品选择、品牌选择、经销商选择、购买时间选择和购买数量等。

实例 4-2

吉列公司消费者购买行为分析案例

吉列公司通过向顾客免费赠送刀具而留住顾客，因为这将促使顾客长年累月地购买吉列刀片。19 世纪 70 年代，当比克（BIC）公司在欧洲推出一次性剃须刀并很快占领了市场时，吉列却忘记了留住顾客的方法。它抢先于比克公司在美国推出一次性剃须刀，同时利用购物优惠券、价格刺激、零售打折等手段来推销新产品，开发新顾客，虽保住了市场，却损失了利润。

1974～1980 年，吉列公司的盈利情况令人失望。公司营销人员意识到由于在价格上做文章而使顾客流失，利润下降，决定回到以留住顾客为出发点制定营销战略。当公司投资几千万美元研制出新式剃须刀时，改变营销策略，将以往用在优惠销售上的营销费用花在媒体广告上以树立品牌形象。活动目标是吸引年轻男子花较少的钱试用新产品，同时留住老顾客。实践证明，Sensor 刀片的营销获得了成功，成为吉列公司20世纪90年代留住顾客的营销典范之一。

相比之下，通用公司著名的品牌——奥兹莫比尔（Oldsmobile）在1980年的典型顾客为50岁上下的人，后来对生产线进行彻底革新，新款的奥兹莫比尔车体豪华，外形醒目，以便吸引30岁左右的富裕阶层。但新顾客未吸引到，老顾客在困惑不解中也不再买这种牌子的汽车。奥兹莫比尔的市场占有率在5年内从11%降至5%。

第三节 影响消费者购买行为的基本因素

消费者行为取决于他们的需要和欲望，而人们的需要和欲望以至消费习惯和行为，是在许多因素的影响下形成的。影响消费者购买行为的主要因素包括文化因素、社会因素、心理因素和个人因素。

一、文化因素

社会文化常常直接或间接地影响消费者的兴趣、爱好、思想等，进而施加影响于消费者行为。生活在不同文化环境的人，其价值观念、行为方式、行为习惯、行为准则等也就不同。社会文化分为地理文化、种族文化、民族文化、宗教文化等，因此不同的地理区域、不同的种族、不同的民族、有不同宗教信仰及风俗习惯的消费者，他们的消费行为可能是大相径庭的。一个总的趋势是，社会生产力发展水平越高，社会文明的发育程度越高，社会文化对于消费者行为的影响的积极、进步因素就越多，社会整体的消费水平和消费质量就越高。

1. 文化

文化是人类欲望和行为最基本的决定因素。在社会中成长的儿童通过其家庭和其他主要机构的社会化过程学到了基本的一套价值、认知、偏好行为的整体观念。

文化作为一种社会氛围和意识形态，无时无刻不在影响着人们的思想和行为，当然也必然影响人们对商品的选择与购买。文化对于人们行为的影响有着以下特征：

（1）具有明显的区域属性。生活在不同的地理区域的人们文化特征会有较大的差异，这是由于文化本身也是一定的生产方式和生活方式的产物。同一区域的人们具有基本相同的生产方式和生活方式，能进行较为频繁的相互交流，故能形成基本相同的文化特征。而不同区域的人们由于生产与生活方式上的差异，交流的机会也比较少，文化特征的差异就比较大。例如，西方人由于注重个人创造能力发挥，比较崇尚个人的奋斗精神，注重个人自由权的保护；而东方人由于注重集体协作力量的利用，比较讲究团队精神，注重团体利益和领导权威性的保护。这种文化意识往往通过正规的教育和社会环境的潜移默化，自幼就在人们的心目中形成。然而，随着区域间人们交流频率的增加和交流范围的扩大，区域间的文化也会相互影响和相互交融，并可能对区域文化逐步地加以改变。例如，中国自20世纪80年代实行改革开放以来，已融入了相当多的西方文化，如牛仔裤、迪士高和肯德基快餐，都已成为中国当代文化不可忽略的组成部分。

（2）具有很强的传统属性。文化的遗传性是不可忽略的。由于文化影响着教育、道德观念甚至法律等对人们的思想和行为发生深层次影响的社会因素，所以一定的文化特征就能够在一定的区域范围内得到长期延续。对某一市场的文化背景进行分析时，一定要重视对传统文化特征的分析和研究。此外，必须注意的是，文化的传统性会引发两种不同的社会效应。一是怀旧复古效应，利用人们对传统文化的依恋，可创造出很多市场机会；二是追新求异效应，即大多数年轻人所追求的“代沟”效应。这将提醒我们在研究文化特征时必须注意多元文化的影响，可利用这一效应创造出新的市场机会。

（3）具有间接的影响作用。文化对人们的影响在大多数情况下是间接的，即所谓的“潜移默化”。其往往首先影响人们的生活和工作环境，进而再影响人们的行为。20世纪80年代中期，一些外国家电企业首先在中国举办“卡拉OK”、“家庭演唱大奖赛”之类的民间自娱自乐活动，形成了单位或家庭自娱自乐的文化氛围，进而在中国成功引进了组合音响、家庭影院等家电产品，就是利用文化影响间接作用的典型范例。

2．亚文化

每一种文化都包含着能为其成员提供更为具体的认同感和社会化的较小的亚文化群体。它的特色表现为语言、信念、价值观、风俗习惯的不同。

人类社会的亚文化群体可分为国籍群体、民族群体、宗教群体、种族群体和地域群体等。因为，不同国家或地区有其不同的历史、政治法律制度、占统治地位的意识形态等，因而形成了不同国家或地区民众的不同信念群体、宗教群体和地域群体等。不同的民族在饮食、服饰、建筑、礼仪、道德观念上往往大相径庭；各种宗教无不具有独特的清规戒律，对教徒的生活方式和习俗加以规范，提倡或抑制某种消费行为；不同地域的居民，因居住地的自然地理条件不同，形成不同的生活方式、爱好和风俗习惯等。

亚文化具有变易性、渗透性、交汇性。因此，价值、观念、习俗和习惯对消费者行为的影响也具有变异性、渗透性和交汇性。

许多亚文化构成了重要的细分市场，营销者经常根据他们的需要设计产品和制订营销方案。同时亚文化群共同遵守许多较大的文化，但也有其独特的信仰、态度和生活方式，也会导致消费者购买行为的差异。企业在选择目标市场和制订营销决策时，必须注意文化差异以及由此导致的消费者购买行为的差异。

3．社会阶层

社会阶层是在一个社会中具有相对的同质性和持久性的群体，它们是按等级排列的。每一阶层成员具有类似的价值观、兴趣爱好和行为方式。

社会阶层有以下几个特点：

（1）同一社会阶层的人，其行为要比两个不同社会阶层的人的行为更加相似。

（2）人们以自己所处的社会阶层来判断各自在社会中占有的高低地位。

（3）某人所处的社会阶层并非由一个变量所决定，而是受到职业、收入、财富、教育和价值观等多种变量的制约。

（4）个人能够在一生中改变自己所处的阶层，既可以向高阶层迈进，也可以跌至低阶层。然而，这种变化的变动程度因某一社会的层次森严程度的不同而不同。

社会阶层对消费者的影响主要体现在以下五个方面：

（1）商店的选择。大部分消费者喜欢去符合自己社会地位的商店选购商品。

（2）消费和储蓄倾向。有研究证明，社会阶层的层次高低与消费倾向成反比，与储蓄倾向成正比。

（3）消费产品的品位。高阶层的消费者常把购买活动看做身份、地位的象征和标志。在食品消费上，阶层较高的消费者更讲究档次、氛围和营养；阶层较低的消费者考虑更多的可能是味道、分量和价格。

（4）娱乐和休闲方式。由于受时间、经济条件和精力的影响，高阶层的消费者从事较多的户外活动，一般会选择网球、高尔夫、滑雪或海滨游泳等休闲活动。

（5）对价格的心态。很多时候，价格也是一种身份地位的象征。对于上层的消费者来说，他们可以以很高的价格买下某件商品以显示自己的身份，低层的消费者则要购买物美价廉的商品。

二、社会因素

社会因素主要包括消费者相关群体、家庭、角色与地位等。

1．相关群体

相关群体（Reference Groups）就是指对个人的态度、意见和偏好有重大影响的群体。对消费者的生活方式和偏好有影响的各种社会关系，就称为消费相关群体。相关群体可分为以下三类：

（1）对个人影响最大的群体，如家庭，亲朋好友、邻居和同事等。

（2）较为次一级的影响群体，如个人所参加的各种社会团体。

（3）个人并不直接参加，但影响也很显著的群体，如社会名流、影视明星、体育明星等，这些被称为崇拜性群体。这种崇拜性群体的一举一动常常会成为人们模仿的样板。因此，国外一些厂商花高价请明星们使用他们的产品，这可收到显著的示范效应。但是，相关群众对消费者的影响，因购买的商品不同而有所不同，对价值小和使用时不易被他人觉察的商品（如洗衣粉、卫生用品、食品等）影响较小，而对价值大和使用时易为他人觉察的家用电器、服装鞋帽、表等商品影响较大。此外，在产品生命周期的不同阶段，相关群体的影响也不尽相同。一般说来，在介绍期只对品种选择有强烈影响；在成长期对品种选择和品牌选择都有很强的影响；在成熟期只对品牌选择有强烈影响；而在衰退期对产品和品牌选择的影响都很小。

2．家庭

家庭是在社会上最重要的消费者购买组织，因此对它要作广泛的研究。购买者家庭成员对购买者行为影响很大，在购买者生活中可区分为两种家庭类型。

家庭是社会组织的一个基本单位，也是消费者的首要参照群体之一，对消费者购买行为有着重要影响。一个人在其一生中一般要经历两个家庭。第一个是父母的家庭，在父母的养育下逐渐长大成人，然后又组成自己的家庭，即第二个家庭。当消费者作出购买决策时，必然要受到这两个家庭的影响，其中，受原有家庭的影响比较间接，受现有家庭的影响比较直接。家庭购买决策大致可分为三种类型：一人独自做主；全家参与意见，一人做主；全家共同决定。这里的“全家”虽然包括子女，但主要还是夫妻二人。夫妻二人购买决策权的大小取决于多种因素，如各地的生活习惯、妇女就业状况、双方工资及教育水平、家庭内部的劳动分工以及产品种类等。孩子在家庭购买决策中的影响力也不容忽视，尤其在中国，独生子女在家庭中受重视的程度越来越高。随着孩子的成长、知识的增加和经济上的独立，他们在家庭购买决策中的权力逐渐加大。

在企业营销中应关注家庭对购买行为的重要影响。研究家庭中不同购买角色的作用，可以利用有效营销策略，使企业的促销措施引起购买发起者的注意，诱发主要营销者的兴趣，使决策者了解商品，解除顾虑，建立购买信心，使购买者购置方便。研究家庭生命周期对消费购买的影响，企业营销可以根据不同的家庭生命周期阶段的实践需要，开发产品和提供服务。

3. 角色与地位

角色（Role）是一个人所期望做的活动内容。每一角色都伴随着一种地位（Status）。

"角色"这个概念是从戏剧借用过来的。我们这里所指的角色就是和一定社会位置相关联的行为模式。换句话说，角色就是社会对个人职能的划分，它指出了个人在社会中的地位和在社会关系中的位置，代表了每个人的身份。身份也常用于指个人的社会地位。这点对购买个人和家庭消费品都是有影响的。从事不同职业和担任不同职务的人，由于在工作环境、劳动性质以及要求的知识水平、年龄、性别、所接触的群体内其他成员等方面存在差异，因而影响个体的消费行为。不仅在购买商品的类别、品种、质量、价格等方面有别，即使对同一商品，也会出于截然不同的购买动机和需要，而有着明显的差异。

角色对消费者的消费影响主要体现在以下几点：

（1）角色形成不同的社交方式。不同的社交所交往的人不同，交往的方式不同，对商品的要求也不同。这点在许多消费者购买礼品时，反映得比较明显，可以从购买礼品的种类、数量、质量上看出来。例如，学生们交往互送鲜花、礼卡的不少；老人们交往互送保健品、保健饮料的较多。

（2）角色决定个体生活方式。这点在消费态度、消费习惯上比较突出。有时并不是经济收入方面的原因。例如，担任某一职务的消费者，其家庭的室内陈设、吃穿水平、接待客人的标准等往往要保持与同等角色和身份的人相似或相近。

（3）角色多样化使购买行为出现差异。一个人可以同时属于不同的几个群体，并在其中担任不同的角色，每一角色会不同程度地影响其消费行为。例如，一名男性消费者在作为一位教师给自己买衣服时，可能考虑要大方庄重、结实耐穿；作为丈夫给妻子买衣服时，可能就会选择色彩鲜艳、式样入时的；作为父亲给孩子买衣服，可能希望新颖活泼、价格便宜；作为朋友给要好的同事买衣服，又可能要求包装精美、品牌著名。

一个人担任的角色越多，其消费行为越复杂。他有时考虑对自己的效用，有时要考虑对他人的效用，有时还要考虑社会效果。

三、心理因素

这里所指的心理因素主要包括：动机、知觉、学习、价值观念、信念与态度、个性与自我观念等，它们对消费者购买决策过程都有较强烈的影响。

（1）动机。动机是一种驱使人满足需要、达到目的的内在动力，是一种升华到足够强度的需要，能够引导人们去探求满足需要的目标。美国心理学家亚伯拉罕·马斯洛认为："人是有欲望的动物，需要什么取决于已经有了什么，只是尚未被满足的需要才影响人的行为，已满足的需要不再是一种动因。人的需要是以层次的形式出现的，按其重要程度的大小，由低级需要逐级向上发展到高级需要。依次为生理的需要、安全的需要、社会交往的需要、尊重的需要和自我实现的需要。只有低层次需要被满足后，较高层次的需要才会出现并要求得到满足。"

（2）知觉。按照心理学说法，人对事物各种属性的各个部分及其相互关系的综合反应，称为知觉。对客观事物的综合可能是正确的，也可能是片面的，甚至错误的（错觉）。知觉是接受刺激的第一道程序，它对刺激进行筛选、组织、归类和抽象，找出它们之间的关系，再赋予一定的意义，然后形成经过提炼的信息，指导人的行动。

（3）学习。学习是指人们经过实践和经历而获得的，能够对行为产生相对永久性改变的过程。

（4）价值观念。价值观念对消费者行为有很大的影响。具有相同或相似观念的消费者对价格和其他营销刺激因素往往会有相同或相似的反应。价值观与人们的消费模式也存在一定的对应关系。

（5）信念与态度。信念与态度是同价值观念紧密相关的概念。信念是人们关于周围事物的知识的有效性的组织模式。

由于态度是由很多相关的信念所构成的，所以它比信念更复杂、更持久。态度是人们对某一客观事物所持的评价与行为倾向。态度包含人们对某一事物对、错、好、坏的价值评价。态度是后天学习获得的。当一个产品满足了消费者的需要，对这一产品的积极的态度就强化了；反之，则形成消极的态度。这时，市场营销者就要设法改变消费者的态度。

（6）个性与自我观念。每个消费者的个性都不同。个性是个人独特的心理特征和品质的总和，它们决定着人的行为方式。

个性包括以下三个方面的含义：

1）个体倾向性，包括个体的需要、兴趣、动机、理想和信仰等，是个人寄予企业产品的愿望和理想。

2）个性心理特征，包括个体的能力、气质和性格等。消费者的个性心理特征是这三方面特征的综合反映。

3）自我形象，是指人的个体倾向性和个体心理特征的具体表现形式。消费者树立的自我形象可通过物质的、精神的、社会的、道德的等多方面因素表现出来，表现形式则是其谈吐、情绪、穿戴和行动等。

因此，消费者往往要求所购的商品与自己的形象相称。企业要扩大产品销售量，就必须迎合消费者的自我形象要求。

综上所述，一个人的购买行为是文化、社会、个人和心理等诸多因素相互影响和作用的结果。其中很多因素是企业无法改变的，但可用于识别那些对产品有兴趣的消费者。借助有效的产品、价格、地点和促销策略，企业可以诱发消费者的强烈反应。

四、个人因素

个人因素是消费者购买决策过程最直接的影响因素，也是最易识别的因素。它包括消费者的年龄与人生阶段、职业、经济状况、生活方式。

（1）年龄与人生阶段。年龄不同、所处人生阶段不同的消费者，需要与欲望是有所不同的，即使是相同的，其需求量也有较大差别。

（2）性别与职业。由于生理和心理上的差异，不同性别消费者的欲望、消费构成和购买习惯也有所不同。职业对消费的影响常常是显而易见的。职业不同的消费者由于生活、工作条件不同，消费构成和购买习惯也有所区别。

（3）经济状况。经济状况包括收入、储蓄、资产、债务、借贷能力以及对待消费与储蓄的态度等。消费者的经济状况既与个人能力有关，也与整个经济形势有关。

（4）生活方式。生活方式就是人们在活动、兴趣和思想见解上表现出的生活模式。

大学生购买行为的分析

1. 大学生购买行为的特征分析

（1）示范效应和从众行为是大学生购买行为的一个显著特征。比如，如果同宿舍的室友都有 MP3，那么自己也有强烈的购买愿望。作为年轻人，大学生追求个性的释放，他们希望自己成为有独特风格的人，也喜欢有独特风格的产品与品牌，但是这种独特是群体的独特。大学生每天都和同学、朋友进行密切接触，因此他们又具有高度的一致性，他们希望并主动与群体保持一致，并以这种一致获得群体的认同。大学生们群体生活的方式和现代的网络、通信设备，使得任何一个小小的火种都可能在大学生中迅速引爆流行。

大学生购买行为的冲动性表现在消费上的连续性。如果消费一次后感觉很满意，很可能会连续消费同企业的相同或不同产品，并且还会推荐给自己的朋友消费；若不满意很可能不再消费，而且这样的感觉因为大学生之间信息的迅速交流，会感染到周围的同学。同时，冲动性的另一面是冲动消费，容易受广告等宣传的影响和商家宣传和促销方式的引导（尤其在黄金周等时期），消费具有冲动的特点。

（2）大学生消费观念超前，消费产品集中，追求时尚和个性张扬。大学生站在先进文化的最前端，容易接触到、也容易接受新事物，消费观念超前且变化比较快。比如对网上购物容易接受，对“花今天的钱圆明天的梦”的新兴消费方式也比较容易接受。随着大学生消费观念的变化和时尚物品花样的发展，受大学生群体间示范效应的影响，大学生消费逐渐向多元化发展，但目前来讲仍然处于一个集中的水平，消费产品的种类主要集中在时尚、电子、影像、文化、娱乐、交友、旅游、培训上，但具体物品变化较快。比如在 IT 产品消费上，可能在一段时期内流行的是 CD 机，而另一段时期可能就是 MP4 了。

另外，大学生消费最大的特点还在于追求时尚化，喜欢新奇的和浪漫的事物，消费品追求个性的张扬。追求时尚也是大学生消费具有盲目示范效应的原因，这使得企业比较容易把握大学生消费产品的方向。大学生消费的一个趋势就是从实用化向时尚化过渡，消费的核心已经不再是学习用品、书籍之类的产品，已经转变成了计算机网络、手机、旅游等比较前卫的带有时尚气息的产品。

（3）消费名牌产品对大学生的吸引力很大，通常大学生在购买东西时，非常看重品牌。没有牌子的东西一般不会去关注。在大学生的心目中，品牌既是一种质量的保证，也是一种品位的象征。他们有着非常强的品牌意识，在他们看来，一个品牌的建设需要很长时间。他们认为“一个品牌能生存下来，就表示市场肯定，有相对可信度，同时建立一个品牌，产品质量是保证。另外，良好优质的售后服务也是非常关键的。”同时，大学生有很高的品牌忠诚度。一旦尝试了某个品牌，觉得很好用，一直都会使用这个品牌。当然，对于类似于服装之类的时尚商品，大部分大学生表示，毕业之后不会再买现在喜欢的品牌。而且，大部分大学生是上了大学之后开始关注一些品牌，对一些品牌的忠诚度也是在之后才慢慢形成的。可见，大学阶段对于大学生的品牌意识和忠诚度的培育是非常重要的一个阶段。

2．大学生购买行为对校园营销的启示

从大学生购买行为的特征看，大学生市场具有独特的商业价值，呈现出大规模、低成本、高质量的特点，使得校园营销极具商业价值。

简要地说，企业开展产品和品牌推广，短期可以影响甚至改变大学生的购买行为，产生实际的营销结果，长期可以改变大学生的消费观念，意义非常重大。

（1）针对大学生购买集中、从众、冲动性的特点，在促销策略上采取直邮广告（DM）派发、卖点广告（POP）张贴、其他礼品及赠品的发放的方式开展校园营销。

DM 的派发具体到执行上，取决于执行工作的细节和质量。第一个细节是 DM 要新颖独特，不可为节约成本草草而就。否则没人看直接扔进纸篓，节约成本成了浪费成本。第二个细节是派发的数量和形式的选择。第三个细节是派发的时机和派发员的培训与监督。对于集中派发，最好的时机当然是中午和傍晚，在校园主干道、食堂等人流集中的场所进行派送。对于宿舍派发，最好的时机就在中午和晚上，学生都在寝室的时候。贴 POP海报要做到全面、频繁、好看。学校可以贴海报的地方其实很多，包括公众宣传栏、食堂宣传栏、宿舍宣传栏。除了 DM 和海报外，礼品派发、实物派发，也是常用的营销手段。

（2）利用校园媒体开展校园营销。具体来说，就是使用网络媒体、立体媒体、传统媒体及平面媒体传播企业信息，刺激学生的购买欲望。

1）网络媒体。不受校园在分布上的地域限制的网络媒体，可以说是目前对校园推广最具实效的大众媒介。高校网络媒体中，大致分为两种：一种是专业的运营商；另一种是由各学校或学生自己创办、用来作为学生生活和交流平台的 BBS。在网络应用上，社交和娱乐恰恰是构成大学生网络应用主体的内容。这也是为什么众多的即时通信平台和网络服务提供商纷纷进驻校园、开展校园市场营销的重要原因。

2）立体媒体，主要是视频媒体、灯箱和展板。近年来，视频媒体和户外媒体在高校内也开始发展，高校是块宝地，所以也有相当的资本进入建设媒体平台，主要的形式是户外灯箱和广告栏，效果当然比海报要好，但是费用要高得多，所以相对来说，发展也比较缓慢。

3）传统媒体及平面媒体，主要是校电视台及广播台、校报、校刊。校园广播的有效时段只有两个，中午和傍晚。这两个时段恰恰是学校里人流最多、噪声最大的时候，如果说在食堂播放的电视，还有人看上一两眼的话，广播可以说是基本没有学生听的。校报、校刊可以算得上校内的“平面媒体”，现在也有很多大学的在校学生自己创办了社团，专门运作一些自己创办的校园刊物，其中不乏有思想、有文化的刊物，但大部分学校官方刊物比较死板，发行不固定，数量和影响都有限，社团刊物就更加短命，真正做成了气候的还是少数。就企业的校园推广来说，校报、校刊是一块鸡肋，除非是长期的推广，一般没有必要进行广告投放。

（3）通过产品体验激发学生立即采取购买行为。产品体验主要是现场展示试用，在进行现场展示时主要是场地的选择，每个学校都会有人流最多、最合适做路演的场地，但通常配套的设施，甚至包括电源接入等都是不完备的，在一些学校过于商业化的宣传和布展是受到限制的，因此在考虑路演的规模和形式上需要综合这些特殊的因素。

（4）利用主题活动拉近和大学生间的距离，树立企业形象，具体来说，可以开讲座、举办晚会、比赛等。讲座的话题自然可以天马行空，重要的是要有吸引力，针对大学生关心的话题或社会的热点，如打国产牌、国货牌、招聘牌；还可以与学校教学活动相结合，讲到学生的课堂上去。演讲人一定要有足够的个人魅力，诙谐生动、深刻睿智。晚会、比赛这些活动可以与音乐和体育结合在一起。在操作上与学校的自身活动相结合，把一次活动当一次升级版的路演来做。同时，深入挖掘校园音乐娱乐流行元素。街舞之所以能成为赛事，是因为已经有众多的学生在跳，周杰伦之所以能成为动感地带的代言人，是因为他在青少年中已经有强大的号召力。最后，整合更多的资源和外部元素把校园营销活动做得丰富多彩，从而有力地占据这个市场。

资料来源：龚迎春. 大学生购买行为对校园营销的启示[J]. 中小企业管理与科技，2009（13）.

第四节　消费者购买决策

市场营销人员除了了解各种影响消费者购买行为的因素之外，还应了解消费者怎样实际地作出购买决策。

一、消费者市场购买决策的参与者

（1）发起者。发起者是指首先提出或发现需要购买某种产品的人。

（2）影响者。影响者是指对最终购买决策能够产生影响的人。

（3）决策者。决策者是指最后对购买作出决策的人。比如是否购买，购买哪种品牌，购买多少，在哪个商店购买等。

（4）购买者。购买者是指具体执行购买行为的人。

（5）使用者。使用者是指实际使用或消费商品的人。

消费者在购买决策中，可能扮演上述五类参与者中的一种，也有可能是全部角色。

二、消费者购买行为分类

消费者在各种主客观因素影响下形成动机，导致行为。消费者购买行为又有不同的类型，有多种多样的划分方法，其中最具有典型意义的有以下两种：

1. 根据消费者购买行为的复杂程度和所购产品的差异程度划分

（1）复杂型。这是消费者初次在购买差异性很大的消费品时所发生的购买行为。消费者购买差异性很大的商品时，通常要经过一个较长的考虑过程。

（2）和谐型。这是消费者购买差异性不大的商品时所发生的一种购买行为。

由于各个品牌之间没有显著差异，消费者一般不必花费很多时间去收集并评估不同品牌的各种信息，关心的重点在于价格是否优惠，购买时间、地点是否方便等。

（3）习惯型。习惯型购买行为是指消费者对所选购的产品和品牌比较了解，已经形成相应的选择标准，主要依据过去的知识和经验习惯性地作出购买决定。

（4）多变型。多变型的购买行为是指消费者了解现有各品牌和品种之间的明显差异，在购买产品时并不深入收集信息和评估比较就决定购买某一品牌，购买时随意性较大，只在消费时才加以评估，但是在下次购买时又会转换其他品牌。

2．根据消费者的性格划分

（1）习惯型。习惯型购买行为是指消费者是某一种或某几种品牌的忠诚顾客，消费习惯和偏好相对固定，购买时心中有数，目标明确。

（2）理智型。理智型购买行为是指消费者作出购买决策前对不同品牌加以仔细比较和考虑，相信自己的判断，不容易被他人打动，不轻易作出决定，决定后也不轻易反悔。

（3）冲动型。冲动型购买行为是指消费者易受产品外观、广告宣传或相关群体的影响，决定轻率，缺乏主见，易于动摇和反悔。市场营销者在促销过程中争取到这类消费者并不困难，但要想使他们转变为忠诚的顾客就不太容易了。

（4）经济型。经济型购买行为是指消费者对价格特别敏感，一心寻求经济合算的商品，对产品是否物美价廉特别看重。

（5）情感型。情感型购买行为是指消费者对产品的象征意义特别重视，联想力较丰富。例如，有些宾馆在对客房编号时，在每个房号前后加“8”，就是为了迎合某些旅客希望发财的心理。

三、消费者购买决策过程

消费者在各种主客观因素影响下形成动机，导致行为。消费者行为集中表现为购买商品，但购买者作出决策并非一种偶然发生的孤立现象。购买者在实际购买商品之前必然会有一系列的活动，购买之后还要产生买后感受。购买者完整的决策过程是以购买为中心，包括购前、购后一系列活动在内的复杂的行为过程。具体说来，消费者购买决策过程一般可分为以下五个阶段（见图 4-3）：

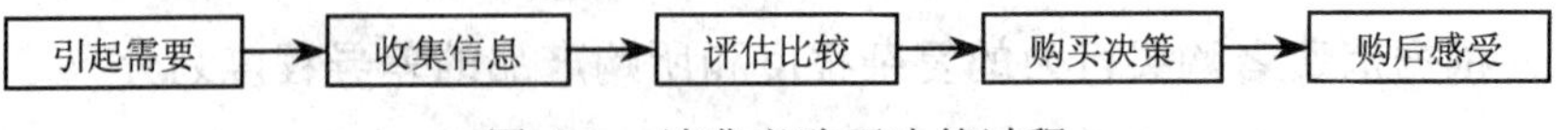

图 4-3 消费者购买决策过程

1．引起需要

引起需要是消费者购买行为的起点。当消费者感觉到一种需要并准备购买某种商品以满足这种需要时，购买决策过程就开始了。这种需要，可能是由内在的生理活动引起的；也可能是受外界的某种刺激引起的；或者是由内外两方面因素共同作用的结果。

2．收集信息

如果唤起的需要很强烈，可满足需要的商品易于得到，消费者就会希望马上满足他的需要。多数情况下，消费者的需要并非马上就能获得满足。他必须积极寻找或收集信息，以便尽快完成从知晓到确信的心理程序，作出购买决策。

3．评估比较

消费者得到的各种有关信息，可能是重复的，甚至互相矛盾的，因此还要进行分析、评估和比较，这是决策过程中的决定性一环。例如，某人要买电冰箱，收集了有关资料，比较各品牌特点：A 品牌价廉、耐用、省电、维修方便，但功能略少；B 品牌质优、效高、耐用、但价高、费电；C 品牌……。各有利弊，权衡利弊后方能作出购买决定。

4．购买决策

这是消费者购买决策过程的中心一环。购买决策通常有三种情况：①消费者认为商品质量、款式、价格等符合自己的要求和购买能力，决定立即购买；②对商品的某些方面还不能完全满意而延期购买；③对商品质量、价格等不满意而决定不买。消费者的购买决策是许多项目的总抉择，它包括购买何种产品、何种牌号、何种款式、数量多少、何时购买、何处购买、拟什么价格购买、以什么方式付款等。

5．购后感受

购后感受是消费者对已购商品通过自己使用或通过他人评估，对满足自己预期需要的反馈，重新考虑购买了这种商品是否是正确的选择，是否符合理想等，从而形成的感受。这种感受，一般表现为满意、基本满意和不满意三种情况。消费者购后感受的好坏，会影响到消费者是否重复购买，并将影响到他人的购买，这对企业信誉和形象关系极大。

第五节　组织市场购买行为

一、组织市场的类型

组织市场是指工商企业为从事生产、销售等业务活动以及政府部门和非营利组织为履行职责而购买产品和服务所构成的市场。简言之，组织市场是以某种组织为购买单位的购买者所构成的市场，包括生产者市场、中间商市场、非营利组织市场和政府市场。

生产者市场又叫产业市场，有时也叫生产资料市场，是由这样一种个体和组织构成的：它们采购货物和劳务的目的不是为了个人消费而是为了加工生产其他产品，以便出售或出租，从中获取利润。

中间商处于生产者和消费者之间专门媒介商品流通，供应商应当把中间商视为顾客的采购代理人而不是自己的销售代理人，帮助他们为顾客做好服务。

非营利组织市场是指为了维持正常运作和履行职能而购买产品和服务的各类非营利组织所构成的市场。

政府市场是指那些为执行政府的主要只能而采购或租用商品的各级政府单位。政府市场上的购买者是政府的采购机构。

二、组织市场的特点

组织市场具有如下特点：

（1）派生需求。派生需求也称引申需求、衍生需求，是指产业市场的所有行为都是为满足最终市场，即消费者市场服务的，并随消费者市场需求的变化而变化。

（2）购买者少，每次购买数量大，购买次数少，能获取价格优惠。

（3）购买者往往集中在少数地区。

（4）需求弹性小，价格变动对需求影响不大。

（5）专家购买，影响购买决策的人多。

（6）需求波动大。消费品市场需求的少量增加会引起产业市场购买需求大幅度上升。

（7）直接采购，互惠购买，并运用租赁方法购买价格昂贵、更新换代快的产品。

三、生产者购买行为分析

1. 生产者购买行为的类型

生产者购买行为的类型主要有以下三种：

（1）直接重购。它是指用户的采购部门按照过去的订货目录和基本要求继续向原先的供应商购买产品。

（2）修正重购。它是指用户改变原先所购产品的规格、价格或其他交易条件后再行购买。

（3）新购。它是指用户初次购买某种产品或服务。

2. 生产者购买决策的参与者

生产者购买决策的参与者包括组织中的全体成员，他们具有某种共同目标，并一起承担由决策引发的各种风险。他们在购买决策过程中分别扮演以下六种不同角色。根据每次购买的具体情况，购买决策过程中的每个角色会由不同的个人、部门和不同层次的高级管理人员担当。在购买过程中，并非所有的角色都参与。在一些次要的购买决策中包括的角色会相对少些，至少从形式上来说是这样的。

（1）倡议者。倡议者又称发起者，是指确认购买需求的人。他们可能是组织内的使用者或其他人。倡议者确认需求的方式（如抗议、要求、成本节约建议、解决问题、投资机会等）能影响确定过程的很多方面和具体的要求。

（2）使用者。使用者是指组织中实际使用（或拒绝使用）产品或服务的成员（如生产工人、维修工程师、秘书等)。他们可以在购买过程中扮演其他角色（如倡议者、影响者)，他们在决定购买是否可行方面有重要作用。在许多场合中，使用者首先提出购买建议，并协助确定产品规格。

（3）影响者。影响者是指影响决策的人。他们通过提供用于指导对供应商进行评估的信息或者指定采购规格，从而影响采购决策。影响者通常是技术人员，如工程师、质量控制专家和研发人员。他们通常协助确定产品规格等购买要求参数，并为评估方案提供信息。作为影响者，技术人员尤为重要。有时采购的组织会从外面雇佣顾问，这些人也会影响采购决定。

（4）决定者。决定者是指最终对产品和服务作出选择的人。他们要作出的决定包括标准、条件、供应商等。决定者可以是高级、中级甚至是初级的管理人员，这取决于他们的职权范围。对于销售人员来说，最难确定的就是决定者的身份。比如，公司的采购人员在名义上也许有权采购，但实际上采购决定却可能由公司的首席执行官作出。

（5）购买者。购买者是与供应商进行常规谈判的人（如购买代理人、购买官员、质量管理人员等)。购买者可以帮助制定产品规格，还可以对关系问题提出建议，如供应商的可靠性、声誉、清偿能力、竞争能力。在复杂的购买过程中，购买者中或许也包括高层管理人员。

（6）控制者。控制者是指有权阻止销售人员或信息与采购中心成员接触的人。例如，不让销售代表与经理通话或见面的电话接线员和接待员；拒绝合作的仲裁人员和检查人员；规避文书工作的行政人员；坚持“预定程序”的守旧的管理人员。

3. 影响生产者购买行为的主要因素

生产资料购买是企业的重要决策之一，受到下列四种主要因素的影响。

（1）环境因素。环境因素是指影响企业开展营销活动的一切外部因素，主要包括政治、法律、经济、文化、技术、竞争和自然环境等。生产者市场的购买者受当时和预期经济环境因素影响极大，如经济前景、市场需求、技术发展变化、市场竞争和政治法律等。

（2）组织因素。组织因素是指生产者企业内部的各种因素，主要包括企业的目标、政策、业务程序、组织结构和制度等。这些因素从组织内部的利益、营运和发展战略等方面影响生产者购买决策。

（3）人际因素。人际因素是指企业内部的人事关系。生产者购买活动具体由企业的采购中心执行，采购中心由使用者、影响者、采购者、决定者和信息控制者组成，这五种成员共同参与购买决策过程，因其在企业中的地位、职权、兴趣、说服力及他们之间的相互关系不同而对购买决策产生不同的有时甚至是微妙的影响。

（4）个人因素。个人因素是指企业内参与生产用品购买决策的个人的动机、感知、偏好和购买风格等。这些因素又受制于参与者本人年龄、收入、教育、性格、职业认同感及对风险的态度等。企业生产资料的购买实质上是采购中心成员在企业内外各种因素约束下的具体购买行为，因此，这些个人因素必然对生产者的购买决策产生潜移默化的影响，会影响各个参与者对要采购的产业用品和供应商的感觉、看法，从而影响购买决策、购买行动。

四、组织购买者的购买过程

（1）问题识别。组织用户认识自己，明确所要解决的问题。问题可由内部和外部两方面原因引起。

（2）需要说明。组织购买者对所需项目进行价值分析，确定所需项目的特征和数量等最佳采购方案。

（3）明确产品规格。组织购买者说明所购产品的品种、性能、特征、数量和服务，写出详细的技术说明书，作为采购人员的采购依据。

（4）物色供应商。物色供应商的途径有通过资料或上网查询、派员出访、注意广告、参加展览会。

（5）征求供应建议书。

（6）选择供应商。通过评估报价、比较条件来选择供应商。评价内容有供应商的产品质量、性能、产量、技术、价格、信誉、服务、交货能力等属性。

（7）正式订购。与供应商签订的最后订单，即签订合同。签订合同时，要注意合同的格式正确性和条款的完整性。

（8）绩效评价。它是指使用部门对供应商所提供的产品的意见。

实例 4-4

上海浦东新区学校计算机集中招标采购

1．项目背景

本项目为学校计算机采购项目，于 2001 年 8 月 23 日下达采购中心，被列入政府采购范围。这次联合集中采购计算机为 3 120 台，涉及 120 所学校，分布在浦东新区的各个地方，计算机的配置要求高，尤其是 120 台教师机的配置是本次采购机型为当前最先进配置，具有极高性价比的高档机。学生用机的数量也具有前所未有的规模。

2．招标准备

由于本次招标计算机数量多，所以在确定招标方式上，既考虑 120 所学校需要计算机的时间上的急迫性，又考虑到采购程序的严密性、招标的最大范围的公开性，最终把招标方式确定为公开招标。8 月 24 日以公开招标的方式在浦东新区政府采购网站发布招标公告，8 月 25 日在解放日报上发布招标公告。

招标文件编制的具体做法是将计算机分为 A、B 和 C 三个包，A 包为 2 000 台学生机，B 包为 1 000 台学生机，C 包为 120 台教师机，这样分主要考虑到两个因素：其一是要求制造供应商供货时间短，3 000 台计算机可能的话由两家供应商提供，缩短制造周期；其二是教师机要求配置高，性能稳定可靠，兼顾到中高档国内外品牌的投标、中标机会。

2001 年 8 月 27 日开始出售标书，共有 15 家公司购买了招标文件。

3．招标过程

2001 年 9 月 6 日在浦东新区政府采购中心开标，特别邀请浦东新区公证处的两位公证员开标公证，邀请浦东新区政府采购监督小组的两位监督员作为监标人，浦东新区有线电视中心等新闻媒体进行了采访，评标专家由上海市政府采购中心提供，在评标当天通知新区采购中心，保证了评标专家的保密性和公正性。9 月 7 日评标，邀请上海市资深专家四位和一位使用单位人员组成评标小组，评标小组决定 3 000 台学生计算机项目授予 L 公司，120 台教师计算机项目授予 T 公司。

4．合同履行情况

2001 年 9 月 10 日与 L 公司签订合同，L 公司授权，具体工作由 B 公司实施。2001 年 9 月 14 日与 T 公司签订合同，T 公司授权，具体工作由 Q 公司实施，随后采购中心与使用单位、中标单位、被授权单位召开了协调会议，达成“工作安排备忘录”。

2001 年 9 月 17 日至 21 日 B 公司进行用户情况调查，他们组织人员对 120 所学校逐一进行实地调查，邀请学校老师参加培训，调查学校计算机机房情况、电源情况等。

中标的机器虽然不多，仅仅120台，但这120台计算机必须被送到遍布浦东新区各个角落的120所小学，搬运到指定楼层的计算机教室，并安装调试。合同签订后，即开始按单生产（生产周期在十天左右）。由于10月1日到7日为国庆长假，浦东很多路段封路，为了按时履约，采购方要求T公司按紧急情况处理。在这批计算机到达上海的第二天开始，Q公司每天用五辆车，每车随行三人，以不同路线送到每个学校，三天内把120台计算机送到位。在计算机全部送到位后，Q公司派出六名工程师，用五天时间，到每一个学校进行安装调试，为学校安装必备软件，并请校方亲临验收与盖章确认。校方验收的满意率达到100%，其中非常满意的用户达到80%。在开机的过程中，Q公司为每一个学校留下了名片，记录下了学校总务老师和计算机老师的联系电话，以便今后的服务和联系。

由于本次招标提供的教师机的配置很高（CDRW刻录机，DVD驱动器及128位创新声卡等），部分学校在使用中遇到了不少问题，Q公司都一一上门解决，个别学校在教师机内安装了视频卡，引起资源冲突，Q公司也上门帮助解决问题。从严格意义上来说，这些都不是机器本身的问题，并不在他们服务范围内，但为了新区的教学活动正常开展，为了创出公司的信誉，Q公司把这一切分外事都当成自身的工作给予解决，得到了很多学校的好评。

2001年9月18日至25日B公司组织老师培训，组织安排120所小学的计算机老师进行计算机（学生机）的培训（计算机基本知识、使用及维护），共有86所学校参加。

在学校具备安装条件的情况下，截至10月13日总共完成98所学校的安装调试。因部分学校的客观因素，其余的22所学校无法及时完成验收。

为保证该项目的顺利实施，他们做好了大量的工作（事前准备、调查，事中协调、联系用户等），全心全意地为使用单位服务，最大范围内满足学校提出的要求。但由于部分学校的客观原因，也导致部分工作的重复，浪费人力、物力及时间，增加了成本。

5．结果评价

定标与签订合同之后，采购中心的工作并未完成，监督履约和项目的验收及付款等是政府采购工作的重要环节。项目的执行责任人必须与供应商、买方、出资方保持经常的联系，了解履约中出现的问题，及时进行协调，这方面的工作今后有待加强。

本次招标项目节约资金364.8万元，节约率达21.9%。效果比较明显。使用单位在提供教师机配置时，强调了计算机的主板要求，供应商在供货时间有限的情况下，针对用户提出的配置进行性能匹配测试，结果是主板、硬盘不匹配，最后经技术监督部门确认，使用了同档次的，供应商成熟的机型。因此，使用单位要考虑计算机配置的合理性，避免浪费时间和资源。

对于公开招标的项目，其中要做到公正、公平的一个重要环节是评标小组的组成，使用单位往往作为评标小组的组成人员之一，在评标时，专家评委有时首先倾听他们的意见，使用单位有可能提出一些片面的带有某些导向性的意见，如何避免类似的问题有待思考。

为了确保大批量计算机的供货质量，采购中心在签订供货合同的时候，特别增加了一条，即在计算机送到学校后，抽查一定数量机器到技术监督部门作性能和防辐射检测，合格后使用。供应商在制造计算机时，势必加强对产品质量的控制，使用户对政府采购放心满意。

本章小结

研究市场需求和消费者购买行为是市场研究的核心。消费者市场是最终市场，具有多样性、伸缩性、层次性、发展性等特征。在消费者市场上，我们主要研究人们的购买动机和影响购买行为的相关因素，从而了解购买决策的形成过程；同时分析组织市场的含义、类型和特征，从组织购买决策的参与者和决策过程入手，分析组织购买行为的规律，研究影响其购买决策的因素。

知识练习与思考

一、重要概念

消费者市场　特殊品　选购品　企业市场　政府市场　组织市场

二、单项选择题

1. 以下哪一项不是消费者市场购买行为的特点（　　）。
   A. 购买者的广泛性　　B. 需求的差异性
   C. 购买者的非专业性　　D. 派生需求
2. 钢琴属于哪种商品类别？（　　）
   A. 便利品　　B. 选购品
   C. 特殊品　　D. 非谋求品
3. 对消费者的购买行为影响最为深远广泛的是（　　）。
   A. 个人因素　　B. 社会文化因素
   C. 经济因素　　D. 心理因素

4. 消费者在购买产品时追求品牌是否有名气，按照马斯洛的需要层次理论，应属于（　　）。

A. 生理需要　　B. 安全需要
C. 尊重需要　　D. 自我实现需要

5. 关于消费者决策购买过程，下列哪种说法是正确的？（　　）

A. 消费者在购买过程中严格按照五步的顺序进行
B. 消费者购买决策根本就没有规律可循
C. 购买过程在实际购买发生之前就已经开始了，并且购买之后很久还会有持续的影响
D. 以上都不正确

6. 马斯洛认为需要按其重要程度分，最低层次需要是指（　　）。

A. 生理需要　　B. 社会需要
C. 尊敬需要　　D. 安全需要

7.（　　）指存在于人体内驱使人们产生行为的内在刺激力，即内在需要。

A. 刺激物　　B. 诱因
C. 反应　　D. 驱使力

8. 对于减少失调感的购买行为，营销者要提供完善的（　　），通过各种途径提供有利于本企业和产品的信息，使顾客确信自己购买决定的正确性。

A. 售前服务　　B. 售后服务
C. 售中服务　　D. 无偿服务

9. 消费品市场的特点是（　　）。

A. 市场较集中　　B. 购买人数多而散
C. 专用性较强　　D. 购买决策常为集体决策

10. 根据弗洛伊德的动机理论：弗洛伊德认为人们对于真正影响自己行为的心理力量往往并不自知，可知消费需求具有（　　）特点。

A. 弹性　　B. 多样性
C. 替代性　　D. 可诱导性

11. 影响消费者购买行为模式的基本因素是（　　）。

A. 经济收入水平　　B. 文化因素
C. 社会因素　　D. 心理因素

12. 以下哪项是购买行为的原动力？（　　）

A. 学习　　B. 态度
C. 认知　　D. 动机

13. 根据马斯洛的需要层次论，哪一层次的需求是最高的？（　　）

A. 安全需要　　B. 生理需要
C. 自我实现　　D. 尊重需要

14. 对于消费者认知度低、价格昂贵、购买频率不高的大件耐用消费品的购买行为属于下列的哪一类？（　　）

A. 复杂型购买行为　　B. 选择型购买行为
C. 简单型购买行为　　D. 习惯型购买行为

15. 对于消费者比较熟悉的价格昂贵的耐用消费品的购买行为属于下列的哪一类？（　　）

A. 复杂型购买行为　　B. 选择型购买行为
C. 简单型购买行为　　D. 习惯型购买行为

16. 对消费者不太熟悉，但是价格低廉、购买频率高的新产品的购买行为属于下列的哪一类？

A. 复杂型购买行为　　B. 选择型购买行为
C. 简单型购买行为　　D. 习惯型购买行为

17. 对于消费者比较熟悉且价格低廉的产品的购买行为属于下列的哪一类？（　　）

A. 复杂型购买行为　　B. 选择型购买行为
C. 简单型购买行为　　D. 习惯型购买行为

18. 影响消费者最终决策的根本问题是（　　）。

A. 收集信息的丰富程度
B. 消费者对购买风险的预期
C. 他人的态度
D. 意外的变故

19. 消费者购买过程是消费者购买动机转化为（　　）的过程。

A. 购买心理　　B. 购买意志
C. 购买行动　　D. 购买意向

20. 消费者对于有些产品品牌差异明显，但消费者不愿花长时间来选择和估价，而是不断变换所购产品的品牌，这种购买行为称为（　　）。

A. 习惯性购买行为　　B. 寻求多样化购买行为
C. 化解不协调购买行为　　D. 复杂购买行为

21. 下列哪个因素不是影响消费者购买行为的主要因素？（　　）

A. 文化因素　　B. 社会因素
C. 自然因素　　D. 个人因素

22. 下列行为不属于购买行为的是（　　）。

A. 习惯性购买行为
B. 寻求多样化购买行为
C. 复杂购买行为
D. 个人因素

三、多项选择题

1. 人类社会的亚文化群主要包括（　　）。
A. 国籍亚文化群
B. 种族亚文化群
C. 宗教亚文化群
D. 地域亚文化群
E. 职业亚文化群

2. 一般说来，参与购买决策的成员大体可形成（　　）角色。
A. 发起者
B. 影响者
C. 决策者
D. 购买者
E. 使用者

3. 消费者性格可以分为（　　）。
A. 外向型
B. 习惯型
C. 价格型
D. 感情型
E. 疑虑型

4. 消费者的购买决策一般可分为（　　）阶段。
A. 确认需求
B. 收集信息
C. 评价方案
D. 做出决策
E. 购后评价

5. 根据消费者对产品的熟悉程度和购买决策风险的大小，我们可以将购买行为分成（　　）类型。
A. 复杂型购买行为
B. 简单型购买行为
C. 选择型购买行为
D. 比较型购买行为
E. 习惯型购买行为

6. 组织市场可分为（　　）类型。
A. 生产者市场
B. 中间商市场
C. 非营利性组织
D. 政府市场
E. 竞争者市场

7. 组织市场与消费者市场相比有（　　）特征。
A. 组织购买数量少
B. 购买者区域集中
C. 需求波动大
D. 互惠现象
E. 需求缺乏弹性

8. 组织机构市场的采购形态主要包括（　　）。
A. 间接采购
B. 直接采购
C. 修正再购
D. 新购
E. 系统购买

9. 消费者市场的主要特点有（　　）。
A. 广泛性
B. 分散性
C. 复杂性
D. 易变性
E. 发展性

10. 下列影响消费者购买行为的因素属于个人因素的是（　　）。

A. 职业　B. 经济状况　C. 家庭

D. 动机　E. 感觉

11. 下列影响消费者购买行为的因素属于社会因素的是（　　）。

A. 文化　B. 社会阶层　C. 家庭

D. 身份地位　E. 感觉

12. 人们在购买决策过程中可能扮演（　　）等不同的角色。

A. 发起者　B. 影响者　C. 决策者

D. 购买者　E. 使用者

四、判断题

1. 一般而言，人类的需要由低层次向高层次发展。（　　）

2. 随着科学技术的不断发展，市场供应日益丰富，企业竞争日趋激烈，消费者的选择性增多，消费风潮的变化加快，流行周期加长。（　　）

3. 消费品尽管种类繁多，但不同品种甚至不同品牌之间不能相互替代。（　　）

4. 不同亚文化群的消费者有相同的生活方式。（　　）

5. 消费者通常会买那些与隔离群体有关的产品。（　　）

6. 归属于不同生活方式群体的人，对产品和品牌有着相同的需求。（　　）

7. 通常，保龄球馆不会向节俭者群体推广保龄球运动。（　　）

8. 通常企业并不试图去改变消费者对其产品、服务的态度，而是使自己的产品、服务和营销策略符合消费者既有态度。（　　）

9. 在价格不变条件下，一个产品有更多的性能会吸引更多的顾客购买。（　　）

10. 就卖主而言，消费者市场是法人市场，组织市场是公家市场。（　　）

11. 组织市场的购买者需要有源源不断的货源。（　　）

12. 组织市场的需求是派生需求。（　　）

13. 组织市场的需求弹性较大。（　　）

14. 组织市场的购买者往往经过中间商进行采购。（　　）

15. 组织市场需求的波动幅度大。（　　）

五、简答题

1. 影响消费者购买行为的主要因素有哪些？举例说明这些因素对购买决

策行为的影响。

2. 消费者购买决策一般要经过哪几个主要阶段？

3. 消费者市场有哪些特点？

4. 消费者购买行为有哪些主要类型？

5. 影响组织市场的购买行为的因素主要有哪些？

6. 组织市场有哪些特点？

六、案例分析

关于宠物的消费者习惯及态度研究

随着人们生活节奏的加快，人们之间的关系越发淡漠，情感的栖息点逐渐转移到宠物身上，与宠物为友，可以使人感受简单，使人的心情放松。零点公司2000年对北京、上海、广州、武汉、成都、沈阳、郑州、西安八个城市4 509位普通市民的入户调查表明，有上述看法的人不到一半。实际上有略超过一半的人对养宠物这一行为表示反感。

三成多受访市民曾经养过或打算养宠物。在提到的宠物中，第一层级的是狗（54.4%）和猫（39.6%）；鱼（18.3%）和鸟（16.9%）处于第二层级；第三层级是乌龟（8.6%）和兔子（6.3%）；第四层级是鸡（1.3%）、小猪（0.2%）、蛇（0.2%）、松鼠（0.2%）、鸭（0.2%）、鹦鹉（0.2%）、鸽子（0.2%）、老鼠（0.2%）、蟋蟀（0.1%）和猴子（0.1%）。

谈及养宠物的原因，有超过一半的人养宠物或打算养宠物是出于好奇心，认为动物通人性、可爱、活泼、忠实；近两成的人认为养宠物可以做伴，宠物和人是朋友，家人会比较喜欢；也有人认为养宠物可以陶冶情操、美化环境，可以作为情感寄托，给人欢乐；可以调节生活，娱乐，换个心情；可以解除工作疲劳，增进家庭成员的融洽感。对于养得最多的宠物猫和狗，分别是因为猫可防地震、捉老鼠，狗可以看家、防小偷，吃剩食品。

调查显示，对养宠物的态度与自身是否养过宠物有显著关系。养过或打算养宠物的人中仅有二成反感，未养过也没有此打算养宠物的人中有近七成的人表示反感。

不同年龄的群体对养宠物态度有显著差异。年轻人喜欢养宠物。随年龄的增长，反感比例上升。18～25岁中31.8%的人反感养宠物；26～55岁中反感者比例为55.4%，56～70岁群体中为66.6%。

从事不同职业的群体对养宠物的态度也有很大差异。农、林、矿从业人员（26.9%），在校大学生（30.9%）、中学生（27.5%），媒体工作者（29.6%）、民营及私营企业中层以上管理人员及个体业主（45.6%）对宠物反感比例较低。大学教师（71.4%）、离退休人员（65.9%）、党政机关社会团体中公务员以外的干部（63.2%）最为反感；在国有企业、集体企业就职的人员中有一半以上的人对养宠物表示反感；而三资企业、国内私营企业职员中这一比例相对较低。

反对养宠物原因各异，但本身对养宠物没有兴趣的人不到一成，他们提到的主要反对理由包括："养宠物与自己的年龄不符"、"动物应回归自然，人和动物的生活不协调"、"养宠物，不如献爱心"、"养宠物是追求时尚，崇洋媚外的表现"、"养宠物是有钱人空虚、消磨时间的表现"等。更多的反对理由集中在养宠物对家庭及公共卫生环境的破坏方面：有将近七成的人表示"养宠物太脏"；有近两成的人认为"养宠物会带菌，传染疾病，不利于人的身心健康"；有人认为"宠物妨碍交通，影响公共秩序和城市环境，增加社会负担"；还有人觉得"养宠物太吵闹，影响睡眠"；有14%的人是认为"养宠物是浪费时间，太麻烦"。

有人对养宠物本身不反感但拒绝养宠物，调查结果显示：其中的主要原因集中在对养宠物的一些担心和恐惧上："害怕宠物会咬人，害怕狂犬病"、"宠物死了会过于伤心"、"害怕宠物丢失"；也有人表示是因为经济原因，养不起宠物或没有养宠物的空间。

看来并没有多少人讨厌猫、狗等小动物本身，猫、狗的可爱也让不少人平添几分乐趣。不少人反对养宠物或是出于对养宠物者的否定或出于养宠物对自己所处的生活环境带来的负面影响，正所谓"猫狗可爱，关乎其人"。

问题：

1．消费者行为研究从哪里入手进行分析？

2．不同群体的宠物消费有何心理特点？

实训操作

实训目的：了解大学生消费状况。

实训要求：

（1）随机调查你身边的同学及朋友，了解他们的消费观念，并纠正其中错误的观点和观念。

（2）随机调查学校周围的商店，了解它们经营中大学生的消费状况。

（3）运用网络和图书馆，了解当代大学生的消费情况。

实训指导：

（1）将学生分组，每组分别进行一项内容的调查。

（2）实训结束后，各组交流调查信息。

第五章　市场调查与市场预测

营销格言

营销胜利的基础越来越取决于信息，而非销售力量。

——菲利普·科特勒

知识目标

1. 掌握市场调查与市场预测的含义。
2. 了解市场调查的程序和方法。
3. 了解市场预测作用及相关方法。

技能目标

熟悉市场调查的方法并加以运用。

引导案例

新可乐的沉浮

20世纪80年代，软饮料领先者——可口可乐的市场份额逐渐被竞争对手百事可乐占领，可口可乐公司不得不采取行动阻止市场份额的流失。

于是，可口可乐公司开始了其历史上最大的新产品调查计划。它用了两年的时间，花费400万美元进行市场营销调查。通过大约20万次口感测试，确定了新的可乐配方，在最终的无商标测验中得出结论：60%的消费者认为新可乐比老可乐好，52%的消费者认为新可乐比百事可乐好。

依据结论，可口可乐公司自信地停止了旧可乐的销售，取而代之的是新可乐的铺天盖地的广告宣传和促销活动。刚开始，新可乐销路不错，但很快销售额就急剧下滑。可口可乐公司每天都会收到愤怒的消费者成袋的信件和1 000多个电话，一个叫做“旧可乐饮用者”的组织还发起了各种抗议活动，并威胁除非重新使用旧配方，否则将进行集体起诉。三个月后，可口可乐公司不得不重新提供旧可乐，并将旧可乐称为“经典可乐”，与新可乐一并在货架上出售。

分析说明

市场调查是企业市场营销活动的第一步，该步骤反馈的信息准确与否，将直接影响整个市场营销活动能否成功。只有通过有效的市场调查，掌握足够的市场信息，才能顺应市场需求变化趋势，了解企业所处的生存、发展和竞争环境的变化，增强企业的应变能力，把握经营的主动权，创新营销组合，识别新的市场机会，实现预期的经营目标。

第一节　市场调查概述

一、市场调查的概念和内容

1．市场调查的概念

市场调查是指运用科学的方法系统地、客观地辨别、收集、分析和传递有关市场营销活动的各方面的信息，为企业营销管理者制定有效的市场营销决策提供重要的依据。

市场调查的主要作用是通过信息把营销者和消费者、顾客及公众联系起来，这些信息被用来辨别和界定营销机会和营销问题，改善和估价市场营销方案，监控市场营销行为，改进对市场营销过程的认识，帮助企业营销管理者制定有效的市场营销决策信息。

2．市场调查的内容

由于市场变化的因素很多，因而市场调查的内容也十分广泛。一般来说，凡属于影响市场变化的各种主要因素都应进行调查。调查的内容可以分为宏观环境调查和微观环境调查两大类。宏观环境包括经济环境、技术环境、社会文化环境、政治法律等。微观环境主要包括顾客、竞争者、销售渠道等多方面。从企业经营的角度来看，重点应放在消费者需求、企业营销组合、竞争对手、科学技术发展动态等几个方面：

（1）消费者需求的调查。消费者需求是企业一切活动的中心和出发点，因而调查消费者或用户的需求，就成了市场调查的重点内容。它主要包括：服务对象的人口总数或用户规模，人口结构或用户类型，购买力水平及购买规律，消费结构及变化趋势，购买动机及购买行为，购买习惯及潜在需求，以及对产品的改进意见及服务要求等。

（2）企业营销组合的调查。把产品或服务销售出去，获取盈利，再将盈利转化成生产资料进行再生产是企业经营的基本目的。要达到这一目标，就需要对产品、价格、促销、分销渠道等营销组合的内容进行调查。

1）产品调查包括：产品设计情况，产品系列和产品组合，产品生命周期，产品新老更替等。

2）价格调查包括：市场供求及其趋势，价格弹性，影响价格的因素，目标市场对价格水平的反应等。

3）促销调查包括：促销手段，促销策略的可行性，促销的结果等。

4）分销渠道的调查包括：渠道选择的合理性，运输、存储的合理性等。

（3）竞争对手的调查。随着市场竞争的日趋激烈，企业对竞争对手的调查了解就显得越来越重要。竞争对手的调查包括：竞争对手的数量、分布；竞争产品的特点和市场占有率；竞争对手的营销组合策略；竞争对手优势、劣势的分析等。

（4）科学技术发展动态的调查。当今世界，科技发展迅速，新发明、新创造、新技术、新产品层出不穷，掌握新的科学技术，将能有效地提升企业及产品的竞争力。该项调查主要是调查与本企业生产的产品有关的科技现状和发展趋势。具体内容包括：世界科学技术现状和发展趋势；国内同行业科学技术状况和发展趋势；本企业所需的设备、原材料的生产和科技状况及其发展趋势。

二、市场调查的类型

从不同角度观察事物，往往可以看到事物的不同方面。对于市场调查，按照调查性质划分，可以分为探索性、描述性和因果关系调查；按照调查范围划分，可以分为全面调查、非全面调查；按照调查的时间划分，可分为一次性、经常性、追踪性调查；按照调查目的划分，可分为应用性、学术性调查等。下面将重点从调查性质和调查范围两方面来讨论市场调查的分类。

1．按照调查性质划分

（1）探索性调查。探索性调查是企业对市场情况不是很清楚或者感到对调查的问题不知从何处着手时所采用的方法。这种调查主要通过收集一些初步的信息和资料，以便发现问题和提出问题，从而确定调查的重点。

（2）描述性调查。描述性调查就是对已经找出的问题作如实的反映和具体的回答。这项调查必须占有大量的信息情报，调查前需要有详细的计划和提纲，以保证资料的准确性。描述性调查比探索性调查细致、具体，但也只是对问题、现象进行如实的描述，具体的原因到底是什么，还必须通过因果关系调查作进一步研究。

描述性调查着重回答“谁”、“什么时间”、“什么地点”等问题，它可以描述不同消费群体的需要、态度、行为的差异。描述的结果尽管不能对“为什么”进行解答，但也可用做解决营销问题的信息。例如，某商场调查到该商场的顾客有70%的是女性，并且这些女性顾客经常带着亲属、朋友到商场购物，这一调查为商场是否组织针对女性顾客的促销活动提供了决策性信息。

（3）因果关系调查。因果关系调查是在描述性调查的基础上进一步分析问题发生的因果关系，并弄清原因和结果之间的数量关系。比如，有的产品为什么滞销或畅销，有的用户为什么喜欢这种品牌而不喜欢其他品牌，产品的质量、价格、包装、服务等对销售量到底有什么影响及影响程度。

2．按照调查范围划分

市场调查，按其调查的范围和调查统计的形式，还可分为全面调查和非全面调查。全面调查是对调查对象的全部单位进行调查，因市场范围较广，一般情况下，我们采用非全面调查。非全面调查通常分为典型调查、抽样调查。

（1）典型调查。典型调查就是在对被调查对象进行全面分析的基础上，有目的、有计划地选择几个具有代表性的典型单位，作系统的、周密的调查。对市场的典型来说，就是通过对具有代表性的用户或地区的调查，以达到对全部用户需求的基本认识，了解市场的大体趋势。这种典型调查的好处是：调查的单位少，情况可以摸得准，情报汇总得快，节省人力、物力和财力。它适用于专业生产比较强，能比较准确地掌握供应面，产品供应比较稳定的企业。

（2）抽样调查。抽样调查就是从被调查对象的总体中，抽取一部分样本单位进行调查，以推算总体。它适用于一些使用量大、涉及面广的产品。

抽样调查的样本是按照随机原则抽选出来的，而不是调查者主观选择或确定的，从方式上有简单随机抽样、等距随机抽样、分组随机抽样等多种方式。例如，某公司共40名职工，需抽选8名职工对某产品的价格承受能力进行调查，若采用简单随机抽样，每个职工的选中概率都为8/40，具有同等的、相互独立的选中机会；若按职工号选择1、6、11、16……号或3、8、13、18……号职工进行调查，则为等距随机抽样；若在营销部、生产部、人力资源部、财务部各选择2名职工进行调研，则为分组随机抽样。

实例 5-1

企业兴旺的法宝

常州电子仪器厂以前生产军用和工业用两类电子测量仪器。这两类产品的社会需求量呈逐年下降的趋势。由于电子测量仪器的市场萎缩，厂家思考着如何使企业适应外部环境的这一变化。生产什么产品能取得较好的经济效益呢？企业决策者没有盲目行动，而是在全面研究了国内经济发展形势后才作出决定。决策层从报纸上获悉我国教育重点是抓好基础教育，从中受到启发。他们组织人员走访了学校、商店、幼儿园以及文艺团体等几十个单位，初步了解到用户迫切需要一种音色优于老式风琴，且便于携带和维修的电子乐器。接着，他们在广泛调查的基础上，进行了需求预测。经过分析，发现电子琴存在着一个较大的潜在市场，因此，决定以电子琴作为新产品进行开发。

在确定了新产品开发方向后，他们根据不同用户的需求差异，进行了抽样调查。调查结果显示：

（1）文艺团体演奏用电子琴，要求音色美、功能全、质量高，能适应多种乐曲的舞台演奏需要。

（2）中小学、幼儿园教学用电子琴，要求音色优于风琴，质量一般，功能从简，但至少有一个风琴音色和一个欣赏音色。弹奏方式要与风琴一致，以适应教师的演奏习惯，且售价要低。

（3）音乐爱好者欣赏用电子琴，由于音乐爱好者的欣赏水平、经济条件、演奏技巧以及审美观与其他人不同，因而对电子琴的功能、结构、质量、价格、外形等方面的要求有其特色。

根据统计分析，销售趋势大体如下：中小学、幼儿园约占 70%；文化馆（站）约占 15%；音乐爱好者约占 10%；其他约占 5%。

根据市场需求情况以及竞争对手的情况，最后，常州电子仪器厂决定以中小学、幼儿园为主要销售对象，开发教学型电子琴。当他们将具有风琴、双簧管、笛子、电子琴四个音色，四组八度音阶，49 键的 TDQ-49 型电子琴以低于国内外同类产品价格投放市场后，顿时受到欢迎。

常州电子仪器厂关于 TDQ-49 型电子琴的市场经营决策的成功，很大程度上取决于科学的市场调查，从产品开发、销售对象、产品功能、产品价格、产品质量、营销策略等一系列决策中，无不反映了市场调研的重要性。厂里职工们说，市场调研是企业兴旺的法宝。

第二节　实施市场调查

一、市场调查的程序

市场调查必须根据人们的认识规律，科学地安排市场调查的程序，一般分为调查准备、调查实施和资料处理三大阶段。

1. 调查准备阶段

为保证市场调查的质量，必须充分、周到地做好一切准备工作，该阶段又可分为确定调查题目、拟定市场调查计划、培训调查人员等阶段。

（1）确定调查题目。明确调查题目是调查设计的首要问题。如果选题发生错误，整个调查将前功尽弃。调查题目要根据调查目的来确定，必须针对本企业的具体情况来确定调查题目，因此，调查前要在综合分析的基础上，确定题目。比如，调查的目的是为了了解产品销售量下降的原因，经过初步分析认为可能是产品质量有问题，就可把调查产品质量问题确定为调查题目。

（2）拟订市场调查计划。调查前必须拟好市场调查计划，计划要具体、明确，主要包括：

1）明确调查目的。

2）确定调查对象，即向哪些单位或个人调查；调查对象要有清晰的界定。

3）设计调查表和调查内容。调查表设计得好坏，直接影响调查效果，设计要既具有科学性又具有艺术性。调查表的提问要避免抽象，尽可能具体，文字要简练，要通俗易懂等。

4）选择调查和收集资料的方法，按不同的调查内容选择不同的调查方法。

5）明确调查地域、调查日期，特别是完成时间。

6）作出调查经费预算及规定作业进度安排。

（3）培训调查人员。调查人员一般由本调查单位成员组成，也可委托专门的市场调查机构进行调查。调查人员的素质与调查质量关系重大。因此，必须确定合适的人选并采取有效的方法进行培训，包括市场调查基础的培训、项目的培训、交流技巧的培训等。

2．调查实施阶段

调查实施阶段，是获取第一手材料的关键阶段，对调查是否准确、完整、及时，调查成本是否节约等有直接的影响。

（1）组织安排好调查力量。建立相应的调查团队的组织结构，发挥每个人的潜能和集体效能。

（2）调查。根据计划中相应的调查方法来收集资料。掌握调查进度，保证调查质量。市场调查需要的各种资料，可分为原始资料和现成资料两大类。原始资料是从实地调查中所得到的第一手资料；现成资料是从他人或其他单位取得的、已经积累起来的第二手资料。现成资料节省时间和经费，应尽量采用，资料不足时可实地调查获取原始资料补充。

1）原始资料的调查。获取原始资料的方法有询问法、观察法、实验法、统计调查法（普查、重点调查、典型调查、抽样调查）等。每种方法都有自己的优缺点和适用范围，企业可根据自己的情况进行选择。

2）现成资料的收集。这种资料来源于内部资料和外部资料。内部资料是企业内部的市场信息系统所经常收集和记录的资料，如客户订单、销售资料、销售损益、库存情况、产品成本等；外部资料是从统计资料、行业资料、市场调查机构资料、科研情报机构资料、金融机构资料、文献报刊杂志等资料中获得的资料。

3．资料处理阶段

（1）编辑整理。在情报资料的编辑整理过程中，要检查调查资料的误差。产生误差常常是不可避免的，其原因一般有两种：

1）抽样误差，由于抽样调查是用其结果推算全体，因此推算结果与全体必然有一定误差，所以必须加以测定。

2）非抽样误差。例如统计计算错误，调查表内容设计不当，谈话记录不完整，访问人员的偏见，被调查人员回答不认真或前后矛盾等。错误资料必须剔除。

要对情报资料进行评定，即审核其根据是否充分，推理是否严谨，阐述是否全面，观点是否成熟，以保证情报资料的真实与准确。

（2）分类。为了便于查找、归档、统计和分析，必须将经过编辑整理的资料进行分类编号。

（3）统计。将已经分类的资料进行统计计算，以便利用和分析。

（4）分析。运用调查所得出的有用数据和资料，分析情况并得出结论。

（5）调查报告。调查报告是调查研究成果的集中体现，是市场调查工作最重要的总结。调查报告提供给有关部门或领导，是作为企业经营决策的参考。编写调查报告的原则是：突出调查主题；调查内容要客观、扼要、有重点；方案简洁易懂；报告结构要合理、严谨、给人以完整的印象。调查报告的内容包括：调查的目的和范围；调查所采用的方法；调查的结果；提出的建议；必要的附件。

二、市场调查的方法

市场调查的方法有多种，各种方法有自己的优缺点，需根据调查的目的、性质选择合适的方法。调查方法的选择合理与否，将会直接影响调查结果。

1．询问法

询问法是由调查者先拟订出调查项目和问题，然后以某种方式询问被调查者，根据被调查者的答复，获取被调查者的动机、意向、态度等方面的信息。一般有面谈调查、电话调查、邮寄调查、留置问卷调查、会议调查等方式。询问法是收集第一手资料最主要的方法。

询问法调查的主要优点是灵活性强，可以收集不同场合下的各种信息。询问法的缺点是需要足够的规模与有效的组织策划。如果没有足够的规模，收集到的信息就会缺乏代表性；如果组织不好，问卷设计再好、回收率低，也很难收集到有效的信息。

2．**观察法**

观察法是调查者有目的、有计划地凭借自己的感官器官或者应用各种记录工具（录音、摄像、照相等）到现场观察被调查者的行动来收集情报资料。该方法主要涉及顾客行为、顾客流量、产品使用现场等方面的调查。这种方式能客观地获得准确性较高的第一手资料，但只能观察到事态的表面现象，无法观察到调查对象的动机、意向、态度等内在因素。

实例 5–2

美国《福布斯》曾报道过这样一个间谍案，日本一家公司曾派一名叫森本的情报人员，以进修的名义住在美国加利福尼亚州的佛伦奇先生家中。森本经常出入附近居民家中做客，进行广泛的市场调查，并对佛伦奇的房间的各种陈设与布局进行反复拍照，对其生活进行了长达一个月的详细记录。森本这些活动的目的只有一个，掌握美国人的生活方式和习惯，了解美国最新政治经济情况，以帮助日本公司研制适合美国人口味的商品，在国际竞争中战胜美国这个强大的竞争对手。

资料来源：张卫东．市场营销理论与实训[M]．北京：电子工业出版社，2006.

3．**实验法**

实验法是指市场调查者有目的、有意识地改变一个或多个影响因素，来观察市场在这些因素影响下的变动情况，以认识市场现象的本质特征和发展规律，说明事物间的因果关系。实验法通常在新产品推出之前，或者对产品包装、价格、质量、规格等作出改变之前，先向市场少量投放，进行销售实验，测试市场反应，根据结果再进行相应的改变措施。

实例 5–3

咖啡杯的市场调查

美国一位咖啡店老板发觉不同颜色能使人产生不同的感觉。于是他做了一个实验。他请来 20 位实验者，请他们喝 4 杯浓度完全相同的咖啡，但这 4 个装咖啡的杯子的颜色是不同的。然后，咖啡店老板问实验者哪种杯子的咖啡浓度最好？多数人回答：“青色杯子的咖啡淡，味酸；红色杯子的咖啡浓，味美；黄色杯子的咖啡浓度正好，味淡；咖啡色杯子太浓，味苦。”于是，老板的咖啡店改用了红色的杯子。

资料来源：张卫东．市场营销理论与实训[M]．北京：电子工业出版社，2006.

实验法从形式上又可分为单一实验组前后对比实验、实验组与对照组对比试验、实验组与对照组前后对比实验。

（1）单一实验组前后对比实验。这种方法是选择若干实验对象作为实验组，将实验对象在实验活动前后的情况进行对比，得出实验结论。该实验方法是市场调查中最经常采用的、最简便的实验调查。

例 1：某食品厂为了提高糖果的销售量，认为应改变原有的陈旧包装，并为此设计了新的包装图案。为了检验新包装的效果，以决定是否在未来推广新包装，厂家取 A、B、C、D、E 五种糖果作为实验对象，对这五种糖果在改变包装的前一个月和后一个月的销售量进行了检测，得到的实验结果见表 5-1。

表 5-1 单一实验组前后对比表 （单位：千克）

糖果品种	实验前销售量 Y_o	实验后销售量 Y_n	实验结果 Y_n-Y_o
A	300	340	40
B	280	300	20
C	380	410	30
D	440	490	50
E	340	380	40
合计	1 740	1 920	180

从表 5-1 中可知，改变包装后的销售量比不改变包装销售量增加，说明顾客不仅注意糖果的质量，也对其包装有所要求。因此厂家断定，改变糖果包装，以促进其销售量增加的研究假设是合理的，厂家可以推广新包装。但应注意，市场现象可能受许多因素的影响，180 千克的销售增加量，不一定只是改变包装引起的。

因此单一实验组前后对比实验，只有在实验者能有效排除非实验变量影响的情况下，或者是非实验变量的影响可忽略不计的情况下，实验结果才能充分成立。

（2）实验组与对照组对比实验。为了解决单一实验组的不足，采取实验组与对照组对比实验。这种方法是选择若干实验对象作为实验组，同时选择若干与实验对象相同或相似的调查对象作为对照组，并使实验组与对照组处于相同的实验环境之中；实验者只对实验组给予实验活动，对照组不给予实验活动；根据实验组与对照组的对比，得出实验结论。

例 2：某食品厂为了解面包的配方改变后消费者有什么反应，选择了 A、B、C 三个商店为实验组，再选择与之条件相似的 D、E、F 三个商店为对照组进行观察。观察一周后，将两组对调再观察一周，其检测结果见表 5-2。

表 5-2　实验组与对照组对比表　（单位：百袋）

	原配方销售量		新配方销售量	
	第一周	第二周	第一周	第二周
A		37	43	
B		44	51	
C		49	56	
D	35			41
E	40			47
F	45			52
合　计	120	130	150	140

从表中可知，两周内原配方面包共销售了 120+130=250（百袋），新配方面包共销售了 150+140=290（百袋）。这说明改变配方后增加了 40 百袋的销售量，对企业很有利。

实验组与对照组对比实验，必须注意二者具有可比性，即二者的规模、类型、地理位置、管理水平、营销渠道等各种条件应大致相同。只有这样，实验结果才具有较高的准确性。但是，这种方法对实验组和对照组都是采取实验后检测，无法反映实验前后非实验变量对实验对象的影响。为弥补这一点，可将上述两种实验进行综合设计。

（3）实验组与对照组前后对比实验。这是对实验组和对照组都进行实验前后对比，再将实验组与对照组进行对比的一种双重对比的实验法。它吸收了前两种方法的优点，也弥补了前两种方法的不足。

例 3：某公司在调整商品配方前进行实验调查，分别选择了三个企业组成实验组和对照组，对其月销售额进行实验前后对比，并综合检测出了实际效果见表 5-3。

表 5-3　双组前后对比表　(单位：万元)

实验单位	检测前	检测后	前后比对	实验效果
实验组	Y_o=2 000	Y_n=3 000	Y_n–Y_o=1 000	（Y_n–Y_o）–（X_n–X_o）=1 000–400
对照组	X_o=2 000	X_n=2 400	X_n–X_o=400	

表中的检测结果，实验组的变动量 1 000 万元，包含实验变量即调整配方的影响，也包含其他非实验变量的影响；对照组的变动量 400 万元，不包含实验变量的影响，只有非实验变量的影响，因为对照组的商品配方未改变。实验效果是从实验变量和非实验变量共同影响的销售额变动量中，减去由非实验变量影响的销售额变动量，反映调整配方这种实验变量对销售额的影响作用。由此可见，实验组与对照组前后对比实验，是一种更为先进的实验调查方法。

4. 文案调查法

文案调查法又称资料查阅寻找法、间接调查法、资料分析法或室内研究法。它是利用企业内部和外部现有的各种信息、情报，对调查内容进行分析研究的一种调查方法。资料的来源可以是政府出版物、商业及贸易出版物、企业内部、商业伙伴和行业协会等。该方法成本较低，并且不受时空限制；但因信息数据量较大，要求更多的专业知识、实践经验和技巧；同时在数据收集时还应注意公正性、时效性、针对性和联系性。

5. 网络市场调查

互联网作为新的信息载体，很大程度上改变了原有的调查方式和交流模式，打破了传统媒体对时间、空间的限制，为调查人员提供了全新而高效的手段和工具。网络市场调查实质上也就是通过互联网这一平台来实施市场调查。可以通过搜索引擎、电子邮件、企业网站、企业博客、网上焦点座谈等多种方式来实施市场调查。

与传统调查相比较，网络市场调查具有以下优势：

（1）互动性。这种互动性不仅表现在消费者对现有产品的意见和建议，更表现在消费者对尚处于概念阶段产品的参与，这种参与将能够使企业更好地了解市场的需求，而且可以洞察市场的潜在需求。

（2）及时性。网络的传输速度快，一方面调查的信息传递到用户的速度加快；另一方面用户向调查者的信息传递速度也加快了，这就保证了市场调查的及时性。

（3）便捷性和经济性。无论是对调查者还是对被调查者，网络调查其便捷性都是非常明显的。调查者只要在其站点上发布其调查问卷，而且在整个调查过程中，调查者还可以对问卷进行及时修改和补充，而被调查者只要有一台能上网的计算机就可以快速、方便地反馈其意见。同时，对于反馈的数据，调查者也可以快速、便捷地利用数据库技术进行整理和分析。这种方便性和快捷性大大地降低了市场调查的人力和物力耗费。

第三节 市 场 预 测

一、市场预测的概念和作用

1. 市场预测的概念

预测是指根据已经获得的资料，运用科学的方法，对事物未来的发展趋势作出客观估计和判断的过程。预测理论作为通用的方法论，既可以用于研究自然现象（如气象预测），也可以用于研究社会现象（如经济发展预测）。市场预测是预测在营销领域的运用，市场预测是指在市场调查的基础上，根据市场的历史和现状，凭借经验并运用一定的预测理论和技术，对市场未来发展的趋势进行的测算和判断的活动过程。市场预测并非毫无根据的胡乱估计，首先它的依据是市场调查所获得的资料和信息，必须依据这一基础进行测算和判断；其次，这种判断要运用一定的预测理论或技术，即运用科学的方法。由此也可以看出市场预测的科学性，这一性质保证了市场预测的结果具有相当的准确性，能够帮助企业市场营销活动决策者作出科学的决策。但是由于所获得的调查信息有限，无法保证信息的客观性，再加上预测者个人的主观原因，使得预测结果会有局限性，因此企业市场营销活动决策者进行决策时不能完全依赖预测结果。

市场预测与市场调查的区别在于，前者是人们对市场的未来的认识，后者是人们对市场的过去和现在的认识。

市场预测主要包括市场需求预测、市场资源预测、市场营销组合预测等几方面。

2．市场预测的作用

市场预测的作用主要表现为以下几个方面：

（1）市场预测是企业制订营销计划的前提。通过市场预测，企业能够了解竞争对手的情况，掌握市场需求特点及发展变化趋势，从而制订出更科学合理、更有针对性的企业营销计划和策略，不断巩固和开拓市场。

（2）市场预测是企业经营决策的依据。通过市场预测，企业可更有效地了解和掌握市场购买力和消费水平、消费结构，对未来时期企业的购销情况，本行业的竞争状况做到心中有数，更好地帮助企业作出正确的经营决策，减少失误和盲目性。

（3）市场预测是企业改善经营管理，提高经济效益的手段。通过市场预测，企业可将营销总目标层层分解到各部门、各岗位、各人员，从而促进企业加强内部管理，改善外部环境，提高经济效益。

二、市场预测的方法

企业在实际工作中，由于影响市场发展的因素错综复杂，部分资料信息难以数量化，甚至根本不可能用数量指标表示，所以，市场预测的方法可分为定性预测和定量预测。

1．定性预测方法

依靠预测者的专门知识和经验，来分析判断事物未来发展的趋势，称为定性预测。

它要求在充分利用已知信息的基础上，发挥预测者的主观判断力。定性预测适合预测那些模糊的、无法计量的社会经济现象，并通常由预测者集体来进行。集体预测是定性预测的重要内容，能集中多数人的智慧，克服个人的主观片面性。

定性预测方法简便，易于掌握，而且时间快、费用省，因此得到广泛采用。特别是进行多因素综合分析时，采用定性预测方法，效果更加显著。但是，定性预测方法缺乏数量分析，主观因素的作用较大，预测的准确度难免受到影响。因此，在采用定性预测方法时，应尽可能结合定量分析方法，使预测过程更科学，预测结果更准确。

定性预测方法，又分为主观估计法和技术分析法两类。主观估计法包括经验判断法、集体意见法和主观概率法等。技术分析法包括特尔菲法、历史类推法、形态分析法和系统分析法等。经常采用的方法有专家会议法、特尔菲法、主观概率法等。

（1）专家会议法。专家会议法又称集合意见法，是将有关人员集中起来，针对预测的对象，交换意见，形成预测结论。这个方法可以避免依靠个人的经验进行预测而产生的片面性。例如，对材料价格市场行情预测，可请材料设备采购人员、计划人员、经营人员等进行预测；对工料消耗分析，可请技术人员、施工管理人员、材料管理人员、劳资人员等进行预测；估计工程成本，可请预算人员、经营人员、施工管理人员等进行预测。

（2）专家调研法（特尔菲法）。这是根据有专业知识的人的直接经验，采用系统的程序，互不见面和反复进行的方式，对某一未来问题进行判断的一种方法。首先，草拟调研提纲，提供背景资料，轮番征询不同专家的预测意见，最后再汇总调研结果。对于调研结果，要整理出书面意见和报表。这种方法，具有匿名性，费用不高，节省时间。采用特尔菲法要比一个专家的判断预测或一组专家开会讨论得出的预测方案准确一些，一般用于较长期的预测。

（3）主观概率预测法。主观概率预测法是与专家会议法和专家调研法相结合的方法，即允许专家在预测时可以提出几个估计值，并评定备值出现的可能性（概率）；然后，计算各个专家预测值的期望值；最后对所有专家预测期望值求平均值，即为预测结果。

2．定量预测方法

定量预测是指在数据资料充分的基础上，运用数学方法，有时还要结合计算机技术，对事物未来的发展趋势进行数量方面的估计与推测。市场预测中的定量预测方法，是在分析影响市场供求变动因素的基础上，找出相关变量之间的因果关系，建立起数学模型，通过运算来得到预测结果。

例如，设某种商品价格稳定，该商品销售额便由销售量决定。这时，销售量是自变量设为 X，销售额是因变量设为 Y，它们之间用函数式表示为：$Y=f\ (X)$。这一函数式就描述了这种商品在价格确定条件下的销售额与销售量之间的相互关系及其变化规律。如果变量之间的关系能确定地描述，则称变量之间存在因果关系；如果变量之间的关系不能确定地描述，就称变量间为相关关系。不论变量之间存在的是因果关系还是相关关系，都可采用定量分析方法进行预测。

实际工作中，由于社会经济现象错综复杂，不可能把所有变动因素都纳入数学模型；有些数据难以取得或取得数据成本过高，使定量预测方法的运用也存在一定的局限性。

定量预测方法包含多种方法，如简单平均法、移动平均法、指数平滑法、趋势外推法、回归预测法等，下面介绍几种常见的时间序列预测方法。

（1）简单平均法。简单平均法是以一定观察期内预测变量的算术平均值作为下期预测值的预测方法。这种方法适用于趋势比较稳定的时间序列的短期预测，其计算公式为

$$\bar{x}=\frac{1}{n}\sum_{t=1}^{n}x_t$$

式中　$\bar{x}$——简单平均数（即预测值）；

n——数据的个数；

x_t——各期实际发生数。

例 4：某超市 1～6 月份某商品的销售额分别为 60 万元、70 万元、65 万元、75 万元、70 万元、75 万元，试用简单平均法预测 7 月份的销售额。

$$\bar{x}=（60+70+65+75+70+75）\div 6=69.2（万元）$$

简单平均法是将各期的统计数据同等对待，但实际上近期的统计数据与远期的统计数据相比，包含更多的变化趋势信息。只有根据其包含趋势信息的多少给予相应的权数，才能更好地表现出时间序列的趋势。因此，在简单平均法的基础上有时也采用加权平均法进行预测。加权平均法将时间序列的各个数据看做对预测值有不同的影响程度，分别给各个数据以不同的权数后计算出加权平均数，并将其作为下期预测值的方法。加权平均数的计算公式为

$$\bar{x}=\sum_{t=1}^{n}c_t x_t \Big/ \sum_{t=1}^{n}c_t$$

式中　$\bar{x}$——加权平均数（即预测值）；

c_t——权数；

x_t——实际发生数；

n——数据的个数。

例 5：上例中，假定 1～6 月份的权数分别为 1、2、3、4、5、6，试用加权平均法预测 7 月份的销售额。

$$\bar{x}=（60×1+70×2+65×3+75×4+70×5+75×6）÷21=71.2（万元）$$

加权平均法的关键是确定适当的权数。一般来说，对近期统计数据应给予较大的权数，对远期统计数据应给予较小的权数，权数之间的级差一般根据经验来判断确定。

（2）简单移动平均法。简单移动平均法是一种简单平滑预测技术，是将观察期的统计数据，由远而近地按一定跨越期逐一求取平均值，并将最后一个平均值确定为预测值的方法。这种方法按一定跨越期逐一求取平均值，随时间顺延而顺延，形成一个新的时间序列。当时间序列的数值由于受周期变动和随机波动的影响，起伏较大，不易显示出事件的发展趋势时，使用移动平均法可以消除这些因素的影响，显示出事物的发展方向与趋势（即趋势线），然后依趋势线分析预测序列的长期趋势。

例 6：某公司 2009 年 1～12 月销售额的统计资料，用简单移动平均法预测 2010 年 1 月的销售额，见表 5-4。

表 5-4 简单移动平均法预测的 2010 年 1 月销售额（单位：万元）

月份	销售额	五期平均数	变动趋势	四期平均发展趋势
1	33			
2	34			
3	37			
4	34			
5	41	35.8		
6	44	38.0	+2.2	
7	50	41.2	+3.2	
8	46	43.0	+1.8	
9	47	45.6	+2.6	+2.45
10	52	47.8	+2.2	+2.45
11	45	48.0	+0.2	+1.70
12	55	49.0	+1.0	+1.50
2010 年 1 月份	50.5			

第一步，计算相邻五个月的销售额平均数（按多少期计算平均数，要根据具体情况而定，期数少，则反映波动比较灵敏，但预测误差大；期数多，则反映波动平滑，预测较为精确）。如 1～5 月销售额的平均值为

$$\overline{X_1}=\frac{33+34+37+34+41}{5}=35.8$$

依次类推：求出 $\overline{X_2},\overline{X_3},\overline{X_4},\ldots,\overline{X_8}$，并填入表中。

第二步，计算相邻两个平均值的差，该差称为平均值的变动趋势，如 $\overline{X_1}$ 与 $\overline{X_2}$ 之差为：38−35.8=2.2

依此类推，计算变动趋势值，填入表中。

第三步，计算相邻四期变化趋势之平均值，称为四期平均发展趋势，如前四期变动趋势的平均值为：（2.2+3.2+1.8+2.6）÷4=2.45

依此类推，将数字填入表中。

第四步，预测 2010 年 1 月的销售额，最后 5 个月的平均月销售额为 49 万元，加上最后一期平均发展趋势 1.5 万元，所以 2010 年 1 月的预测值为 49+1.5=50.5（万元）

（3）指数平滑法。指数平滑法，也叫指数修正法，是一种简便易行的时间序列预测方法。它是在移动平均法基础上发展起来的一种预测方法，是移动平均法的改进形式。使用移动平均法有两个明显的缺点：①它需要有大量的历史观察值的储备；②要用时间序列中近期观察值的加权方法来解决，因为最近的观察中包含着最多的未来情况的信息，所以必须相对地比前期观察值赋予更大的权数，即对最近期的观察值应给予最大的权数，而对较远的观察值就给予递减的权数。指数平滑法就是既可以满足这样一种加权法，又不需要大量历史观察值的一种新的移动平均预测法。

指数平滑法又分为一次指数平滑法、二次指数平滑法和三次指数平滑法。

（4）回归预测法。回归分析是为了测定客观现象的因变量与自变量之间的一般关系所使用的一种数学方法。它根据现象之间相关关系的形式，拟合一定的直线或曲线，用这条直线或曲线代表现象间的一般数量变化关系。

这条直线或曲线在数学上称为回归直线或曲线，表现这条直线或曲线的数学公式称为回归方程。利用回归分析法进行预测，称之为回归预测法。

在回归预测中，所选定的因变量是指需要求得预测值的那个变量，即预测对象。自变量则是影响预测对象变化的，与因变量有密切关系的那个或那些变量。

在预测中常用的回归预测法有一元回归预测（直线）和多元回归预测（曲线）。

实例 5–4

从报纸上觅机遇

1975 年初春的一天，美国亚默尔肉食加工公司的老板在翻阅报纸时看到一则仅十几个字的短讯：“墨西哥发现疑似瘟疫的病例。”职业性敏感使这位老板马上想到：如果墨西哥发生了瘟疫，一定会从加利福尼亚州或德克萨斯州边境传染到美国来，而这两个州又是美国肉食供应的主要基地，这样一来，肉食供应肯定会紧张，肉价一定会猛涨。在多方核实短讯内容确凿无误的情况下，亚默尔老板果断决策，集中全部资金购买加利福尼亚州和德克萨斯州的牛肉和生猪，并及时运到美国东部。果然，瘟疫很快蔓延到美国西部几个州。美国政府下令，严禁一切食品从这几个州外运，当然也包括牲畜在内。顿时，美国国内肉食奇缺，价格一下暴涨，亚默尔公司在短短几个月内，净赚900万美元。

本章小结

市场调查与市场预测是企业经营决策的重要依据，是企业市场营销活动中的重要环节。

市场调查是企业为了达到特定的经营目标，而运用科学的方法去收集、整理、分析有关市场营销方面的情报资料，从而掌握市场的现状及其发展趋势，最终为企业的经营决策提供参考，提出建议。

市场预测是指企业在通过市场调查获得一定资料的基础上，针对企业的实际需要以及相关的现实环境因素，运用已有的知识、经验和科学方法，对企业和市场未来发展变化的趋势作出适当可行的分析与判断，为企业营销活动等提供可靠依据的一种活动。市场预测与市场调查的区别在于，前者是人们对市场的未来的认识，后者是人们对市场的过去和现在的认识。

市场调查的内容包括消费者需求、企业营销组合、竞争对手、技术发展等几个方面。

市场调查的实施过程包含分为调研准备、调研实施和资料处理三大阶段。

市场调查方法主要有询问法、观察法、实验法和文案调研法。

市场预测的内容包括市场商品需求总量预测、市场资源预测、营销组合预测等方面。

市场预测的方法分为定性预测和定量预测，定性预测包括专家会议法、专家调研法（特尔菲法）、主观概率预测法；定量预测包括简单移动平均法、加权移动平均法、指数平滑法、回归预测法。

知识练习与思考

一、重要概念

市场调查　探索性调查　描述性调查　因果性调查

典型调查　抽样调查　观察调查法　实验调查法
询问调查法　文案调查法　网络市场调查法　市场预测
定性预测　定量预测

二、单项选择题

1. 企业对产品的改进意见和服务要求的调研属于（　　）。
   A. 消费者需求调研　　B. 竞争对手调研
   C. 产品调研　　D. 营销组合调研
2. 将一组受访者作为一个抽样单位而不是个体的抽样方法称为（　　）。
   A. 简单随机抽样　　B. 等距抽样
   C. 分组抽样　　D. 系统抽样
3. 在样本框中每隔一定距离抽选一个受访者，这种抽样方式称为（　　）。
   A. 简单随机抽样　　B. 等距抽样
   C. 分组抽样　　D. 系统抽样
4. 以下预测方法属于定量预测的是（　　）。
   A. 特尔菲法　　B. 主观概率法
   C. 回归预测　　D. 经验判断法

三、多项选择题

1. 营销组合的调查包括（　　）。
   A. 产品　　B. 价格
   C. 促销　　D. 分销渠道
2. 常用的随机抽样方法包含下列哪三种？（　　）
   A. 简单随机抽样　　B. 等距随机抽样
   C. 配额抽样　　D. 分组随机抽样
3. 市场调查通常有哪些方法？（　　）
   A. 询问法　　B. 观察法
   C. 实验法　　D. 文案调研法
4. 市场预测的内容相当广泛，一般可归结为哪几个方面？（　　）
   A. 市场需求　　B. 市场资源
   C. 营销组合　　D. 科技
5. 市场预测的定性预测方法中包含哪些方法？（　　）
   A. 专家会议法　　B. 特尔菲法
   C. 实验法　　D. 回归预测法
   E. 主观概率预测法

四、判断题

1. 由于抽样调查是用其结果推算全体，因此推算结果与全体必然有一定误差。 （ ）
2. 拟订市场调查计划是在市场调查的准备阶段完成。 （ ）
3. 单一实验组前后对比试验无法反映实验前后非实验变量对实验对象的影响。 （ ）
4. 通过市场资源预测，可以预见市场的供需趋势，为企业确定生产规模、发展速度和质量水平等提供依据。 （ ）
5. 简单移动平均法是属于市场预测中的定量预测。 （ ）

五、简答题

1. 简述市场调查的步骤。
2. 市场调查报告由哪些部分组成？
3. 市场预测的方法有哪些？
4. 市场预测包含哪些内容？

六、案例分析

雪佛隆公司的法宝

雪佛隆公司是美国一家食品企业。该公司在20世纪80年代初曾投入大量资金，聘请美国亚利桑那大学人类学系的威廉·雷兹教授对垃圾进行研究。教授和他的助手在每次收集垃圾时，从垃圾堆中挑选出数袋，然后把垃圾的内容依照原产品的名称、重量、数量、包装形式等进行分类，如此反复进行了近一年的分析和考察，获得了有关当地食品消费情况的信息：

（1）劳动者阶层所喝的进口啤酒比收入高的阶层多。这一结果大大出乎一般人的想象，如果不进行调研，生产和销售后果不堪设想。得到这一信息后，调研专家又进一步分析研究，知道了所喝啤酒中各品牌的比率。

（2）中等阶层人士比其他阶层所消费的食物更多，因为双职工都要上班而太匆忙了，以至于没有时间处理剩余的食物。

（3）了解到人们消耗各种食物的情况，得知减肥清凉饮料与压榨的橘子汁是高收入人士青睐的消费品。

公司了解到这些情况后，又根据这一信息进行决策，组织人力、物力投入生产和销售，最终获得成功。

资料来源：赵兴军. 现代市场营销学案例教程[M]. 北京：北京交通大学出版社，2007.

问题：

1．该公司采用了哪些类型的调研方法？

2．该公司根据这些材料将会采取哪些决策行动？

实 训 操 作

实训目的：了解市场调研的步骤，应用本章介绍的调研方法进行市场调研。

实训要求：

（1）自拟调研主题，根据本章内容分组设计市场调研问卷，收集、分析调研资料，撰写调研报告。

（2）参考调研主题：《大学生消费状况调研》、《大学生使用手机情况调研》

实训指导：

（1）学生分组，确定调研主题，设计调研问卷。

（2）分组进行调研，收集调研问卷，撰写调研报告。

（3）实训结束，交流调研信息。

第六章　目标市场的选择

营销格言

对市场目标的确定就是以在市场上有竞争力增值为标准。

——张瑞敏

知识目标

1. 掌握市场细分的原理、方法，知道如何对实际市场进行细分。

2. 领会市场细分、目标市场对企业营销活动的意义。

3. 明确有哪些目标市场战略可供采用，如何从实际情况出发，选择相应的目标市场战略。

4. 明确市场定位的概念，了解市场定位的步骤与方式，掌握市场定位战略的具体思路。

技能目标

1. 熟练掌握产品市场细分的标准与步骤。

2. 熟练掌握目标市场选择及策略的运用。

引导案例

麦当劳瞄准细分市场需求

麦当劳作为一家国际餐饮巨头，创始于20世纪50年代中期的美国。由于当时创始人及时抓住高速发展的美国经济下的工薪阶层需要方便、快捷的饮食的良机，并且瞄准细分市场需求特征，对产品进行准确定位而一举成功。截至2010年，麦当劳已经成长为世界上最大的餐饮集团，在119个国家开设了3.2万家连锁店，2010年营业额超过62亿美元。

拉里•莱特.重塑品牌的六大法则：麦当劳是如何为品牌重注活力的[M].吕熠，释.北京：中国人民大学出版社，2010.

分析说明

回顾麦当劳公司发展历程后发现，麦当劳一直非常重视市场细分的重要性，而正是这一点让它取得令世人惊羡的巨大成功。市场细分是 1956 年由美国市场营销学家温德尔·史密斯首先提出来的一个新概念。它是指根据消费者的不同需求，把整体市场划分为不同的消费者群的市场分割过程。每个消费者群便是一个细分市场，每个细分市场都是由需要与欲望相同的消费者群组成。市场细分主要是按照地理细分、人口细分和心理细分来划分目标市场，以达到企业的营销目标。而麦当劳的成功正是在这三项划分要素上做足了工夫。它根据地理、人口和心理要素准确地进行了市场细分，并分别实施了相应的战略，从而达到了企业的营销目标。

1．麦当劳根据地理要素细分市场

麦当劳有美国国内市场和国际市场，而不管是在国内还是国外，都有各自不同的饮食习惯和文化背景。麦当劳进行地理细分，主要是分析各区域的差异。例如，美国东西部的人喝的咖啡口味是不一样的。通过把市场细分为不同的地理单位进行经营活动，从而做到因地制宜。每年，麦当劳都要花费大量的资金进行认真、严格的市场调研，研究各地的人群组合、文化习俗等，再书写详细的细分报告，以使每个国家甚至每个地区都有一种适合当地生活方式的市场策略。例如，麦当劳刚进入中国市场时，大量传播美国文化和生活理念，并以美国式产品牛肉汉堡来征服中国人。但中国人爱吃鸡，与其他洋快餐相比，鸡肉产品也更符合中国人的口味，更加容易被中国人所接受。针对这一情况，麦当劳改变了原来的策略，推出了鸡肉产品。在全世界从来只卖牛肉产品的麦当劳也开始卖鸡肉产品了。这一改变正是针对地理要素所做的，也加快了麦当劳在中国市场的发展步伐。

2．麦当劳根据人口要素细分市场

通常人口细分市场主要根据年龄、性别、家庭人口、生命周期、收入、职业、教育、宗教、种族、国籍等相关变量，把市场分割成若干整体。而麦当劳对人口要素细分主要是从年龄及生命周期阶段对人口市场进行细分，其中，将不到开车年龄的划定为少年市场，将 20～40 岁之间的年轻人界定为青年市场，还划定了老年市场。人口市场划定以后，要分析不同市场的特征与定位。例如，麦当劳以孩子为中心，把孩子作为主要消费者，十分注重培养他们的消费忠诚度。在餐厅用餐的小朋友，经常会意外获得印有麦当劳标志的气球、折纸等小礼物。在中国，还有麦当劳叔叔俱乐部，参加者为 3～12 岁的小朋友，定期开展活动，让小朋友更加喜爱麦当劳。这便是相当成功的人口细分，抓住了该市场的特征与定位。

3．麦当劳根据心理要素细分市场

根据人们生活方式划分，快餐业通常有两个潜在的细分市场：方便型和休闲型。在这两个方面，麦当劳都做得很好。例如，针对方便型市场，麦当劳提出“59 秒快速服务”，即从顾客开始点餐到拿着食品离开柜台标准时间为 59 秒，不得超过一分钟。针对休闲型市场，麦当劳对餐厅店堂布置非常讲究，尽量做到让顾客觉得舒适、自由。麦当劳努力使顾客把麦当劳作为一个具有独特文化的休闲好去处，以吸引休闲型市场的消费者群。

第一节 目标市场营销战略

一、目标市场营销战略的含义

目标市场营销战略是指企业通过市场细分，选择一个或几个细分市场作为自己的目标市场，专门研究其需求特点并针对其特点设计产品，制定适当的价格，选用适当的分销渠道和策划适当的促销手段，以通过满足消费者需求实现企业盈利目标的市场经营活动过程。

二、目标市场营销战略的产生

在西方发达国家，企业的市场营销战略大致经历了三个阶段，如图 6-1 所示，三个阶段的比较见表 6-1。

图 6-1 市场营销战略发展阶段

表 6-1 市场营销战略三个阶段的比较

战略阶段	战略类型	优点	缺点
产品大量化营销	面对整体市场大量提供无差异的同一种产品	规模效益	产品单一，忽视需求差异
产品差异化营销	面对整体市场提供差异化、多样化的产品	产品多样	成本高，缺乏针对性
目标市场营销	面对细分市场提供有针对性、个性化的产品	形成优势	复杂性加大

1．产品大量化营销阶段

这个阶段，企业基本上没有市场细分的意识，是在没有进行市场细分的情况下开展营销活动的。企业面对整个市场大量生产和销售同一品种规格的产品，试图通过一套营销组合策略满足所有顾客的需求。

2．产品差异化营销阶段

这个阶段，企业已经发现消费者市场需求的差异性与多样性，但企业的营销活动还不是建立在市场细分基础上的营销活动。这个阶段的营销活动表现为，企业面对整个市场生产经营有差异的多种规格、款式、型号、式样、特色和风格的同类产品，试图通过多样化、差异化的产品满足整个市场的需求。产品差异化营销虽然考虑到消费者的需求差异，而且采取了一些对策，但一方面并没有真正有针对性地满足某一顾客群的需求；另一方面，因为产品差异化的原因，也使企业的产品成本增加不少。

3．目标市场营销阶段

目标市场营销产生于市场竞争日益激烈的背景下。随着买方市场的形成，生产商之间的竞争日益激烈。由于消费者的需求是多种多样的，而每个企业在资源、能力和技术优势方面又是各有不同的。一些企业开始在整体市场中寻求最适宜自己经营的顾客群。于是，他们对整个市场按照某个标准进行分类，从中选择最能符合企业目标、最能发挥企业资源优势的顾客群作为自己的营销对象，并制订出适合市场特点的营销组合策略。通过这种方式，企业可以获得更大的营销优势。

三、目标市场营销战略的步骤

如图 6-2 所示，实施目标市场营销包括四个步骤：①在市场调研和预测的基础上，按一定标准进行市场细分（Segmenting）；②选择对本企业最有吸引力的细分市场作为自己的目标市场（Targeting）；③确定自己产品在市场上的竞争地位，在目标顾客心目中树立起独特的产品形象，即做好市场定位工作（Positioning）；④根据目标市场特点，市场定位要求，制定有效的营销组合策略。因此，人们常常把目标市场营销简称为“STP 营销”。

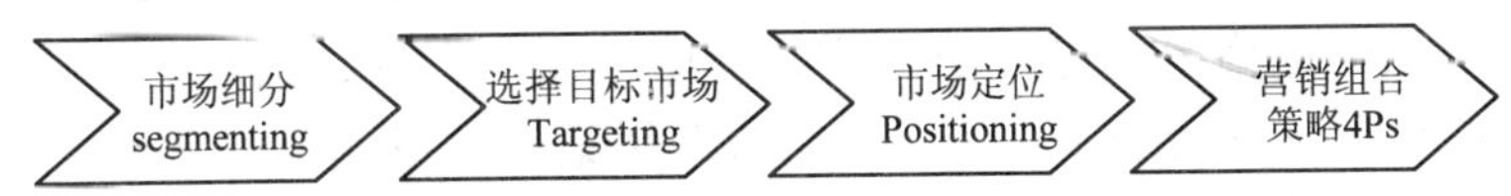

图 6-2　实施目标市场营销的步骤

第二节　市 场 细 分

企业的生命在于它的产品或服务能够为市场所接受。在如今世界经济全球化、市场国际化的大背景下，不同国家、不同区域、不同层次的消费者在市场上的比例进一步扩大，如何适应不同需要的消费者，在竞争日趋激烈的国内、国际市场上站稳脚跟，成为各大商家、企业越来越关注的问题。而市场细分作为市场营销决策中不可或缺的部分在今时今日也就显得尤为重要。

一、市场细分的含义和作用

1．市场细分的含义

市场细分的概念是美国市场学家温德尔 R. 史密斯（Wendell R.Smith）于20世纪50年代中期提出来的。所谓市场细分就是按照一定的基础和变数，把整个市场细化成不同的消费者群。每个细分的消费者群内部都具有较高程度的同质性，而与其他的消费者群则存在明显的差异性。例如，有的消费者喜欢计时基本准确、价格比较便宜的手表；有的消费者需要计时准确、耐用且价格适中的手表；有的消费者要求计时准确、具有象征意义的名贵手表。手表市场据此可细分为低档、中档、高档三个子市场。当然，对同一产品细分市场的依据有很多。市场细分，实际上是承认不同的消费者具有不同的需要，而这些需要自然会影响他们对产品的需求。分析这些差别，制订营销计划，有针对性地满足细分部分的消费者，可使企业发挥局部优势，提高竞争能力，扩大市场销售。因为，任何一个企业都不能单凭自己的人力、财力和物力来满足整个市场的所有需求，这不仅是由企业自身条件所限制，而且从经济效益方面来看也是不可取的。因此，企业必须分辨出它能有效为之服务的最有价值的细分市场，扬长避短，重点突破，而不是四面出击。市场细分的目的就是从各个细分的消费者群当中，辨认和确定企业的目标市场，然后针对不同的目标市场采取富有针对性的产品定位和市场营销战略，以获取最佳收益。

2．市场细分的作用

市场细分是现代企业从事市场经营活动的重要手段，它是企业选择目标市场，并制订市场营销战略的前提与基础。如果对市场不进行深入的分析与识别，呈现在企业面前的市场将是一个浑浊的整体。市场细分又称市场分割或市场划分，它将整个市场分为若干小市场，然后选择某一个或几个子市场作为自己的目标，以便更好地去满足细分部分的消费者需要。因此，市场细分对企业来说有着十分重要的作用。

（1）有利于企业分析、发掘新的最好的市场机会。市场机会就是市场上客观存在但尚未被满足或充分满足的需求。这种需求往往是潜在的。企业通过市场细分，深入了解各细分市场需求的差异性，并根据对每个细分市场潜在需求的分析，研究购买者的满足程度及该市场的竞争状况，从而选择最有效的目标市场。

实例 6-1

万豪酒店是如何发现市场空白的

在美国，许多市场营销专业的学生最熟悉的市场细分案例之一就是“万豪酒店”。这家著名的酒店集团针对不同的细分市场成功推出了一系列品牌：费尔菲得（Fairfield）、庭院（Courtyard）、万豪（Marriott）以及万豪伯爵（Mar-riott Marquis）等。在早期，费尔菲得酒店是服务于销售人员的，庭院旅馆是服务于销售经理的，万豪是为业务经理准备的，万豪伯爵则是为公司高级经理人员提供的。后来，万豪集团对市场进行了进一步的细分，推出了更多的旅馆品牌。

在“市场细分”这一营销行为上，万豪集团可以被称为超级细分专家。原有的四个品牌都在各自的细分市场上成为主导品牌之后，万豪集团又开发了一些新的品牌。在高端市场上，丽池卡尔顿（Ritz Carlton）酒店在为高档次的顾客提供服务方面赢得了很高的声誉并备受赞赏；万丽（Renaissance）酒店作为间接商务和休闲品牌与万豪在价格上基本相同，但它面对的是不同消费心态的顾客群体，万豪吸引的是已经成家立业的人士，而万丽的目标顾客则是那些职业年轻人；在低端酒店市场上，万豪酒店由费尔菲尔得（Fairfield-Inn）衍生出费尔菲得套房（Fairfield Suites），从而丰富了自己的产品线；位于高端和低端之间的酒店品牌是万豪唐普雷斯（Towne Place Suites）、万怡酒店（Courtyard）和万豪居家（Residence Inn）等。它们分别代表着不同的价格水准，并在各自的娱乐和风格上进行了有效区分。

伴随着市场细分的持续进行，万豪集团又推出了万豪春丘套房（Spring-fie1d Suites）比费尔菲得的档次稍高一点，主要面对一晚 75～95 美元的顾客市场。为了获取较高的价格和收益，酒店使费尔菲得套房品牌逐步向万豪春丘套房品牌转化。

经过多年的发展和演化，万豪集团现在一共管理着八个品牌。通过市场细分来发现市场空白是万豪集团的一贯做法，正是这些市场空白成了万豪酒店成长的动力和源泉。万豪集团一旦发现有某个价格点的市场还没有被占领，或者现有价位的某些顾客还没有被很好地服务，它就会马上填补这个“空白”。就是这种对市场的有效细分为万豪集团带来了高额的利润和迅速的发展。

资料来源：刘婷婷．市场营销学[M]．上海：上海财经大学出版社，2007.

（2）有利于企业集中资源，提高经济效益，增强企业竞争能力。企业可以根据细分市场的特点，结合企业资源条件，充分发挥企业优势，然后把企业的人力、财力、物力集中投入目标市场，形成经营上的规模优势，增强企业的竞争能力，取得理想的经济效益。

（3）有利于企业制定和调整市场营销组合策略。通过市场细分，能使企业比较容易地认识和掌握顾客需要的特点及其对不同营销措施反应的差异，从而针对不同细分市场的特点，改进现有的产品与服务的规格、种类和特性等，甚至开发出新的产品和服务，制定具体、完善、有效的营销策略。

实例 6-2

跨国经营的美国吉列公司以生产刮胡刀享誉全球。在一般人看来，使用刮胡刀是男性的专利。而吉列人不这样看。他们通过市场调查发现：全美有6 000 万名女性为美容需定期刮除腿毛和腋毛，此项支出竟高出染发、染眉20%～30%。于是，吉列公司生产了一种显示女性特点的刮胡刀，产品很快畅销美国。

资料来源：百度文库，《市场细分案例》，2011 年 6 月.

二、市场细分的依据和原则

1. 市场细分的依据

（1）消费者市场细分的依据。市场细分要依据一定的细分变量来进行。消费者市场的细分变量主要包括地理变量、人口变量、心理变量和行为变量等四类，见表 6-2。

表 6-2 消费者市场细分的依据

细 分 标 准	细分变量因素
地理变量	国家、地区、城市、乡村、沿海、山区、城市规模、人口密度、气候带、地形地貌等
人口变量	性别、年龄、国籍、种族、民族、宗教信仰、职业、受教育程度、收入、家庭状况等
心理变量	个性、气质、性格、兴趣、价值观、需求层次、生活方式等
行为变量	购买动机、购买时机、购买频率、使用数量、偏爱程度、忠诚程度、对营销因素的敏感度等

1）地理变量。地理变量是按照消费者所处的地理位置、自然环境来细分市场。例如，根据国家、地区、城市、乡村、沿海、山区、城市规模、人口密度、气候带和地形地貌等方面的差异将整体市场分为不同的小市场。地理变量之所以作为市场细分的依据，是因为处在不同地理环境下的消费者对于同一类产品往往有不同的需求与偏好。他们对企业采取的营销策略与措施会有不同的反应。

地理变量是一种静态因素，易于识别，是细分市场应予考虑的重要因素，但处于同一地理位置的消费者需求仍会有很大差异。所以，简单地以某一地理特征区分市场，不一定能真实地反映消费者的需求共性与差异，企业在选择目标市场时还需结合其他细分变量予以综合考虑。

2）人口变量。人口变量是以人口统计变量，包括性别、年龄、国籍、种族、民族、宗教信仰、职业、受教育程度、收入和家庭状况等为基础来细分市场。例如，以年龄为标准细分市场，可以把市场细分为老年市场、中年市场、青少年市场和婴儿市场等。人口因素与消费者需求和产品的销售存在密切的联系，同时人口统计变量比较容易衡量，有关数据相对容易获取，因此，企业应充分利用这一细分标准。

3）心理变量。心理变量是按照消费者的个性、气质、性格、兴趣、价值观、需求层次和生活方式等心理变量来细分市场的。例如，按消费者生活方式进行细分，可以区分为传统型与新潮型、节俭型与奢华型、严肃型与活泼型、社交型与顾家型等消费者群。企业需按照心理因素细分市场，并根据各个子市场的需求和偏好，选择适销对路的产品，制定出恰当的营销策略。

4）行为变量。行为变量是根据消费者不同的消费行为来细分市场的。消费行为的变量很多，包括购买动机、购买时机、购买频率、使用数量、偏爱程度、忠诚程度和对营销因素的敏感度等。例如，按购买动机细分市场时会发现，有的消费者追求物美价廉，有的追求社会声誉，有的则追求商品的使用方便。随着市场经济的迅速发展，商品的不断丰富，消费者收入水平的提高，这一细分标准也越来越被重视。

实例 6-3

据一位业内人士介绍，近年来，随着人们生活水平的提高，年轻人越来越崇尚个性化的生活方式，女性尤其年轻女性饮酒的人数在不断增加。2008 年，中国保健协会、中华医学会等多家单位联合首次发布了《中国民众健康饮酒状况调查报告》。报告显示，目前我国女性饮酒率已达 29.3%，其中 2.5%的女性每天饮酒。各种国产的、进口的、专门针对女性的酒类品种目前已达到几十种。一位啤酒经销商介绍，由于饮酒的女士数量增长很快，各种女士酒近来不断上市。仅在最近一段时间，燕京啤酒集团推出了无醇啤酒，吉林长白山酒业也推出了“艾妮靓女女士专用酒”，还有中国台湾烟酒公司研制成功一种功能性饮料五芝啤酒，其出发点很大程度上也是针对女性市场的。此外还有哈尔滨泉雪啤酒有限公司推出的有保健功能的含“肽”啤酒，也推出营养概念，抢占女性啤酒市场。业内专家介绍说，目前国内市场上的各种女士酒大约有 40 种，都是近来才出现的，预计还会有更多类似的酒出现。

资料来源：http://new.fengone.com/b/20090209/76117.html.

（2）生产者市场细分的依据。许多用来细分消费者市场的标准，同样可用于细分生产者市场。不过由于生产者与消费者在购买动机与行为上存在较大差别，所以，还需要用一些新的标准来细分生产者市场。细分生产者市场的主要因素有以下三种：

1）用户行业。产品最终用户的行业是细分生产者市场最为通用的依据。在生产者市场，不同行业用户采购同一种产品的使用目的往往不同。例如，同样是钢材，有的用于生产，有的用于建筑。不同行业的最终用户通常会在产品的规格、型号、品质、功能和价格等方面提出不同的要求，追求不同的利益。据此来细分生产者市场便于企业开展针对性经营，设计出不同的营销组合方案。

2）用户规模。在生产者市场中，有的用户购买量很大，而另外一些用户购买量很小。以钢材市场为例，建筑公司、造船公司、汽车制造公司对钢材需求量很大，动辄数万吨的购买，而一些小的机械加工企业，一年的购买量也不过几吨或几十吨。企业应当根据用户规模大小来细分市场，并根据用户或客户的规模不同，企业的营销组合方案也应有所不同。

3）用户地域。任何一个国家或地区，由于自然资源、气候条件和社会环境等方面的原因，以及生产的相关性和连续性的不断加深而要求的生产力合理布局，都会形成若干产业地区，如我国的山西煤炭、江浙丝绸等。这就决定了生产者市场比消费者市场更为集中。企业按用户的地理位置来细分市场，选择用户较为集中的地区作为自己的目标市场，不仅联系方便，信息反馈快，还可以更有效地规划运输路线，节省运力与运费，降低营销成本。

市场细分是一项复杂的工作。细分市场并不需要采用所有的标准，应结合实际，针对企业和消费者需要，用动态的观点来选择某些变量作为细分的标准，标准不能太多，也不能一成不变，注意创新，并根据分析的结果确定企业的目标市场。

2. 市场细分的原则

市场细分的标准和方法有很多，但并非所有的都有效。为保证细分后的市场能成为企业制定有效的营销策略的基础，企业在进行市场细分时，必须把握以下原则，以保证细分市场的有效性。

（1）差异性原则。差异性原则是指各细分市场的消费者对同一市场营销组合方案会有差异性反应，或者说对营销组合方案的变动，不同细分市场会有不同的反应。如果不同细分市场顾客对产品需求差异不大，那么，企业也就不必费力对市场进行细分。因此，企业进行市场细分时，要根据消费者反应的差异性进行有效的划分，并对不同的细分市场制订与其相适应的营销方案。以电视市场的划分为例，电视观众的差异性主要体现在个人的背景、受教育程度、个性心理等诸多方面，除此以外，还受生理因素（如年龄大小等）的影响，幼、青、中、老不同年龄阶段的人，其兴趣爱好是各不相同的，男女性别不同、血型不同也会不同程度地影响到其欣赏品位。认识到电视观众的这种差异性，现在已经有越来越多的媒体开始根据观众群体的差异性来细分其节目。例如，湖南卫视为适应多元要求的观众群体，打破了原湖南有线台、湖南电视台的建制，相继推出卫星频道、经济频道、都市频道、生活频道、文体频道、影视频道、信息频道等，并进一步细分出娱乐频道、政法频道、女性频道、CHANNEL SEVEN 等一系列专业化频道。而国外传媒则分得更细，如美国现有 99 个电视频道，但综合台只有六个，其余都是专业频道，细分程度到电影台中有科幻电影频道，音乐台中有古典音乐频道，甚至还有孕妇频道和婴儿频道。比起以往所有节目都多而杂乱地安排在一个频道内，现在根据观众的差异性进行有效细分后的电视市场更能吸引观众，而对于媒体来说，传播信息也就更为便捷、有效。差异性原则在市场细分中的重要性由此可见一斑。

（2）可接受性原则。可接受性原则是指细分市场以后，其中一个或多个子市场是企业能够占领并可从中获利的市场，即在该子市场，企业能够通过有效的营销活动获得竞争优势，并能获取较高的经济效益。否则，细分市场也就失去了意义。譬如，国外的名牌轿车是以生活水平比较高的城市为细分市场的，而不是将生产力水平落后的农村作为细分市场；再如，生产冰激凌的企业，如果将我国西部农村作为一个细分市场，那么恐怕在很长时间内它都难以有效进入。

（3）可衡量性原则。可衡量性原则是指细分的市场必须是可以识别和衡量的，即细分出来的市场的特性应该有较为明显的区别，同时体现这些特性的确切资料应该易于取得。但是，要做到这一点并不容易。有些细分变量，如买车，有的人优先考虑性能，而有的人更偏向考虑价格，在细分市场中如何界定这两种人的范围就很难具体衡量。因此，单单以此细分市场并不一定有效，应该借助更多资料来进行精确的分析。

（4）有效性原则。有效性原则又称规模和范围适当原则，即细分出来的市场，其规模和范围要能使企业从中得利。如果细分出来的市场规模太小，远低于企业发展潜力所能达到的范围，该细分就对企业无效；但如果细分的市场规模太大，是企业能力所不能及的，则会因企业的资源和能力有限而不足以满足过大市场的顾客需求，如勉强为之，其结果很可能是得不偿失，直至最终失去市场。因此，只有规模和范围适当的市场细分才是有效的市场细分。

三、有效市场细分的条件

市场细分必须遵循一定的原则，或者必须满足一定的条件，只有这样市场细分才可能是有效的。通俗地说，就是市场营销活动中细分是富有意义的，细分和不细分效果是明显不同的，细分要比不细分效果更好，细分能为企业带来较为长远的效益。具体来说，这些条件可以概括为以下几个方面：

1. 可衡量性

这是指在选择细分市场的标准时，一定要选择那些容易识别和衡量，而且资料容易获得的因素作为细分标准进行市场细分。因为只有这样，细分出来的各子市场不仅界限清楚，而且能大致判定市场规模的大小。比如，根据地理因素、消费者的年龄和经济状况等因素进行市场细分时，这些消费者的特征就很容易衡量，这些资料的获得也比较容易；而以消费者心理因素和行为因素进行市场细分时，其特征就很难衡量，细分市场将会因无法界定和度量而难以描述。

2．殷实性

衡量市场细分是否有效的另一个标准是看市场细分以后的各子市场是否有足够的需求规模。也就是说，细分出来的各子市场必须大到足以使企业实现它的利润目标，这取决于这个市场的现实与潜在消费者的数量。一个细分市场应是适合设计一套独立营销计划的最小单位，因此，市场细分并不是分得越细越好，而应该科学归类，促持足够容量，使企业有利可图。

实例 6-4

云南白药集团推出以“防治牙龈出血”为主要诉求点的云南白药牙膏上市。

云南白药牙膏上市初，走的就是高端路线，市场零售价基本上统一 19.8 元/支。也就是说，它的目标受众基本上就锁定在两个人群：①有牙龈出血症状的高端收入人群；②收入不一定有多高，但至少是牙龈出血的重度患者。第二类人群对价格比较敏感，他们通常只会在其他牙膏及药物不怎么显效的情况下，才可能转身投向云南白药牙膏进行尝试。云南白药牙膏到底是选择高收入人群，还是牙龈出血的重度患者为自己的核心目标消费群呢？这个亟待解决的问题，将直接关系到云南白药牙膏品牌打造及其宣传、促销等一系列营销活动的方向性、针对性、实效性。换而言之，这个问题直接关系到云南白药牙膏到底是卖牙膏，还是卖药。

资料来源：网易财经，2011 年 6 月.

3．可进入性

这是指企业具有进入这些细分市场的资源条件和竞争力，企业能有效地集中营销能力，进入目标市场，开展营销活动，有效提供服务。例如，细分的结果发现已有很多竞争者，自己无力与之抗衡，无机可乘；或者虽然有大量营销机会，企业却因自身实力无能为力；或者受法律限制根本无法进入等，就说明这种细分是没有意义的。考虑细分市场的可进入性，实际上就是考虑企业市场细分的可行性，对于不能进入或难以进入的市场细分显然是没有意义的。

4. 反应行为的差异性

这是指细分出来的各子市场，对企业相同的营销组合策略会作出不同的反应。如果市场细分后，几个细分市场对相同的营销组合策略作出相似的反应，就不需要为每一个子市场制定一个单独的营销组合策略了，细分市场也就失去了意义。

实例 6–5

消费者对沐浴露的需求存在着一定的季节性，譬如夏季需要凉爽，冬季需要温暖。1996 年六神清凉沐浴露系列上市，一改力士、舒肤佳等外资建立的按功能细分市场的游戏规则，创立了由六神主张的按季节细分策略。新的理念再加上消费者对六神品牌的认可，四年后六神跃居全年沐浴类产品市场第一。近年来，六神仍然保持了夏季市场第一、全年前三的业绩。

资料来源：达瓦．市场营销案例．上海：格致出版社，2008.

5. 稳定性

这是指细分市场必须在一定时期内保持相对稳定，以便企业制定长期的营销策略，有效地开拓并占领该目标市场，获得预期收益。若细分市场变化过快，则企业的经营风险也随之增加，企业还没有来得及实施营销方案，目标市场已经面目全非，这样的细分也是没有意义的。

需要特别注意的是，市场细分并非分得越细越好。因为，如果市场细分过细：①增加了细分变数，增加细分的复杂性，给细分带来困难；②影响企业营销活动的规模效益，③增大营销费用和成本。这时就应实施“反细分化”战略。它并不是反对市场细分，而是要减少细分市场的数目，即略去某些不必要的或效益太低的细分市场，或者把几个细分市场聚合在一起。是否推行“反细分化”策略，要看能否有利于扩大产品的适销范围，降低营销成本，增加销售，提高经济效益。

第三节 选择目标市场

一、目标市场的含义

目标市场是在市场细分并对其评估的基础上，决定要进入的市场，即企业决定所要销售产品和提供服务的目标客户群。目标市场的选择是市场细分的直接目的。一旦确定了目标市场，企业就要集中资源，围绕目标市场发挥其相对优势，来获得更佳的经济效益。因此，目标市场是企业制定市场营销战略的基础，是企业经营活动的基本出发点之一，对企业的生存与发展具有重要意义。

二、评估市场细分

进行市场细分以后，并不是每一个细分市场都值得进入，企业必须对其进行评估。企业选择目标市场，应注意考虑以下三个问题：

1．细分市场的潜量

细分市场的潜量是在一定时期内，在消费者愿意支付的价格水平下，经过相应的市场营销努力，产品在该细分市场可能达到的销售规模。

对细分市场潜量分析的评估十分重要。如果市场狭小，没有发掘潜力，企业进入后没有发展前途。当然，这一潜量不仅指现实的消费需求，还包括潜在需要。从长远利益来看，消费者的潜在需求对企业更具吸引力。细分市场只有存在着尚未满足的需求，才需要企业提供产品，企业也才能有利可图。

2．细分市场的竞争状况

企业要进入某个细分市场，必须考虑能否通过产品开发等营销组合，在市场上站稳脚跟或居于优势地位。所以，企业应尽量选择那些竞争较少，竞争者实力较弱的细分市场为自己的目标市场。那些竞争十分激烈、竞争对手实力十分雄厚的市场，企业一旦进入后就要付出昂贵的代价。当然，对于竞争者已经完全控制的市场，如果企业有条件超过竞争对手，也可设法挤进这一市场。

3．细分市场具有的特征是否与企业优势相吻合

企业所选择的目标市场应该是企业力所能及的并能充分发挥自身优势的市场。企业能力表现在技术水平、资金实力、经营规模、地理位置和管理能力等方面。所谓优势是指上述各方面能力较竞争者略胜一筹。如果企业进入的是自身不能发挥优势的细分市场，那就无法在市场上站稳脚跟。

三、选择目标市场营销战略

市场细分的目的在于有效地选择并进入合适的目标市场。目标市场就是企业决定要进入的那部分市场，即企业决定为之服务的那个顾客群。通过对细分市场的评估，可能会发现有不止一个的细分市场似乎符合企业的要求。那么，企业应该进入哪些市场呢？在确定企业的目标市场涵盖战略时，根据各细分市场的独特性和企业自身的目标，通常可以有三种策略供选择：

1．无差异性目标市场营销战略

无差异性目标市场营销战略是指企业将整个市场作为企业的目标市场，推出一种产品，实施一种营销组合策略，以满足整个市场尽可能多的消费者的某

种共同需求。采用该战略的企业，主要着眼于顾客需求的共性或同质性，忽略顾客需求的差异性，对市场不进行细分，只求满足大多数顾客的共性需求。

无差异性目标市场营销战略的最大优点在于成本低、经济性好。首先，不对市场进行细分，可以节省营销调研、市场分析等方面的成本；其次，单一的产品，可以取得最大规模生产带来的成本方面的优势，也可以节省产品设计及研发费用；再次，统一的营销组合，可以大大节省渠道、促销等方面的费用。

虽然无差异性目标市场营销战略具有显著的优点，但真正能成功实施的企业并不多见，其缺点也是显而易见的。首先，忽视了市场需求的差异性，难以满足顾客的个性化需求；其次，容易导致竞争激烈和市场饱和，企业难以保持规模经济效益。所以这种战略只适用于少数大家有共同需要，差异不大的商品。

2．差异性目标市场营销战略

差异性目标市场营销战略是企业在市场细分的基础上，选择多个细分市场作为企业的目标市场，并针对各个细分市场的不同特点，分别设计不同的产品，运用不同的营销组合策略，以满足多个细分市场消费者的不同需求。采用该种战略的企业，主要着眼于消费者需求的差异性，体现了以消费者需求为中心的现代营销观念。

和无差异性目标市场营销战略相比，差异性目标市场营销战略的优点在于：①可以更好地满足消费者的多样化需要，提高整体销售量；②由于企业在多个细分市场上开展营销活动，一定程度上可以降低投资风险和经营风险。实行差异性目标市场营销战略的缺点在于：①企业生产多种产品，采用多种营销组合，增加了生产成本和营销成本；②企业的资源分散在多个领域，导致企业不能集中使用资源，甚至企业内部出现彼此争夺资源的现象，容易失去竞争优势。差异性目标市场营销适用于异质市场及实力强的企业。

3．集中性目标市场营销战略

集中性目标市场营销战略又称密集性目标市场营销战略，是选择一个或少数几个细分市场或一个细分市场的一部分作为目标市场，集中企业全部资源为其服务，实行专门化生产和营销。与前两种战略不同，集中性目标市场营销战略既不是以整个市场，也不是以多个细分市场作为目标市场，而是选择一个或少数几个细分市场，通过专业化生产和营销更好地满足这部分消费者的需求。也就是说，采取集中性目标市场营销策略的企业不求四处出击，而求重点突破；追求的不是在较大市场上占有较小的市场份额，而是在较小的市场上占有较大的市场份额。

集中性目标市场营销战略的优点在于：①营销目标集中，便于企业深入了解市场需求变化，能充分发挥企业优势；②营销组合策略的针对性强，可以节约生产成本和营销费用；③生产的专业化程度高；④能满足个别细分市场的特殊需求，有利于企业产品在该细分市场取得优势地位，提高企业的市场占有率和知名度。集中性目标市场营销战略的缺点在于：①目标市场过于狭小，市场发展潜力不大，企业的长远发展可能会受到限制；②企业目标市场过于集中与狭小，产品过于专业化，一旦市场发生变化（如强大的竞争对手介入、购买力下降或兴趣转移、替代品出现等），会给企业带来极大的威胁。集中性目标市场营销战略适用于：①生产周期短、需求量波动大的产品；②资源有限、实力不强的中小企业。

四、企业选择目标市场营销战略应考虑的因素

以上三种目标市场营销策略各有利弊，很难说哪一种更好，关键看企业适合哪一种。企业应该根据具体情况，综合分析企业的资源条件、产品的特点、市场的类似性、竞争者的数目以及产品所处的生命周期阶段等来作出抉择。

1．企业的资源条件

如果企业实力雄厚、资源充足，可以考虑采用无差异性目标市场营销策略，而对于实力较弱的中小企业，则不宜把整个市场作为自己的经营范围，而宜采用密集性目标市场营销策略。

2．产品的特点

对具有类似性，或者消费者对其差异性不予重视或难以区分的产品，较适用于无差异性目标市场营销策略，如糖、醋、大米等；而对电视机、冰箱等，顾客对它们的外观和功能有明显不同的要求，因而要采用差异性目标市场营销策略。

3．市场的类似性

如果商品的消费者共性很强，可采用无差异性目标市场营销策略；反之，则宜采用差异性目标市场营销策略或密集性目标市场营销策略。

4．竞争者的数目

当市场上同类产品的竞争者较少，竞争不激烈时，可采用无差异性目标市场营销策略。当竞争者多，竞争激烈时，可采用差异性目标市场营销策略或密集性目标市场营销策略。

5．产品所处的生命周期阶段

处在进入期和成长期的新产品，市场营销重点是吸引和巩固消费者的偏好，最好实行无差异性目标市场营销策略或针对某一特定子市场实行密集性目标市场营销策略；当产品进入成熟期时，市场竞争激烈，消费者需求又日益多

样化，这时可改用差异性目标市场营销策略，以更好地满足顾客的需求，延长产品的生命周期。

6. 其他需要考虑的因素

在评估和选择目标市场时，还需要考虑以下三个因素：

（1）细分市场之间的相互关系。企业在选择一个以上的细分市场作为自己的目标市场时，需要注意被选中的几个细分市场在成本、技术、销售渠道等方面的相互联系。如果几个细分市场之间相关性较强，企业的某些固定成本会因为产品品种或数量的增多而得到分摊和降低。因此，对细分市场的评估和选择，不应该逐个孤立地进行，而应加强关注，从细分市场之间的关系上去综合考察评估。我们通常把由单个细分市场联合归并组成的目标细分市场称为超级细分市场。企业如果能够选择一个超级细分市场，而不是选择一个单独的细分市场作为自己的目标市场，就能有效地降低成本，从而在竞争中获取更多的优势。

（2）目标市场选择的道德约束问题。目标市场的选择不能只考虑其盈利性，切不可忽略了企业的职业道德和社会责任。市场经济不应该仅仅是商品经济，同时也应该是道德经济。有个别企业故意选取缺乏鉴别能力、易受诱惑性宣传的儿童，或低收入者等处于劣势地位的顾客作为目标市场，向他们推销有潜在危害性的商品以获取不正当利益。像这种见利忘义的行为无疑是必须被制止并受到全社会谴责的。营销人员应该有社会责任感，也只有这样，才可能获取长久的商业利益。

（3）逐个有序地进入选定的细分市场。当某个企业在选定了某几个细分市场或者某个超级细分市场作为自己的目标市场时，明智的做法应该是按照市场营销战略的总体目标，逐个有序地进入细分市场。通常一次只进入一个细分市场，并将后续进入的时间和顺序予以保密。

这样做对企业有两个好处：①不让竞争者知道本企业下一步将要进入哪个细分市场，以避免或减少竞争；②可以减少风险，走一步看一步，可使企业根据最新情况不断调整策略和步骤，以保证企业的稳步发展。

第四节　市 场 定 位

一、市场定位的含义和作用

企业在经过市场细分、确定目标市场之后，如何进入并占领已确定的目标市场就成为至关重要的问题，这就是产品在目标市场上的定位问题。

市场定位是指企业根据市场竞争状况和自身状况，建立和发展差异化竞争优势，以使自己的产品在顾客心目中形成区别并优越于竞争者产品的独特形象。市场定位的实质是把本企业与其他企业严格区分开来，使顾客明显感觉和认识到这种差别，从而使企业及其产品在顾客心目中占有特殊的地位。

市场定位与产品差异化密切相关。在营销过程中，市场定位是通过为自己的产品创立鲜明个性，从而塑造出独特的市场形象来实现的。产品形象是多个因素的综合反映，其中包括性能、质量、包装等。市场定位就是要强化或放大某些产品因素，从而形成与众不同的独特形象。因此，产品差异化是现实市场定位的重要手段。但是，产品差异化并不是市场定位的全部内容。市场定位不仅强调产品差异，而且要通过产品差异建立独特的市场形象，通过一系列营销活动把产品的个性或形象强有力地传达给顾客，从而确定该产品在市场上的位置，并赢得顾客的认同。

企业要想赢得竞争，就要根据不同消费群体的特征选取相应的营销策略，使该产品在消费者心目中处于首选的重要地位。像美国宝洁公司开发的系列洗发水，每种品牌都有不同功能和目标消费群体定位，在每一个品牌下，再次进行亚功能和进一步目标消费群的细分，使宝洁公司在竞争激烈的洗发水市场上傲视群雄，长久不衰，占领了洗发水市场的半壁江山。

二、市场定位的步骤

市场定位的关键是企业要设法在自己的产品上找出比竞争者更具竞争优势的特性，这就要求企业采取一切办法在产品特色上下工夫。企业的市场定位可以通过确认本企业的竞争优势，准确地选择相对竞争优势和选择独特的竞争优势三个基本步骤来进行。

1. 确认本企业的竞争优势

这一步骤的主要任务是要回答以下三个问题：①竞争对手的定位如何？②目标市场上足够数量的顾客欲望满足程度如何，以及确实还需要什么？③针对竞争者的市场定位和潜在顾客真正需要的利益，要求企业应该和能够做什么？要回答这三个问题，企业市场营销人员必须通过一切调研手段，系统地收集、分析并报告有关上述问题的资料和研究结果。通过回答上述三个问题，企业就可以从中把握和确定自己的潜在竞争优势在何处。

2. 准确地选择相对竞争优势

相对竞争优势表明企业能够胜过竞争者的能力。这种能力既可以是现有的，也可以是潜在的，准确地选择相对竞争优势就是将一个企业各方面实力与竞争者的实力相比较的过程。比较的指标应是一个完整的体系，只有这样，企业才能准确地选择相对竞争优势。通常的方法是分析、比较企业参与竞争在下列七个方面哪些是强项，哪些是弱项：经营管理方面、技术开发方面、采购方面、生产方面、市场营销方面、财务方面和产品方面。

3．选择独特的竞争优势

这一步骤的主要任务是企业通过一系列的宣传促销活动，将其独特的竞争优势准确传播给潜在顾客，并在顾客心目中留下深刻印象。为此，企业首先应使目标顾客了解、知道、熟悉、认同、喜欢和偏爱本企业的市场定位，在顾客心目中建立与该定位相一致的形象。其次，企业应通过强化目标顾客形象、保持目标顾客的了解、稳定目标顾客的态度和加深目标顾客的感情来巩固与市场相一致的企业形象。最后，企业应注意目标顾客对其市场定位理解出现的偏差，或由于企业市场定位宣传上的失误而造成的目标顾客模糊、混乱和误会，及时纠正为与市场定位相一致的形象。

三、市场定位的方法

各个企业生产的产品不同，面对的顾客不同，所处的竞争环境也不同，因而市场定位所依据的原则和方法也不同。总的来讲，市场定位的方法有以下四种：

1．根据具体的产品特点定位

构成产品内在特色的许多因素都可以作为市场定位所依据的原则，如所含成分、材料、质量、价格等。七喜汽水的定位是“非可乐”，强调它是不含咖啡因的饮料，与可乐类饮料不同。泰宁诺止痛药的定位是“非阿司匹林的止痛药”，显示药物成分与以往的止痛药有本质的差异。

2．根据特定的使用场合及用途定位

与老产品找到一种新用途是为该产品创造新的市场定位的好方法。比如，脑白金本是一种保健药品，可是企业定位为礼品取得了好的销售效果。

3．根据顾客得到的利益定位

产品提供给顾客的利益是顾客最能切实体验到的，也可以用做定位的依据。1975 年，美国米勒（Miller）公司推出了一种低热量的 Lite 牌啤酒，将其定位为喝了不会发胖的啤酒，迎合了那些经营饮用啤酒而又担心发胖的人的需要。世界上各大汽车巨头的定位也各有特色，劳斯莱斯——豪华气派，丰田——物美价廉，沃尔沃——结实耐用。

4．根据使用者类型定位

企业常常试图将其产品指向某一类特定的使用者，以便根据这些顾客的看法塑造恰当的形象。美国米勒啤酒公司曾将其原来唯一的品牌高生啤酒定位于“啤酒中的香槟”，吸引了许多不常饮用啤酒的高收入女性消费者。后来发现，

30%的狂饮者大约消费了啤酒销售量的80%，于是，该公司在广告中展示了石油工人钻井成功后狂欢的镜头，还有年轻人在沙滩上冲刺后开怀畅饮的镜头，塑造了一个“精力充沛的形象”。在广告中提出“有空就喝米勒”，从而成功占领啤酒狂饮者市场达10年之久。

事实上，许多企业进行市场定位的依据往往不止一个，而是多个依据同时使用。因为要体现企业及其产品的形象，市场定位必须是多维度的、多侧面的。

四、市场定位的战略

1．针锋相对式定位

针锋相对式定位又称吸附式定位，是指把企业产品定位在与竞争者相似的位置上，与竞争者在同一市场内进行争夺。实行这种定位战略的企业，必须具备以下条件：①具有更好的产品和足够的实力与对手竞争；②该市场未饱和，市场容量足够吸纳两个竞争者的产品。

针锋相对式定位是一种挑战性非常强的定位尝试，一旦成功往往会取得巨大的市场优势。在西方发达国家，这类事件屡见不鲜。例如，百事可乐与可口可乐之间持续不断的斗争；麦当劳与肯德基之间的竞争等。企业实行针锋相对式定位，必须知己知彼，尤其应清醒地估计自己的实力，不一定非要压垮对方，只要能平分秋色，对于企业来讲，也应该算是巨大的成功。

2．填空补缺式定位

填空补缺式定位是一种发现和开拓潜在市场的定位战略。这种定位建立在对顾客潜在需求的正确分析基础上，避免了与竞争对手的直接交锋。如果分析得正确，企业不需要花很大的努力，就能取得营销成功。例如，皮尔·卡丹进入中国内地市场初期，填补了男士高档休闲服装的空位，受到了成功男士和白领先生们的青睐。

3．另辟蹊径式定位

当企业意识到自己的实力难以与实力雄厚的大企业相匹敌时，则可避其锋芒、另辟蹊径、扬长避短，根据自己所有的某一局部的相对优势压缩战线、整合资源，另寻突破口。在新的方向中求得自己的生存空间。

4．改头换面式定位

这种定位方式也叫重新定位战略，是指企业最初选择的定位战略不科学、不合理、营销效果不明显，继续实施下去很难成功获得强势市场地位时，经过系统分析后，及时采取的更换包装、改变广告诉求策略等一系列重新定位方法的总称。例如，万宝路刚进入市场时，是以女性作为目标消费者的，但销售业绩始终平平。

后来。广告大师李奥·贝纳将其重新定位为男子汉香烟，并为万宝路树立了自由、野性与冒险的形象，最终脱颖而出成为了香烟市场的领导品牌。

实例 6–6

力士品牌的成功定位

力士是享有盛誉的国际知名品牌。自 1924 年第一块力士美容香皂在英国诞生，80 多年来，它在世界上 80 多个国家采用统一策略进行广告宣传，并始终注重维护其产品定位的一致性和连续性，从而确立了它国际知名品牌的形象。力士香皂的定位不是清洁、杀菌，而是美容。相对于清洁和杀菌，美容是更高层次的需求和心理满足，这一定位巧妙地抓住了人们的爱美之心。那么如何来表现这一定位并与消费者进行沟通呢？力士打出的是明星牌。通过国际影星的广告推荐，力士很快就获得全球认同。用影星来说“美容”，充分把握了人们崇拜偶像以及希望自己像心中偶像那样被人喜爱的微妙心理。80 多年来，力士始终坚持与无数世界著名影星签约，保持了定位的连续性和稳定性。它的定位与表现方式相得益彰，从而成功地树立了“力士”的国际品牌形象。

资料来源：刘婷婷. 市场营销学[M]. 上海：上海财经大学出版社，2007.

本 章 小 结

任何一个管理规范化的现代化企业，在经营管理体制上都必须处理好企业战略计划管理和市场营销管理之间的关系，用以市场导向为中心的战略计划引导并驱动企业进入一个有发展前途的朝阳业务领域。如何实现企业的战略目标，并使企业真正步入一个良好的业务前景，有赖于科学的市场营销战略管理过程。本章讨论的主要是企业如何计划、实施市场营销战略管理过程，包括以下几个方面：市场细分战略、目标市场选择战略、市场定位战略。通过本章学习，可以了解到市场细分、市场选择、市场定位等目标市场战略各步骤的含义及其联系，掌握市场细分的作用和依据，应用市场细分原理和市场定位方法，分析企业目标市场营销中存在的各种问题。

知识练习与思考

一、重要概念

市场细分　目标市场　市场定位　无差异性目标市场营销策略
差异性目标市场营销策略　集中性目标市场营销策略

二、单项选择题

1. 在普通食盐市场上，消费者所表现的需求、欲望、购买行为以及对企业营销策略的反应都相似，这类产品的市场被称为（ ）。

A. 同质性市场　　B. 异质性市场
C. 消费者市场　　D. 目标市场

2. 消费者市场的四个主要细分变量是（ ）。

A. 行为、利益、人口、心理
B. 行为、心理、人口、地理
C. 时机、态度、人口、利益
D. 气候、收入、态度、个性

3. 市场细分是对（ ）进行划分。

A. 产品　　B. 消费者
C. 地区　　D. 供应者

4. 目标市场是指企业所选定的（ ）。

A. 销售地区　　B. 消费者群体
C. 销售渠道　　D. 销售产品

5. 资源能力有限的中小企业适于选择（ ）。

A. 无差异性目标市场营销战略
B. 差异性目标市场营销战略
C. 集中性目标市场营销战略
D. 以上均不合适

6. 最适于实力不强的小企业采用的目标市场策略是（ ）。

A. 选择性目标市场营销策略
B. 无差异性目标市场营销策略
C. 集中性目标市场营销策略
D. 产品开发策略

7. 对于同质产品或需求上共性较大的产品，宜实行（ ）。

A. 无差异性市场策略　　B. 差异性市场策略
C. 集中性市场策略　　D. 产品多样化市场策略

8. 在春节、中秋节、情人节等节日即将来临的时候，许多商家都大做广告。以促销自己的产品。他们对市场进行细分的方法是（ ）。

A. 地理细分　　B. 人口细分
C. 心理细分　　D. 行为细分

9. 细分消费者市场可依据四大类因素为标准，下列哪个不是人口和社会

经济状况因素？（　　）

A. 年龄　　B. 职业

C. 生活态度　　D. 家庭生命周期

三、多项选择题

1. 有效市场细分的基本要求有（　　）。

A. 可衡量性　　B. 价值性

C. 可达到性　　D. 差异性

2. 企业在市场定位过程中，（　　）。

A. 要了解竞争产品的市场定位

B. 要研究目标顾客对该产品各种属性的重视程度

C. 要选择本企业产品的特色和独特形象

D. 要避开竞争者的市场定位

E. 要充分强调本企业产品的质量优势

3. 差异性目标市场营销战略的主要缺点是（　　）。

A. 成本较高　　B. 风险较大

C. 针对性较弱　　D. 资源浪费

4. 按照对某种产品的“使用率”可将消费者划分为（　　）。

A. 不使用者　　B. 潜在使用者

C. 初次使用者　　D. 经常使用者

E. 潜在使用者

5. 地理细分变数有（　　）。

A. 地形　　B. 气候

C. 城乡　　D. 交通运输

6. 人口细分的变量有（　　）。

A. 年龄　　B. 性别

C. 个性　　D. 收入

E. 生活方式

7. 目标市场营销的全过程包括的步骤主要有（　　）。

A. 市场调查　　B. 市场细分

C. 目标市场选择　　D. 市场定位

E. 市场预测

四、判断题

1. 市场细分实际上是对产品进行分类。（　　）

2. 依据消费者对商品的同质需求和异质需求，可以把市场分为同质市场和异质市场。　　（　　）

3. 消费者需求和购买行为的差异性和同类性，是市场细分的主要依据。　　（　　）

4. 市场细分是选择目标市场的目的和归宿。　　（　　）

5. 一个理想的目标市场必须有足够的市场需求。　　（　　）

6. 在同类产品市场上，同一细分市场的顾客需求具有较多的共同性。　　（　　）

7. 无差异市场营销策略的优点之一是生产的成本较低。　　（　　）

8. 容量大、潜量大、竞争对手弱，盈利水平高的细分市场，最适合作为企业的目标市场。　　（　　）

9. 企业在选择市场定位策略时，必须考虑企业自身资源、竞争对手的可能反应、市场的需求特征等因素。　　（　　）

10. 许多资源有限的小企业都乐于采取差异性市场营销。　　（　　）

五、简答题

1. 举例说明市场细分的作用。

2. 细分消费者市场主要依据哪些变量？

3. 影响目标市场选择的因素有哪些？

4. 企业应怎样进行市场定位？

六、案例分析

在中国，如果谁提到“今年过节不收礼”，随便一个人都能顺口说“收礼只收脑白金”。脑白金已经成为中国礼品市场的第一代表。作为单一品种的保健品，脑白金以极短的时间迅速启动市场，并登上中国保健品行业“盟主”的宝座，引领我国保健品行业长达五年之久。

问题：脑白金是怎样成功定位的？

实 训 操 作

实训目的：

（1）训练学生如何选择目标市场。

（2）训练学生如何实施市场定位策略。

（设定自己是某产品的市场营销经理，针对你所经营的产品，分析研究“谁是你的客户”，找准你的目标市场，实施市场定位策略。）

实训组织：以实地调查为主配合在图书馆、互联网查找资料相结合得出相关资料，集体讨论、分析，最终以报告形式得出结果。

实训要求：在市场调研与分析的基础上，确定并描绘你的客户。

（1）描述你的当前客户：年龄段、性别、收入、文化水平、职业、家庭大小、民族、社会阶层、生活方式。

（2）他们来自何处？（本地、国内、国外）

（3）他们买什么？（产品、服务、附加利益）

（4）他们每隔多长时间购买一次？（每天、每周、每月、随时、其他）

（5）他们买多少？（按数量、按金额）

（6）他们怎样买？（赊购、现金、签合同）

（7）他们怎样了解你的企业？（网络、广告、报纸、广播、电视、口头、其他）

（8）他们对你的公司、产品、服务怎么看？（客户的感受）

（9）他们想要你提供什么？（他们期待你能够或应该提供的好处是什么？）

（10）你的市场有多大？（地区、人口、潜在客户）

（11）在各个市场上，你的市场份额是多少？

（12）你想让市场对你的公司产生怎样的感受？

根据以上资料，确定这一产品的市场定位，并拟订市场定位建议书。

第七章 产品策略

营销格言

产品应该由谁协助设计？从根本上说，当然是顾客。

——现代营销学之父　菲利普·科特勒

知识目标

1. 掌握产品的整体概念，了解产品组合与产品生命周期的特性。
2. 对品牌有全面的认识，了解品牌策略与包装策略的特点。

技能目标

1. 树立科学的产品营销观念，提高对产品全方位的营销素质。
2. 提高认识能力、观察能力和思考能力。

引导案例

有所为，有所不为的奥普产品策略

澳大利亚奥普卫浴电器（杭州）有限公司是专业从事卫浴电器研发、生产和营销的国际化现代企业。其代表产品——奥普浴霸（浴室取暖设备）在中国地区的年销售额超过 2 亿元。目前它在中国内地市场已拥有近 300 万用户。

有些人认为：企业应该从市场的多方面需求考虑，产品发展种类要多而广。而奥普把产品仅仅定位于卫浴电器，其市场发展空间有限，对产品的推广和品牌的发展不利。

奥普公司则认为：作为一个企业，必须集中所有优势，在一个专业的领域上开发经营，这样才能把工作做得系统，做得细致。那种什么钱都想赚、产品开发求大、求全的做法是不科学的，是不利于企业长期稳定发展的。这也正是中国许多企业“短命”的原因。在奥普的战略报告中可以看到这样的描述："奥普的战略目标是集中优势资源努力建造一个品质卓越、品味高尚、品牌国际化的卫浴电器品牌。"

从表面上看，奥普产品仅仅局限于卫浴电器，其产品开发涉及领域相对较小，但是奥普却在浴室这个小空间里，做出了大文章。奥普公司认为在卫生间这个空间里，人是最自然、最需要体会生活品位的，由此而产生的需求也是多种多样的。只要有需求就有市场，只要产品定位准确就有市场空间。另外，奥普在安全性方面的专业技术优势也是它定位于卫浴电器的主要原因。浴室让人联想到的是潮湿，而在潮湿的环境中使用电器就容易给人一种不安全感。所以安全成为浴用电器的重要保障。而奥普在技术上的专业优势恰恰在于制造安全的卫浴电器产品。

分析说明

正是奥普公司对消费需求研究的专注和资源投入的专一，有所为有所不为的产品策略，为奥普浴霸从行业开拓者到保持行业领先打下了扎实的基础。

第一节 产品整体概念及产品组合

一、产品整体概念

企业的一切生产经营活动都是围绕着产品进行的，即通过及时、有效地提供消费者所需要的产品而实现企业的发展目标。企业生产什么产品？为谁生产产品？生产多少产品？这一似乎是经济学命题的问题，其实是企业产品策略必须回答的问题。企业如何开发满足消费者需求的产品，并将产品迅速、有效地传送到消费者手中，构成了企业营销活动的主体。

菲利普·科特勒曾对产品作出如下定义："以现代观念对产品进行界定，产品是指为留意、获取、使用或消费以满足某种欲望和需要而提供给市场的一切东西"。

企业时时刻刻都在开发、生产、销售产品，消费者时时刻刻都在使用、消费和享受产品。随着科学技术的快速发展，社会的不断进步，消费者需求特征的日趋个性化，市场竞争程度的加深，竞争范围的扩大，导致了产品的内涵和外延也在不断扩大。

产品的外延也从其核心产品（基本功能）向一般产品（产品的基本形式）、期望产品（期望的产品属性和条件）、附加产品（附加利益和服务）和潜在产品（产品的未来发展）拓展，即从核心产品发展到产品五层次，如图 7-1

所示。

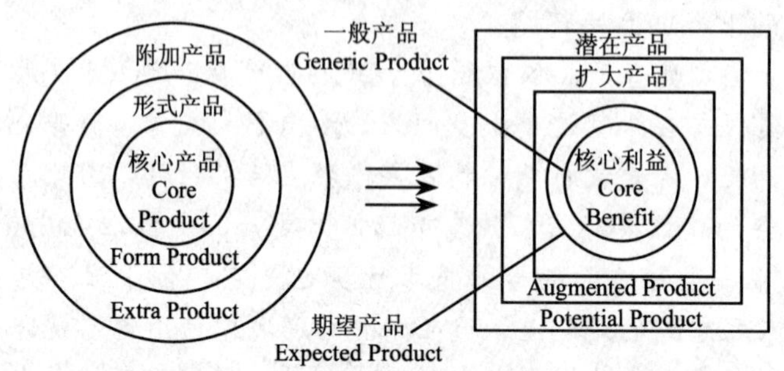

图 7-1　产品五层次图

（1）核心产品。产品最基本的层次是核心产品，即向消费者提供的产品基本效用和利益，也是消费者真正要购买的利益和服务。消费者购买某种产品并非是为了拥有该产品实体，而是为了获得能满足自身某种需要的效用和利益。例如，洗衣机的核心利益体现在它能让消费者方便、省力、省时地清洗衣物。

（2）形式产品。产品核心功能需依附一定的实体来实现，产品实体称为一般产品，即产品的基本形式，主要包括产品的包装、商标、品质、式样、特色等。

（3）期望产品。期望产品是消费者购买产品时期望的一整套属性和条件。例如，对于购买洗衣机的人来说，期望该机器能省事、省力地清洗衣物，同时不损坏衣物，洗衣时噪声小，方便进排水，外形美观，使用安全可靠等。

（4）附加产品。附加产品是产品的第四个层次，即产品包含的附加服务和利益，主要包括运送、安装、调试、维修、产品保证、零配件供应、技术人员培训等。附加产品来源于对消费者需求的综合性和多层次性的深入研究，要求营销人员必须正视消费者的整体消费体系，但同时必须注意因附加产品的增加而增加的成本，消费者是否愿意承担的问题。

（5）潜在产品。产品的第五个层次是潜在产品，潜在产品预示着该产品最终可能的所有增加和改变。

现代企业产品外延的不断拓展缘于消费者需求的复杂化和竞争的白热化。在产品的核心功能趋同的情况下，谁能更快、更多、更好地满足消费者的复杂利益整合的需要，谁就能拥有消费者，占有市场，取得竞争优势。不断地拓展产品的外延部分已成为现代企业产品竞争的焦点，消费者对产品的期望价值越来越多地包含了其所能提供的服务、企业人员的素质，以及企业整体形象的综合价值。

目前，发达国家企业的产品竞争多集中在附加产品层次，而发展中国家企业的产品竞争则主要集中在期望产品层次。若产品在核心利益上相同，但附加产品所提供的服务不同，则可能被消费者看成是两种不同的产品，因此也会造成两种截然不同的销售状况。美国著名管理学家李维特曾说过："新的竞争不在于工厂里制造出来的产品，而在于工厂外能够给产品加上包装、服务、广告、咨询、融资、送货或顾客认为有价值的其他东西。"

二、产品分类

产品的范围极其广泛，不同类型的产品都有与之相适应的市场营销组合策略。传统的产品分类是以产品特征为基础，体现产品导向的思维。但是，在现代营销观念的指导下，产品以有形性特征划分为有形产品和无形产品，以其购买用途划分为消费品和产业用品。

1．有形产品和无形产品

（1）有形产品。有形产品是指具有实物形态的产品，根据产品使用期限的不同可分为耐用品和非耐用品。

耐用品一般需要更多的人员推销和服务，需要获得较高的利润，需要销售者提供较多的保修条件，以使产品在寿命期内能正常工作或使用，如空调、彩色电视机、汽车等。

非耐用品在消费时一般具有一种或几种用途，如啤酒、肥皂等。由于这类产品消费快，购买频率高，因此合适的营销战略应当是在众多地点提供该产品，产品售价中包含的利润低，在引导试用产品和建立品牌偏好时要建立强大的广告攻势。

（2）无形产品。无形产品是指没有具体实物形态的产品，包括劳务、服务、运输服务、医疗服务、理发、修理等。无形产品具有无形性、同步性、异质性、易逝性的特点，因而对质量控制、供应商的信用和适用性的要求较高。

2．消费品和产业用品

（1）消费品。消费品是指由最终消费者购买并用于个人消费的产品。根据消费者购买习惯可将消费品分为便利品、选购品、特殊品和非渴求品。

便利品，通常是指顾客频繁购买，几乎不需要作任何购买努力的产品，如香烟、肥皂、报纸等；选购品，通常是指耐用程度高，顾客在购买时，对产品的适用性、质量、花色、价格、款式等进行比较的产品，如服装、家具等；特殊品，一般是指具备独特特征或品牌标记，且许多消费者一般多愿意作出特殊的购买努力的消费品，如特殊品牌和造型的奢侈品、摄影器材等；非渴求品，一般是指消费者不了解或即使了解也不想购买的产品，如新上市的新产品、人寿保险、墓地等。

（2）产业用品。产业用品是指企业制造产品所需的原材料和零部件或用于业务活动的产品。产业用品按其使用目的可分为：材料和部件、资产项目、供应品、服务。

材料和部件是指直接用于产品生产、构成产品实体，其价格一次计入产品成本的一类产品，包括原材料、半成品和部件等。资产项目是指部分进入产成品的商品，它主要分为不动资产和附属设备资产，其中，不动资产指厂房建筑、固定设备，附属设备资产是指轻型制造设备、办公设备等。供应品是指不构成最终产品的项目，如办公用品。服务则是非物质实体产品，是为出售而提供的活动、利益和满足，如产品售中服务、售后服务和企业咨询服务等。

三、产品组合

1．产品组合的概念

产品组合是某销售者出售给购买者的一组产品，它包括所有产品项目和产品线。

产品项目即产品大类中各种不同品种、规格、质量的特定产品，企业产品目录中列出的每一个具体的品种就是一个产品项目。产品线是许多产品项目的集合，这些产品项目之所以组成一条产品线，是因为这些产品项目具有功能相似、用户相同、分销渠道统一、消费上相连带等特点。

产品组合具体是指企业生产经营的全部产品线、产品项目的组合方式，即产品组合的宽度、长度、深度和关联度。产品组合的宽度是企业生产经营的产品线的多少。例如，宝洁公司生产清洁剂、牙膏、肥皂、纸尿布及纸巾，有五条产品线，表明产品组合的宽度为五。产品组合的长度是企业所有产品线中产品项目的总和。产品组合的深度是指产品线中每一产品有多少品种。例如，宝洁公司的牙膏产品线下的产品项目有三种，佳洁士牙膏是其中一种，而佳洁士牙膏有三种规格和两种配方，佳洁士牙膏的深度是六。产品的关联度是各产品线在最终用途、生产条件、分销渠道和其他方面相互关联的程度。产品组合的四个维度为企业制定产品战略提供了依据。

2．产品组合策略

企业进行产品组合的基本方法是产品组合的四个维度，即增减产品线的宽度、长度、深度或关联度。而要使得企业产品组合达到最佳状态，即各种产品项目之间质的组合和量的比例既能适应市场需要，又能使企业盈利最大，需采用一定的评价方法进行选择。评价和选择最佳产品组合并非易事，评价的标准有许多选择。

从市场营销的角度出发，按产品销售增长率、利润率、市场占有率等几个主要指标进行分析。企业在调整产品组合时，可以针对具体情况选用以下产品组合策略：

（1）扩大产品组合策略。扩大产品组合策略是开拓产品组合的宽度和加强产品组合的深度。开拓产品组合的宽度是指增添一条或几条产品线，扩展产品经营范围；加强产品组合的深度是指在原有的产品线内增加新的产品项目。具体方式有：

1）在维持原产品品质和价格的前提下，增加同一产品的规格、型号和款式。

2）增加不同品质和不同价格的同一种产品。

3）增加与原产品相类似的产品。

4）增加与原产品毫不相关的产品。

扩大产品组合策略的优点是：①满足不同偏好的消费者多方面需求，提高产品的市场占有率；②充分利用企业信誉和商标知名度，完善产品系列，扩大经营规模。③充分利用企业资源和剩余生产能力，提高经济效益；④减小市场需求变动性的影响，分散市场风险，降低损失程度。

（2）缩减产品组合策略。缩减产品组合策略是指削减产品线或产品项目，特别是要取消那些获利小的产品，以便集中力量经营获利大的产品线和产品项目。缩减产品组合的方式有：①减少产品线数量，实现专业化生产经营；②保留原产品线削减产品项目，停止生产某类产品，外购同类产品继续销售。

缩减产品组合策略的优点有：①集中资源和技术力量改进保留产品的品质，提高产品商标的知名度；②生产经营专业化，提高生产效率，降低生产成本；③有利于企业向市场的纵深发展，寻求合适的目标市场；④减少资金占用，加速资金周转。

（3）高档产品策略。高档产品策略是指在原有的产品线内增加高档次、高价格的产品项目。高档产品策略的优点有：①高档产品的生产经营容易为企业带来丰厚的利润；②可以提高企业现有产品声望，提高企业产品的市场地位；③有利于带动企业生产技术水平和管理水平的提高。

采用这一策略的企业也要承担一定风险。因为，企业惯以生产廉价产品的形象在消费者心目中不可能立即转变，使得高档产品不容易很快打开销路，从而影响新产品项目研制费用的迅速收回。

（4）低档产品策略。低档产品策略是指在原有的产品线中增加低档次、低价格的产品项目。低档产品策略的优点有：①借高档名牌产品的声誉，吸引消费水平较低的顾客慕名购买该产品线中的低档廉价产品；②充分利用企业现有生产能力，补充产品项目空白，形成产品系列；③增加销售总额，扩大市场占有率。

与高档产品策略一样，低档产品策略的实行能够迅速为企业寻求新的市场机会，同时也会带来一定的风险。如果处理不当，可能会影响企业原有产品的市场声誉和名牌产品的市场形象。此外，这一策略的实施需要有一套相应的营销系统和促销手段与之配合，这些必然会加大企业营销费用的支出。

第二节　产品生命周期

一、产品生命周期理论

产品从投入市场到最终退出市场的全过程称为产品生命周期，该过程一般经历产品的导入期、成长期、成熟期和衰退期四个阶段，如图 7-2 所示。在产品生命周期的不同阶段，产品的市场占有率、销售额、利润额是不一样的。导入期产品销售量增长较慢，利润额多为负数。当销售量迅速增长，利润由负变正并迅速上升时，产品进入了成长期。经过快速增长的销售量逐渐趋于稳定，利润增长处于停滞，说明产品成熟期来临。在成熟期的后一阶段，产品销售量缓慢下降利润开始下滑。当销售量加速递减，利润也较快下降时，产品便步入了衰退期。

产品生命周期形态可分为典型和非典型。典型的产品生命周期要经过导入期、成长期、成熟期和衰退期，呈 S 型曲线。

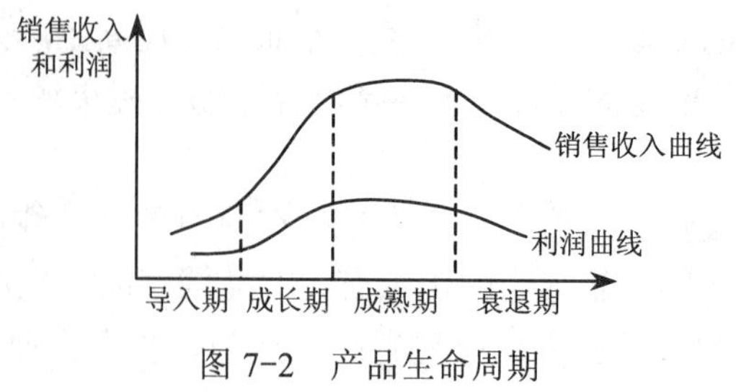

图 7-2　产品生命周期

二、产品生命周期各阶段的营销策略

1. 导入期的营销策略

导入期是新产品首次正式上市的最初销售时期，只有少数创新者和早期采用者购买产品，销售量小，促销费用和制造成本都很高，竞争也不太激烈。这一阶段企业营销策略的指导思想是，把销售力量直接投向最有可能的购买者，即新产品的创新者和早期采用者，让这两类具有领袖作用的消费者加快新产品的扩散速度，缩短导入期的时间。具体可选择的营销策略有：快速掠取策略，即高价高强度促销；缓慢掠取策略，即高价低强度促销；快速渗透策略，即低价高强度促销；缓慢渗透策略，即低价低强度促销。

2．成长期的营销策略

成长期的产品，其性能基本稳定，大部分消费者对产品已熟悉，销售量快速增长，竞争者不断进入，市场竞争加剧。企业为维持其市场增长率，可采取以下策略：改进和完善产品；寻求新的细分市场；改变广告宣传的重点；适时降价等。

3．成熟期的营销策略

成熟期的营销策略应该是主动出击，以便尽量延长产品的成熟期，具体策略有：市场改良策略，即通过开发产品的新用途和寻找新用户来扩大产品的销售量；产品改良策略，即通过提高产品的质量，增加产品的使用功能、改进产品的款式、包装，提供新的服务等来吸引消费者。

4．衰退期的营销策略

衰退期的产品，企业可选择以下几种营销策略：①集中策略，即把资源集中使用在最有利的细分市场、最有效的销售渠道和最易销售的品种、款式上；②维持策略，即保持原有的细分市场和营销组合策略，把销售维持在较低水平；③榨取策略，即大幅度地削减费用，如广告费用削减为零、大幅度精简推销人员等，虽然销售量有可能迅速下降，但是可以增加眼前利润。如果企业决定停止经营衰退期的产品，应在立即停产还是逐步停产问题上慎重决策，并应处理好善后事宜，使企业有秩序地转向新产品经营。

产品生命周期是一个很重要的概念，它和企业制定产品策略以及营销策略有着直接的联系。管理者要想使企业的产品有一个较长的销售周期，以便赚取足够的利润来补偿在推出该产品时所做出的一切努力和经受的一切风险，就必须认真研究和运用产品的生命周期理论，此外，产品生命周期也是营销人员用来描述产品和市场运作方法的有力工具。但是，在开发市场营销战略的过程中，产品生命周期却显得有点力不从心，因为战略既是产品生命周期的原因又是其结果，产品现状可以使人想到最好的营销战略，此外，在预测产品性能时产品生命周期的运用也受到限制。

第三节　新产品开发

一、新产品的定义与类别

1．新产品的定义

市场营销意义上的新产品含义很广，除包含因科学技术在某一领域的重大发现所产生的新产品外，还包括：在生产销售方面，只要产品在功能或形态上发生改变，与原来的产品产生差异，甚至只是产品从原有市场进入新的市场，都可视为新产品；在消费者方面，则是指能进入市场给消费者提供新的利益或新的效用而被消费者认可的产品。

2．新产品的类别

按产品研究开发过程，新产品可分为全新产品、改进型新产品、模仿型新产品、形成系列型新产品、降低成本型新产品和重新定位型新产品。

（1）全新产品。它是指应用新原理、新技术、新材料，具有新结构、新功能的产品。该新产品在全世界首先开发，能开创全新的市场。它占新产品的比例为10%左右。

（2）改进型新产品。它是指在原有老产品的基础上进行改进，使产品在结构、功能、品质、花色、款式及包装上具有新的特点和新的突破，改进后的新产品，其结构更加合理，功能更加齐全，品质更加优质，能更多地满足消费者不断变化的需要。它占新产品的26%左右。

（3）模仿型新产品。它是指企业对国内外市场上已有的产品进行模仿生产，称为本企业的新产品。模仿型新产品占新产品的20%左右。

（4）形成系列型新产品。它是指在原有的产品大类中开发出新的品种、花色、规格等，从而与企业原有产品形成系列，扩大产品的目标市场。该类型新产品占新产品的26%左右。

（5）降低成本型新产品。它是以较低的成本提供同样性能的新产品，主要是指企业利用新科技，改进生产工艺或提高生产效率，削减原产品的成本，但保持原有功能不变的新产品。这种新产品占新产品的11%左右。

（6）重新定位型新产品。它是指企业的老产品进入新的市场而被称为该市场的新产品。这类新产品占全部新产品的7%左右。

二、新产品的开发

1．发展趋势概述及应注意的问题

企业开发新产品，把有限的人力、财力、物力，有效地分配在急需的开发项目上，使新产品开发取得最佳效果，关键在于准确地确定新产品开发方向。由于市场竞争日益激烈，消费需求日益多样化和个性化，新产品开发呈现出多能化、系列化、复合化、微型化、智能化、艺术化等发展趋势。

企业在选择新产品开发方向时应考虑以下几点：

（1）考虑产品性质和用途。在进行新产品开发前，企业应充分考察同类产品和相应的替代产品的技术含量和性能用途，确保所开发产品的先进性或独创性，避免“新”产品自诞生之日起就被市场淘汰。

（2）考虑价格和销售量。系列化产品成本低，可以降价出售增加销售量，但是系列化产品单调，也可能影响销售量。因此，企业对系列化、多样化产品以及价格、销售之间的关系，要经过调查研究再加以确定。

（3）充分考虑消费者需求变化速度和变化方向。随着人们物质生活水平的提高，消费者的需求呈多样化趋势，并且变化速度很快。而开发一样新产品需要一定的时间，这个时间一定要比消费者需求变动的时间短，才能有市场，才能获得经济效益。

实例 7-1

海王公司“净抗伴侣”

随着抗生素“限售令”的发布和实施，国家有关部门对抗生素副作用的危害进行了广泛的宣传。抗生素的零售虽受到了限制，但销售量仍居各类药物之首，抗生素的作用仍然不可替代。消费者对抗生素可谓“又爱又恨”。“爱”的是抗生素可以解除各类感染性疾病给自己或家人带来的痛苦；“恨”的是长期服用抗生素会造成免疫力低下，导致便秘、腹泻、消化不良等诸多慢性疾病。就在消费者对抗生素的态度正处于关键的十字路口时，海王公司推出海王“净抗伴侣”（专门针对抗生素副作用的益生菌功能性食品——抗生素伴侣），正可谓顺应“天时。”

（4）企业产品创新满足市场需求的能力。曾经代表中国民族通信旗帜的巨龙、大唐、中兴、华为四家企业，面对的市场机会差不多，起步差不多，但经过三四年时间，华为、中兴已远远走在了前面，巨龙则几乎退出了通信市场。而决定四家企业差距的最关键因素就是各自推向市场的产品所包含的产品和技术创新的能力。

2. 新产品开发的过程

一个完整的新产品开发过程要经历八个阶段：构思产生、构思筛选、新产品概念的形成和测试、制定营销战略计划、商业分析、新产品实体开发、新产品市场试销、商品化，如图 7-3 所示。

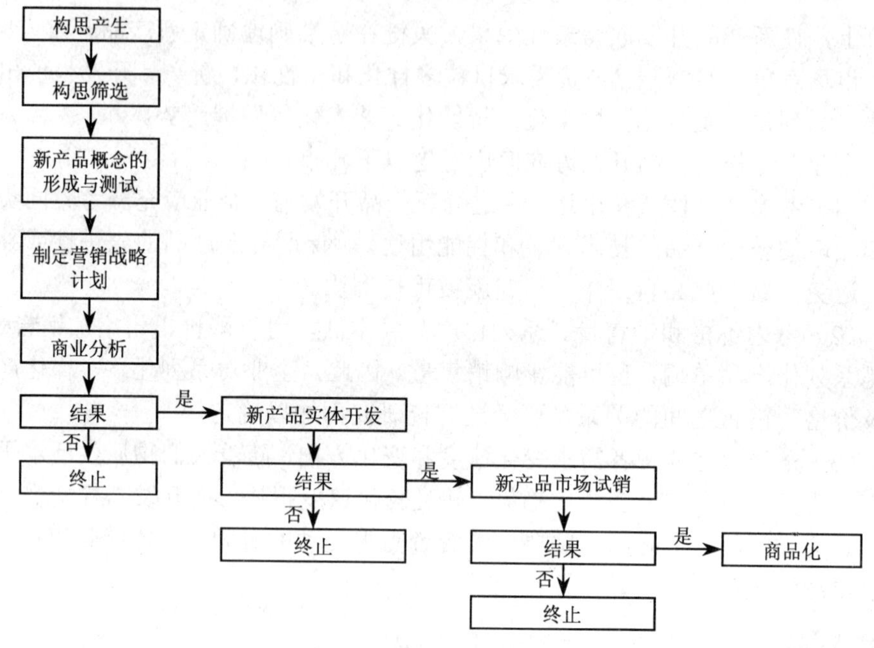

图 7-3 新产品开发的过程

（1）构思产生。进行新产品构思是新产品开发的首要阶段。构思是创造性思维，即对新产品进行设想或创意的过程。缺乏好的新产品构思已成为许多行业新产品开发的瓶颈。一个好的新产品构思是新产品开发成功的关键。企业通常可从企业内部和企业外部寻找新产品构思的来源。企业内部人员包括：研究开发人员、市场营销人员、高层管理者及其他部门人员。这些人员与产品的直接接触程度各不相同，但他们总的共同点便是都熟悉企业业务的某一或某几个方面。对企业提供的产品较外人有更多的了解与关注，因而往往能针对产品的优缺点提出改进或创新产品的构思。企业可寻找的外部构思来源有：顾客、中间商、竞争对手、企业外的研究和发明人员、咨询公司、营销调研公司等。

（2）构思筛选。新产品构思筛选是采用适当的评价系统及科学的评价方法对各种构思进行分析比较，从中把最有希望的设想挑选出来的一个过滤过程。在这个过程中，力争做到除去亏损最大和必定亏损的新产品构思，选出潜在盈利大的新产品构思。构思筛选的主要方法是建立一系列评价模型。评价模型一般包括：评价因素、评价等级、权重和评价人员。其中确定合理的评价因素和给每个因素确定适当的权重是评价模型是否科学的关键。

（3）新产品概念的形成和测试。新产品构思是企业创新者希望提供给市场的一些可能新产品的设想，新产品设想只是为新产品开发指明了方向，必须把新产品构思转化为新产品概念才能真正指导新产品的开发。新产品概念是企业从消费者的角度对产品构思进行的详尽描述，即将新产品构思具体化，描述出产品的性能、具体用途、形状、优点、外形、价格、名称、提供给消费者的利益等，让消费者能一目了然地识别出新产品的特征。因为消费者不是购买新产品构思，而是购买新产品概念。新产品概念形成的过程即把粗略的产品构思转化为详细的产品概念。任何一种产品构思都可转化为几种产品概念。新产品概念的形成来源于针对新产品构思提出问题的回答，一般通过对以下三个问题的回答，可形成不同的新产品概念，即，谁使用该产品？该产品提供的主要利益是什么？该产品适用于什么场合？

（4）制定营销战略计划。对已经形成的新产品概念制定营销战略计划是新产品开发过程的一个重要阶段。该计划将在以后的开发阶段中不断完善。营销战略计划包括以下三个部分：

1）描述目标市场的规模、结构和消费者行为，新产品在目标市场上的定位，市场占有率及前几年的销售额和利润目标等。

2）对新产品的价格策略、分销策略和第一年的营销预算进行规划。

3）描述预期的长期销售量和利润目标以及不同时期的营销组合。

（5）商业分析。商业分析的主要内容是对新产品概念进行财务方面的分析，即估计销售量、成本和利润，判断它是否满足企业开放新产品的目标。

（6）新产品实体开发。新产品实体开发主要解决产品构思能否转化为在技术上和商业上可行的产品这一问题。它是通过对新产品实体的设计、试制、测试和鉴定来完成的。根据美国科学基金会调查，新产品开发过程中的产品实体开发阶段所需的投资占总开发总费用的30%，所需的时间占总时间的40%，且技术要求很高，是最具挑战性的一个阶段。

（7）新产品市场试销。新产品市场试销的目的是对新产品正式上市前所做的最后一次测试，且该次测试的评价者是消费者的货币选票。通过市场试销将新产品投放到有代表性地区的小范围的目标市场进行测试，企业才能真正了解该新产品的市场前景。市场试销是对新产品的全面检验，可为新产品是否全面上市提供全面、系统的决策依据，也为新产品的改进和市场营销策略的完善提供启示，有许多新产品是通过试销改进后才取得成功的。

新产品市场试销的第一步是决定是否试销，并非所有的新产品都要经过试销，可根据新产品的特点及试销对新产品的利弊分析来决定。如果决定试销，第二步是对试销市场的选择，所选择的试销市场在广告、分销、竞争和产品使用等方面要尽可能地接近新产品最终要进入的目标市场。第三步是对试销技术的选择，常用的消费品试销技术有：销售波测试、模拟测试、控制性试销及试验市场试销。工业品常用的试销方法是产品使用测试，或通过商业展览会介绍新产品。对新产品试销过程进行控制是第四步，对促销宣传效果、试销成本、试销计划的目标和试销时间的控制是试销人员必须把握的重点。第五步是对试销信息资料的收集和分析。例如，消费者的试用率与重购率，竞争者对新产品的反应，消费者对新产品性能、包装、价格、分销渠道、促销发生等的反应。

（8）商业化。有关新产品的商业化阶段的营销运作，企业应在以下几方面慎重决策：

1）何时推出新产品。针对竞争者的产品而言，有三种时机选择，即首先进入、平行进入和后期进入。

2）何地推出新产品。

3）如何推出新产品，企业必须制定详细的新产品上市的营销计划，包括营销组合策略、营销预算、营销活动的组织和控制等。

3．新产品开发的方式

为了成功且较快地开发新产品，企业可根据自己的具体条件，采用不同的开发方式：

（1）独立研制。它是指企业利用自己的技术力量和技术优势，独立进行新产品的全部开发工作。这种方式一般适用于技术经济力量雄厚的大型企业。

（2）联合开发或协作开发。它是指企业与高等院校或科研机构利用各自在经济、技术、设备、人力等方面的优势互相协作，联合开发新产品。这种方式能较快地研制开发出先进、优质的新产品，使科研成果尽快转化为商品，所以实际应用非常广泛。

（3）技术引进。它是指企业通过引进国内外先进技术，或技术转让，或购买专利等方式来开发新产品。这种方式能使企业的新产品迅速赶上国内外先进水平，提高产品的技术水平、质量水平和档次，缩小差距，节约研制费用和时间，有助于新产品进入国内外市场。

以上几种方式既可以单独使用，也可以根据企业的实际情况结合使用。

4．新产品开发的策略

（1）优质策略。它是指开发起点高、质量高的优质产品。采用这种策略不能一味地追求技术先进、质量好，必须注意适合国情和顾客需要，注意挖掘市场潜力。只有这样，才能有助于新产品迅速占领市场，增强企业的竞争力。

（2）低成本策略。它是指企业在开发过程中就注意大力降低成本，主要从研制的技术路线、产品结构、使用材料、工艺改革等方面挖掘潜力，以低廉的成本优势扩大市场占有率，迅速形成批量生产，提高利润。

（3）配套策略。根据企业自身的具体情况，主动为支柱产业和大型企业开发生产所需的配套产品，为其配套服务。例如，一些中小型企业为大型汽车厂配套生产电动刮水器、新型车灯等。

一般来说，为主导企业提供配套的产品若能达到其要求，新产品的销路就不成问题。

（4）拾遗补缺策略。它是指积极开发国家经济建设急需的或短缺的新产品。这种策略有利于企业填补空白，在市场上抢占优势地位，提高市场占有率，增强企业竞争力。

第四节　产品品牌策略

一、产品品牌

1．品牌的含义

品牌的英文单词“Brand”，源出古挪威文“Brandr”，意思是“烧灼”。人们用这种方式来标记家畜等需要与其他人相区别的私有财产。到了中世纪的欧洲，手工艺匠人用这种打烙印的方法在自己的手工艺品上烙下标记，以便顾客识别产品的产地和生产者。这就产生了最初的商标，并以此为消费者提供担保，同时向生产者提供法律保护。16 世纪早期，蒸馏威士忌酒的生产商将威士忌装入烙有生产者名字的木桶中，以防不法商人偷梁换柱。到了 1835 年，苏格兰的酿酒者使用了“Old Smuggler”这一品牌，以维护采用特殊蒸馏程序酿制的酒的质量声誉。

在《牛津大辞典》里，品牌被解释为“用来证明所有权，作为质量的标志或其他用途”，即用以区别和证明品质。随着时间的推移，商业竞争格局以及零售业形态不断变迁，品牌承载的含义也越来越丰富，甚至形成了专门的研究领域——品牌学。

品牌是指消费者对产品及产品系列的认知程度。品牌是给拥有者带来溢价、产生增值的一种无形的资产，它的载体是用以和其他竞争者的产品或劳务相区分的名称、术语、象征、记号或者设计及其组合，增值的源泉来自于消费者心目中形成的关于其载体的印象。

（1）一般意义上的定义。品牌是一个名称、名词、符号或设计，或者是它们的组合，其目的是识别某个销售者或某群销售者的产品或劳务，并使之同竞争对手的产品和劳务区别开来。

（2）作为品牌战略开发的定义。品牌是通过以上这些要素及一系列市场活动而表现出来的结果所形成的一种形象认知度、感觉、品质认知，以及通过这些而表现出来的客户忠诚度，总体来讲它属于一种无形资产。所以这时候品牌是作为一种无形资产出现的。

（3）品牌是企业或品牌主体（包括城市、个人等）一切无形资产总和的全体浓缩。而这一浓缩又可以以特定的符号来识别；它是主体与客体，主体与社会，企业与消费者相互作用的产物。

2．品牌的内容

品牌是广大消费者对一个企业及其产品过硬的产品质量、完善的售后服务、良好的产品形象、美好的文化价值、优秀的管理结果等，所形成的一种评价和认知，是企业经营和管理者投入巨大的人力、物力，甚至几代人长期辛勤耕耘建立起来的与消费者之间的一种信任。

质量是品牌的本质、基础，也是品牌的生命；服务是品牌的重要支撑，是商品不可分割的一部分，是市场竞争的焦点；形象是品牌在市场上、消费者心中所表现出的个性特征，体现消费者对品牌的评价与认知；文化价值是品牌的内涵，是社会物质形态和精神形态的统一，是现代社会的消费心理和文化价值取向的结合；优秀管理是保证品牌成功的依靠，成功的品牌无不依靠管理创立、发展、创新，是品牌得以健康成长的基础……竞争的加剧使品牌的问题凸显了出来。

与品牌紧密联系的有如下一些概念：

（1）品牌名。它是指品牌中可以读出的部分——词语、字母、数字或词组等的组合，如海尔、红双喜 1999、TCL 等。

（2）品牌标志。它是指品牌中不可以发声的部分——包括符号、图案或明显的色彩或字体。例如，耐克的一勾造型，小天鹅的天鹅造型，IBM 的字体和深蓝色的标准色等。

（3）品牌角色。它是用人或拟人化的标志来代表品牌的方式，如海尔兄弟、麦克唐纳、米老鼠、康师傅等。

（4）商标。它是指受到法律保护的整个品牌、品牌标志、品牌角色或者各要素的组合。当商标使用时，要用“R”或“注”明示，意指注册商标。

3．品牌的作用

（1）品牌的首要功能是在于可以方便消费者进行产品选择，缩短消费者的购买决策过程。

选择知名的品牌，对于消费者而言无疑是一种省事、可靠又减少风险的方法。尤其在大众消费品领域，同类产品可供消费者选择的品牌一般都有十几个，乃至几十个。面对如此众多的商品和服务提供商，消费者是无法通过比较产品服务本身来作出准确判断的。这时，在消费者的购买决策过程中就出现了对产品的感觉风险（即认为可能产生不良后果的心理风险）的影响。这种感觉风险的大小取决于产品的价值高低，产品性能的不确定性以及消费者的自信心等因素。

消费者为了回避风险，往往偏爱拥有知名品牌的产品，以坚定购买的信心。而品牌在消费者心目中是产品的标志，它代表着产品的品质和特色，而且同时它还是企业的代号，意味着企业的经营特长和管理水准。因此，品牌缩短了消费者的购买决策过程。

（2）造就强势品牌能使企业享有较高的利润空间。

在传统的市场竞争中，当消费者形成鲜明的品牌概念后，价格差异就会显得次要。当给不同品牌赋予特殊的个性时，这种情况就更为明显。

曾有调查表明，市场领袖品牌的平均利润率为第二品牌的四倍，而在英国更高达六倍。强势品牌的高利润空间尤其在市场不景气或削价竞争的条件下表现出了重要的作用。事实上，这种优势不仅仅得益于通常我们认为的规模经济，更重要的是来自于消费者对该品牌产品价值的认同，也就是对价格差异的认同。

（3）品牌可以超越产品的生命周期，是一种无形资产。

由于需求的变更和竞争的推动，除了少数产品，绝大多数产品不会长久地被消费者接受。一般而言，产品都有一个生命周期，会经历从投放市场到被淘汰退出市场的整个过程，包括投入、成长、成熟和衰退四个阶段。

但是品牌却不同，它有可能超越产品的生命周期。一个品牌一旦拥有广大的忠诚顾客，其领导地位就可以经久不变，即使其产品已历经改良和替换。波士顿咨询集团研究了 30 大类产品中的市场领先品牌，发现“在 1929 年的 30 个领袖品牌中有 27 个在 1988 年依然勇居市场第一。在这些经典品牌中有象牙香皂、坎贝尔汤和金牌面粉”。像我们熟悉的一些海外著名品牌，也都是有经久的历史，如吉列（始于 1895 年）、万宝路（始于 1924 年）、可口可乐（始于 1886 年）、雀巢（始于 1938 年）。同样，我国的不少老字号在今天的市场竞争中依然有着品牌优势，如同仁堂等。

实例 7–2

上海“冠生园”的品牌之争

新中国成立前的上海有一家 ABC 糖果厂，该厂老板冯伯镛利用儿童喜爱“米老鼠”动画片的心理，为自己的产品设计了一种米老鼠包装，并命名为“ABC 米老鼠”奶糖，结果一下子走俏国内市场。新中国成立后，ABC 糖果厂并入上海冠生园，其主要产品仍是米老鼠奶糖。到了20世纪50年代，考虑到老鼠是“四害”之首，冠生园又设计了一种以大白兔为形象的包装，与米老鼠包装一起使用。

但由于没有产品整体观念，没有品牌意识，“大白兔”和“米老鼠”却一直没有注册成为合法商标。1983年，一家广州糖果厂的管理者到冠生园取经，这之后他们也开始生产“米老鼠奶糖”，而且还抢先一步把“米老鼠”给注册了。不久之后，这家广州糖果厂又以4万美元把“米老鼠”卖给了美国的迪士尼，至此，这一由中国人创造并经营达半个世纪的著名品牌就由外国人控制了。

冠生园吸取这次血的教训，赶紧为幸存的“大白兔”注册。为稳妥起见，冠生园不仅注册了“大白兔”，还把与“大白兔”近似的十几种“兔子”都进行了注册，使其组成了一个立体防御体系。着眼未来，冠生园还把“大白兔”的注册领域延伸到食品、钟表、玩具、服装等各个与儿童有关的行业。不仅如此，冠生园还在工业知识产权《马德里协定》的20多个成员国和另外70多个国家和地区拿到了“大白兔”的注册证。出色的商标战略，使冠生园在国内企业中脱颖而出，成为市场竞争中的佼佼者。

二、品牌策略

为了使品牌在市场营销中更好地发挥作用，必须采取适当的品牌策略，具体而言，这些策略包括：产品线扩展策略、品牌延伸策略、多品牌策略、新品牌策略和合作品牌策略。

1. 产品线扩展策略

产品线扩展策略是指企业现有的产品线使用同一品牌，当增加该产品线的新产品时，仍沿用原有的品牌。这种新产品往往都是现有产品的局部改进，如增加新的功能、包装、式样和风格等。通常企业会在这些商品的包装上标明不同的规格，不同的功能特色或不同的使用者。

产品线扩展的原因是多方面的。例如，可以充分利用过剩的生产能力；满足新的消费者的需要；率先成为产品线全满的公司以填补市场的空隙；与竞争者推出的新产品竞争或为了得到更多的货架位置。产品线扩展策略的利益有：①扩展产品的存活率高于新产品，而通常新产品的失败率在80%～90%；②满足不同细分市场的需求；③完整的产品线可以防御竞争者的袭击。产品线扩展的不利有：①它可能使品牌名称丧失它特定的意义，随着产品线的不断加长，会淡化品牌原有的个性和形象，增加消费者认识和选择的难度；②有时因为原来的品牌过于强大，致使产品线扩展造成混乱局面，加上销售数量不足，难以冲抵它们的开发和促销成本；③如果消费者未能在心目中区别出各种产品时，会造成同一种产品线中新老产品自相残杀的局面。

2．品牌延伸策略

品牌延伸策略是将现有成功的品牌，用于新产品或修正过的产品的一种策略。品牌延伸策略的好处主要有：①可以加快新产品的定位，保证新产品投资决策的快捷、准确；②有助于减少新产品的市场风险；③有助于强化品牌效应，增加品牌这一无形资产的经济价值；④能够增强核心品牌的形象，提高整体品牌组合的投资效益。

品牌延伸作为品牌运营的一种重要方式，有狭义和广义之分。狭义的品牌延伸是指将现有品牌延伸使用到新产品上的经营行为，美国的品牌战略研究专家爱德华·涛伯称其为“特许延伸”。这里的“新产品”是指与企业原有产品在生产原理、技术和工艺结构、所使用的主要原材料上存在巨大差异的那些产品。广义的品牌延伸不仅包括将现有品牌延伸使用至新产品之上，还包括将现有品牌延伸适用到经过改进的现有产品之上的行为。这里所说的“改进”包括品位、包装、容量甚至形状的变化。这意味着产品不再是一种具体的产品，而是一条产品线，在这条产品线上，单个产品与产品之间既存在着工艺、技术和结构上的相同之处，又存在着容量、口味、颜色等方面的差异。实际上，企业营销实践中更常用的是一个品牌在某一条产品线进行延伸的策略，我们称之为品牌的“产品线延伸”。

品牌延伸策略的作用体现在：①品牌延伸可以产生品牌伞效应，降低营销费用；②成功的品牌延伸能为现存的品牌或产品线带来活力，为消费者提供更完整的选择；③品牌延伸可以实现品牌利用中的增值。

3．多品牌策略

在相同产品类别中引进多个品牌的策略称为多品牌策略。证券投资者往往同时投资多种股票，一个投资者所持有的所有股票集合就是所谓证券组合（Portfolio），为了减少风险增加营利机会，投资者必须不断优化股票组合。同样，一个企业建立品牌组合，实施多品牌战略，往往也是基于同样的考虑，并且这种品牌组合的各个品牌形象相互之间是既有差别又有联系的，不是大杂烩，组合的概念蕴含着整体大于个别的意义。

（1）多品牌策略的优越性。

1）培植市场的需要。没有哪一个品牌单独可以培植一个市场。尽管某一品牌起初一枝独秀，但一旦等它辛辛苦苦开垦出一片肥沃的市场，其他企业就会蜂拥而至。众多市场竞争者共同开垦一个市场，有助于该市场的快速发育与成熟。当市场分化开始出现时，众多市场贡献者的广告战往往不可避免，其效果却进一步强化了该产品门类的共同优势。有的市场开始时生气勃勃，最后却没有形成气候，其原因之一在于参与者寥寥。一个批发市场如果只有两三间小店，冷冷清清，该市场就不是什么市场了。多个品牌一同出现是支持一个整体性市场所必需的。以个人计算机市场为例，如果只有苹果一家企业唱独角戏，没有其他计算机厂家的跟进，绝对不可能形成今天这样火爆的 PC 市场。

2）多个品牌使企业有机会最大限度地覆盖市场。一方面，没有哪一个品牌能单枪匹马地占领一个市场。随着市场的成熟，消费者的需要逐渐细分化，一个品牌不可能保持其基本意义不变而同时满足几个目标。这就是为什么有的企业要创造数个品牌以对应不同的市场细分的初衷。另一方面，近年来西方零售商自我品牌的崛起向制造商发出了强有力的挑战，动摇着制造商在树立和保持品牌优势上的主动和统治地位。多品牌战略有助于制造商遏制中间商和零售商控制某个品牌进而左右自己的能力。

多品牌提供了一种灵活性，有助于限制竞争者的扩展机会，使得竞争者感到在每一个细分市场的现有品牌都是进入的障碍。在价格大战中捍卫主要品牌时，多品牌策略是不可或缺的。把那些次要品牌作为小股部队，给发动价格战的竞争者以迅速的侧翼打击，有助于使挑衅者首尾难顾。与此同时，核心品牌的领导地位则可毫发无损。领先品牌肩负着保证整个产品门类的营利能力的重任，其地位必须得到捍卫；否则，一旦它的魅力下降，产品的单位利润就难以复升，最后该品牌将遭到零售商的拒绝。

3）突出和保护核心品牌。当需要保护核心品牌的形象时，多品牌的存在更显得意义重大，核心品牌在没有把握的革新中不能盲目冒风险。例如，为了捍卫品牌资产，迪士尼公司在其电影制作中使用多个品牌，使得迪士尼公司可以产生各种类型的电影，从而避免了损伤声望卓著的迪士尼的形象。在西方，零售系统对品牌多样化的兴趣浓厚，制造商运用多品牌策略提高整体市场份额，以此增加自己与零售商较量的砝码。

所以，多品牌策略有助于企业培植、覆盖市场，降低营销成本，限制竞争对手和有力地回应零售商的挑战。

（2）多品牌策略的局限性。

1）随着新品牌的引入，其净市场贡献率将成一种边际递减的趋势。经济学中的边际效用理论告诉我们，随着消费者对一种商品消费的增加，该商品的边际效用呈递减的趋势。同样，对于一个企业来说，随着品牌的增加，新品牌对企业的边际市场贡献率也将呈递减的趋势。这一方面是由于企业的内部资源有限，支持一个新的品牌有时需要缩减原有品牌的预算费用；另一方面，企业在市场上创立新品牌会由于竞争者的反抗而达不到理想的效果，他们会针对企业的新品牌推出类似的竞争品牌，或加大对现有品牌的营销力度。此外，另一个重要的原因是，随着企业在同一产品线上品牌的增多，各品牌之间不可避免地会侵蚀对方的市场。在总市场难以骤然扩张时，很难想象新品牌所吸引的消费者全部都是竞争对手的顾客，或是从未使用过该产品的人，特别是当产品差异化较小，或是同一产品线上不同品牌定位差别不甚显著时，这种品牌间相互蚕食的现象尤为显著。

2）品牌推广成本较大。企业实施多品牌策略，就意味着不能将有限的资源分配给获利能力强的少数品牌，各个品牌都需要一个长期、巨额的宣传预算。对有些企业来说，这是可望而不可及的。

4．新品牌策略

为新产品设计新品牌的策略称为新品牌策略。当企业在新产品类别中推出一个产品时，它可能发现原有的品牌名不适合于它，或是对新产品来说有更好、更合适的品牌名称，企业需要设计新品牌。例如，春兰集团以生产空调著名，当它决定开发摩托车时，采用春兰这个女性化的名称就不太合适，于是采用了新的品牌“春兰豹”。又如，原来生产保健品的养生堂开发饮用水时，使用了更好的品牌名称“农夫山泉”。

5．合作品牌策略

合作品牌（也称为双重品牌）是两个或更多的品牌在一个产品上联合起来。每个品牌都期望另一个品牌能强化整体的形象或购买意愿。

合作品牌的形式有多种。一种是中间产品合作品牌，如富豪汽车公司的广告说，它使用米其林轮胎。另一种形式是同一企业合作品牌，如摩托罗拉公司的一款手机使用的是“摩托罗拉掌中宝”，掌中宝也是公司注册的一个商标。还有一种形式是合资合作品牌，如日立的一种灯泡使用“日立”和“GE”联合品牌。

实例 7-3

品牌的战略决策

中国移动将动感地带的目标人群定位为年轻人群。虽然目标人群喜欢追新求异，见异思迁，忠诚度不高，并且由于没有收入来源，购买力也有限，但从长远来看，随着经济的发展，移动通信需求的增加，以及父母给子女零花钱的递增，使得年轻人群正成为了一支不可小觑的消费力量，并且恰恰是这部分人群喜欢追新求异，才会让他们勇于尝试新业务，更重要的是，年轻人群是未来主力消费的生力军，在长期潜移默化的熏陶中培养他们对中国移动的品牌情感，对中国移动的长期发展也大有裨益。

通过反复的试点和调研，中国移动终于作出了自己的品牌战略抉择：将动感地带作为与全球通和神州行并行的第三大子品牌，以全球通为利润品牌，神州行为大路品牌，动感地带为狙击和种子品牌。其深度原因就是：电信业竞争不仅激烈，而且可谓惨烈。中国移动已明显感觉到了竞争者扑面而来的威胁。中国电信、中国网通的小灵通对低端市场猛烈的冲击，中国联通从技术和价格双向的、高中低端的全面挑战，让中国移动举步维艰。

中国移动推出的动感地带产品，可以用低价的优势笼络消费低端的人群，给竞争者釜底抽薪式的打击，同时，作为一个未来的战略业务增长点，动感地带弥补了中国移动品牌架构的空缺，为高端品牌全球通打通坚实的客户基础，中国移动的动感地带通过不断健全完善，不断积累顾客忠诚度，已然升级成为“年轻群体”和“中国移动”之间一种主客方的依存。促使全球通由“明星业务”快速向“金牛业务”转型。

在品牌核心价值与品牌定位已经确定的条件下，品牌的各类目标消费群都已经清晰化和精确化，下一步就是塑造相应的品牌性格，以实现品牌与消费者的对话。所谓品牌性格就是将品牌进行人格化，塑造出鲜活的具有人的性格特征的品牌形象。它代表特定的生活方式、价值观念与消费观念，当塑造出来的品牌性格符合目标消费群心理对这个品牌的一些预期、一些感情上的要求，甚至能够符合消费对象本身的个人生活形态的时候，品牌就能够建立起与目标消费群的长期友谊。

动感地带为年轻人营造了一个个性化、充满创新和趣味性的家园。它代表一种新的流行文化，用不断更新变化的信息服务和更加灵活多变的沟通方式来演绎移动通信领域的“新文化运动”；用创新的手段拓展了通信业务的外沿，将无线通信和时尚生活融为一体，将引领令人耳目一新的消费潮流。

看动感地带的后现代广告，听“我的地盘，听我的”这句口号，再加上周杰伦的代言形象，总能给人一种很强烈的视觉、听觉以及思想上的冲击。这种冲击便是动感地带鲜明的品牌个性的体现。足以和全球通的高贵、领导个性以及神州行的大众个性区别开来。

动感地带品牌属性包括品牌的名称、标志等视觉化的标志。动感地带的品牌名称是“M-ZONE”，标志是动感地带和M-ZONE的合成体，主色是充满年轻朝气和活力的橙色。品牌个性好比一个人的言行举止，动感地带的品牌个性定位是：时尚、好玩、探索，补充描述是：创新、个性、归属感。动感地带的文化定位是年轻人的通信自治区，社区文化倡导流行、前卫、另类、新潮。动感地带品牌核心人群的特征描述是：年龄在15～25岁，追求时尚，崇尚个性，乐于接受新事物，容易相互影响，尝试新事物，有成长性，是未来高端客户的生力军。

动感地带的推出是市场细分的产物，标志着中国移动进入了品牌延伸以及对话音、数据业务进行整合的阶段。对动感地带这一品牌的清晰规划，一方面将有利于贴近不同用户群体的需求重点，刺激用户消费，提升品牌忠诚度；另一方面也有利于根据不同的目标市场的异质化需求进行产品开发。

动感地带定位的高明之处在于，不是以产品的特性而是以客户的特性细分了市场，区别于国内许多行业细分市场以产品的特性为标准的市场定位。

第五节　产品包装策略

一、包装

1．包装的含义

包装是指为在流通过程中保护产品，方便储运，促进销售，按一定的技术方法所用的容器、材料和辅助物等的总体名称；也包括达到上述目的在采用容器、材料和辅助物的过程中施加一定技术方法等的操作活动。

2．包装的分类

产品的包装可分为三个层次：内包装、销售包装和运输包装。

内包装是指最接近产品的容器，如牙膏的软管、酒类瓶子，常见的有塑料薄膜、铝箔、玻璃瓶等材料；销售包装是指保护内包装的材料，当产品使用时，它即被丢弃。用来包装瓶装白酒的纸板盒就属于销售包装，它为产品提供了进一步的保护和促销机会；运输包装是指产品储存、辨认和运输时所必需的包装，如硬度和强度较大的瓦楞纸盒、木板箱等。此外，外包装上往往印有包装标志，比如运输标志、指示标志、警示性标志等。

3．包装的作用

包装作为商品的重要组成部分，其营销作用主要表现在以下几方面：

（1）保护商品。包装保护商品的作用主要表现在两个方面：其一是保护商品本身。有些商品怕震、怕压需要包装来保护；有些商品怕风吹、日晒、雨淋、虫蛀等，也需要借助包装物来保护。其二是安全（环境）保护。有些商品是属于易燃、易爆、放射、污染或有毒物品，对它们必须进行包装，以防泄漏造成危害。

（2）便于储运。有的商品外形不固定，或者是液态、气态，或者是粉状，若不对此进行包装，则无法运输和储藏。所以，良好的包装有助于储藏和运输，从而使商品保值，同时加快交货时间。

（3）促进销售。商品给顾客的第一印象，不是来自产品的内在质量，而是它的外观包装。产品包装美观大方、漂亮得体，不仅能够吸引顾客，而且还能激发顾客的购买欲望。据美国杜邦公司研究发现，63%的消费者根据商品包装作出购买决定。可以说，包装是无声的推销员。

（4）增加盈利。由于装潢精美、使用方便的包装能够满足消费者的某种心理要求，消费者乐于按较高的价格购买，而且，包装材料和包装过程本身也包含着一部分利润。因此，适当的、好的包装能够增加企业的利润。

高露洁牙膏——审美习惯决定包装成败

牙膏是我们生活中不可或缺的日用品，因此市场竞争十分激烈。国际牙膏巨头美国高露洁公司在进入我国牙膏市场以前，曾做过大量的市场调查。高露洁公司发现，我国牙膏市场竞争激烈，但同质化竞争严重。无论是牙膏的包装还是广告诉求都非常平淡。针对这些特点，高露洁采用了创新的复合管塑料内包装，并用中国消费者都非常喜欢的红色作为外包装的主题色彩。结果大获成功，在短短的几年时间内，迅速占领了我国 1/3 的牙膏市场份额。

高露洁的成功，极大地触动了我国牙膏企业管理者的神经。包括中华、两面针在内的多个牙膏品牌都放弃了使用多年的铝制包装，换上了更方便、卫生、耐用的复合管塑料包装。除了在包装材料上进行改革以外，国内牙膏品牌在外包装设计上也进行了创新，基本都换上总体感觉清新自然，更具有时代感和流行特色的新包装。

易造工业设计公司产品设计部经理王森告诉记者，"过去我们的企业对产品的包装不重视，在同国外企业的市场竞争中才发现，一个有创意的好包装往往意味着更多的市场份额。于是我们的企业才开始意识到包装的重要性，并努力地制造出富有中国特色和审美习惯的包装"。

记者了解到，高露洁公司在我国成功的背后，也曾支付过昂贵的学费。高露洁在进入日本市场的时候，由于没有经过详细的市场调研，直接采用了美国本土大块的红色包装设计，而忽视日本消费者爱好白色的审美习惯，导致高露洁牙膏在进入日本市场时，出乎意料地滞销，市场占有率仅为 1%。

二、包装策略

可供企业选择的包装策略主要有：

1．类似包装策略

它是指企业对其各种产品，在包装上采用相近的图案、近似的色彩和共同的特征。企业采用该策略，可使消费者形成对企业产品的深刻印象，也可降低包装成本。但如果企业各种产品质量过于悬殊，则会形成负面影响。

2．等级包装策略

它是指根据产品质量等级不同采取不同的包装。显然，这种依产品等级来配比设计包装的策略可使包装的质量与产品品质等级相匹配，对高档产品采用精致包装，对低档产品采用简略包装，其做法适应不同需求层次消费者的购买心理，便于消费者识别、选购商品，从而有利于全面扩大销售。该策略实施成本高于类似包装策略也是显而易见的。

3．配套包装策略

它是指将不同类型和规格但有相互联系的产品置于同一包装中。例如，将系列化妆品包装在一起出售，便是典型的配套包装。这种策略能够节约交易时间，便于消费者购买、携带与使用，有利于扩大产品销售，还能够将新旧产品组合在一起，使新产品顺利进入市场。但在实践中，还需注意市场需求的具体特点、消费者的购买能力和产品本身的关联程度大小，切忌任意配套搭配。

4．附赠品包装策略

它是指在包装容器中附赠物品，以吸引消费者购买。例如，许多儿童食品的包装是采用此种策略。该包装策略对儿童和青少年以及低收入者比较有效。

此外还可采用复用包装策略，分类包装策略，更新包装策略等。

本 章 小 结

产品是能够提供给市场，能满足顾客需要和欲望的任何东西。产品既可能是有形的实体，也可能是无形的服务。营销者传统上根据三个基本特征对产品进行分类：耐久性、有形性、用途（用于消费还是工业）。每类产品都对应不同的营销组合。

产品组合是某销售者售予购买者的一组产品，它包括所有产品线和产品项目。企业进行产品组合的基本方法是产品组合的四个维度，即增减产品线的宽度、长度、深度或产品线的关联度。企业在调整产品组合时，可以针对具体情况选用：①扩大产品组合策略；②缩减产品组合策略；③高档产品策略；④低档产品策略。

产品从投入市场到最终退出市场的全过程称为产品的生命周期，该过程一般经历产品的导入期、成长期、成熟期和衰退期四个阶段。

从市场营销学角度而言，所谓新产品，是指与旧产品相比，具有新的功能、新的特征、新的结构和新的用途，能满足顾客新的需求的产品。按产品研究开发过程，新产品可分为全新产品、模仿型新产品、改进型新产品、形成系列型新产品、降低成本型新产品和重新定位型新产品。由于市场竞争日益激烈，消费需求日益多样化和个性化，新产品开发呈现出多能化、系列化、复合化、微型化、智能化、艺术化等发展趋势。

品牌是广大消费者对一个企业及其产品过硬的产品质量、完善的售后服务、良好的产品形象、美好的文化价值、优秀的管理结果等所形成的一种评价和认知。品牌策略有五种，分别是：产品线扩展策略、品牌延伸策略、多品牌策略、新品牌策略、合作品牌策略。

包装作为商品的重要组成部分，其营销作用主要有：①保护商品；②便于储运；③促进销售；④增加盈利。

知识练习与思考

一、重要概念

产品　产品生命周期　品牌　包装　产品组合　新产品

二、单项选择题

1. 在产品的五个层次中，最基本的层次是（　　）。
   A. 核心产品　　B. 形式产品
   C. 期望产品　　D. 延伸产品
   E. 潜在产品
2. 产品组合的（　　）是指一个产品线中所含产品项目的多少。
   A. 宽度　　B. 长度
   C. 关联度　　D. 深度
3. 在百货商场中，将系列化妆品包装在一起出售，采用的是（　　）。
   A. 类似包装策略　　B. 附赠品包装策略
   C. 配套包装策略　　D. 等级包装策略
4. 导入期选择快速掠取策略是针对目标顾客的（　　）。
   A. 求名心理　　B. 求实心理
   C. 求新心理　　D. 求美心理
5. 春兰集团以生产空调著名，当它决定开发摩托车时，采用春兰这个女性化的名称就不太合适，于是采用了新的品牌“春兰豹”，其采用的是（　　）。

A. 产品线扩展策略　　B. 合作品牌策略
C. 多品牌策略　　D. 品牌延伸策略
E. 新品牌策略

三、多项选择题

1. 新产品在构思筛选阶段需要建立一系列评价模型。其中最常用的包括（　　）。

A. 评价因素　　B. 评价等级
C. 权重　　D. 评价人员

2. 企业针对成熟期的产品采取的市场营销策略，一般来说可采用的途径是（　　）。

A. 加强售后服务　　B. 开发二代产品
C. 扩大对同类产品的宣传　　D. 立即停止生产
E. 巩固老客户

3. 以下情况中，新产品可采用渗透定价策略的是（　　）。

A. 产品需求的价格弹性小
B. 生产和分销成本有可能随产量和销量的扩大而降低
C. 新产品无明显特色，且市场已被他人领先
D. 企业生产能力强
E. 新产品竞争激烈

四、判断题

1. 产品组合是某销售者售予购买者的一组产品，它包括所有的产品项目，但不包括产品线。（　　）

2. 由于市场竞争日益激烈，消费需求日益多样化和个性化，新产品开发呈现出多能化、系列化、统一化、微型化、智能化、艺术化等发展趋势。（　　）

3. 目前发达国家企业的产品竞争多集中在期望产品层次，而发展中国家企业的产品竞争则主要集中在附加产品层次。（　　）

五、简答题

1. 什么是新产品？类别有哪些？
2. 包装的作用是什么？
3. 多品牌策略的特点是什么？

六、案例分析

百威啤酒的产品包装创新

消费者在选购啤酒时，除了质量和口感外，包装也是一个重要的考虑因素，因为包装能从一方面体现出品牌的整体形象。世界畅销啤酒品牌——百威对于这一点谙熟于心。为了保证每一箱、每一瓶、每一罐百威啤酒都拥有从内到外的卓越品质，百威始终通过不断改良的优质包装来进一步提升其品牌形象。

百威啤酒长期以来注重产品包装的创新，并以其在包装上所体现出来的丰富创意闻名于世。百威（武汉）国际啤酒有限公司秉承了这一传统，不断在包装上推陈出新，为中国消费者提供更多选择：1997 年的压花玻璃小瓶装百威，1999 年的大口盖拉环罐装百威，2000 年的 4 罐便携装百威，相继面世的 700 毫升装百威和最新推出的 500 毫升装，百威在包装上的每一个创新都为中国消费者带来惊喜。其中 700 毫升装和 500 毫升装更是针对中国的啤酒市场特别推出，充分显示了百威对中国消费者的高度重视。

除整体包装外，百威对包装的各个细节也不断进行着完善和创新。1998 年百威推出可显示啤酒最佳饮用温度的温度感应锡箔标签；2000 年初百威对标签重新设计，全新的标签在金色叶片的衬托下更显高贵；2000 年 12 月，百威又对瓶身标签的文字进行了修改，以方便消费者阅读。所有这些对包装细节的精益求精无不体现出百威对产品质量的不懈追求。

在酒瓶的选择上，自 1997 年中国啤酒瓶国家标准要求使用“B”瓶（即啤酒专用瓶）包装以来，百威就一直严格遵照执行。此外，百威不使用回收瓶，并为百威专用酒瓶制定了非常严格的检测标准。全新的玻璃瓶无异物、无油污、无杂质，干净卫生，充分保证了百威啤酒的纯正口味和新鲜程度。在每次使用前，百威还要对所有啤酒瓶进行抗内压力检测，以最大限度地减少瓶爆现象。百威的瓶盖垫全部从美国和德国进口，并经过特别密封和风味测试，确保无任何异味后方投入使用。

百威的与众不同还体现在其对高强度耐压纸箱的使用。同一般啤酒商使用塑料箱外包装不同，百威从 1998 年起就开始使用高强度耐压纸箱外包装。这种保护力强、高质量的多重包装保证了百威啤酒瓶不会裸露在外，避免啤酒口味因阳光的直射而被破坏，从而确保了百威啤酒的新鲜程度。这样，消费者品尝到的百威啤酒就和它出厂时的口感一样清澈、清醇、清爽。

此外，对所有为其生产易拉罐和啤酒瓶的供应商，百威都一律实行严格的资格审核，包括厂房及生产工艺技术、抽样检测产品，甚至于对每个原材料进行审核等。即使是在对方获准成为百威的供应商后，百威仍保持对他们实行严格的管理措施。

优质的包装与卓越的品质紧密相连，体现了百威不懈进取、精益求精的企业精神。正是这种对每一个细节追求完美的工作态度，成就了百威在中国啤酒市场上的领先外资品牌地位。

问题：

分析产品包装的创新对百威啤酒经营的影响。

实 训 操 作

实训目的：学会用综合分析法判断产品所处的生命周期阶段，并制定相应的对策。

实训要求：

（1）广泛收集比较熟悉的一个企业相关产品的销售资料。

（2）根据所收集的资料，同时结合该企业内外环境，判断产品处于生命周期的哪个阶段。

（3）撰写一份分析报告。

实训指导：

（1）将学生分组，每组分别进行一项内容的调查。

（2）实训结束后，各组交流调查信息。

第八章 价格策略

没有任何一个地方比错误定价更让你白白送钱给别人。

——德国管理大师　西蒙

知识目标

1. 了解影响产品定价的因素。
2. 掌握定价方法和定价策略。
3. 掌握如何进行价格调整，从而利用价格策略在竞争中处于优势地位。

技能目标

1. 掌握科学的定价方法和定价策略，学会有意识地训练自己的定价策略。
2. 提高认识能力、观察能力和随机应变能力。

引导案例

别克—赛欧——中国经济型轿车定价的范例

美国通用汽车与上海汽车结成了合作联盟后，决定进军中国经济型轿车市场。2000 年，推出了“别克—赛欧”1.6 升排量的经济型轿车，举出了“十万元轿车进家庭”的旗帜。别克—赛欧推出后，在中国轿车市场引起了很大轰动，凭借着别克的品牌效应和 10 万元的价格优势，别克—赛欧在中国轿车市场取得了成功。2001 年，上海通用又针对中国家庭市场推出赛欧的家庭版——赛欧 SRV，将全新的汽车消费观念引入中国的普通消费者中。2002 年，赛欧 SRV 的产销量达到 5 万辆，成为这一级别轿车市场的最大赢家。上海通用也由此制定了中国第一个家用轿车的价格标准，让那个时期的全国消费者认识到 10 万元家用轿车应该具备哪些配置。媒体评价别克—赛欧称得上是中国经济型轿车定价的典范之作。

资料来源：王秀村，王月辉. 市场营销管理[M]. 北京：北京理工大学出版社，2009.

分析说明

在市场竞争中，合理的价格是影响购买力的重要因素。别克—赛欧赢得中国消费者的重要原因之一是其具有适应了中国消费大众对汽车性能要求与购买能力的合理的性价比。为了在市场竞争中取胜，企业需要考虑如何做好产品的定价。为此，需要了解影响定价的各种因素，选择适当的定价方法，并采取积极、有效地定价策略。

第一节 影响产品定价的因素

影响企业产品定价的因素有很多，比如产品成本、市场需求、竞争等。下面我们将对几个主要因素进行分析。

一、产品成本

产品成本（Product Cost）是指企业为了生产产品而发生的各种耗费。它可以指一定时期为生产一定数量产品而发生的成本总额，也可以指一定时期生产产品的单位成本。产品成本包括固定成本和变动成本。固定成本是指在一定限度内不随产量和销售量的增减而增减，具有相对固定性质的各项成本费用，如固定资产折旧费、房屋租金、办公费用等。变动成本是指随着产量或销售量的增减而增减的各项费用，如原材料消耗、储运费用、生产工人的工资等，二者之和即产品的总成本。可以作为产品成本列示的具体内容必须符合国家的有关规定，企业不得随意乱摊成本。

企业是从事生产、流通、服务等经济活动，以生产或服务满足社会需要，实行自主经营、独立核算、依法设立的一种盈利性的经济组织。既然盈利性是企业固有的属性，那么毫无疑问产品成本是影响产品价格的基础因素，因为只有产品价格高于产品成本，企业才可能盈利。

产品的生产成本并不是固定不变的，不同的企业，由于生产的工艺过程、生产组织以及成本管理要求不同，成本计算的方法也不一样。不同成本计算方法的区别主要表现在三个方面：①成本计算对象不同；②成本计算期不同；③生产费用在产成品和半成品之间的分配情况不同。因此企业管理者必须更好地理解产品成本的计算，以指导定价决策。

二、市场需求

市场需求是影响定价的外部因素之一。市场需求是指一定的顾客在一定的地区、一定的时间、一定的市场营销环境和一定的市场营销方案下对某种商品或服务愿意而且能够购买的数量。市场需求是消费者需求的总和。消费者对产品的需求量直接影响到商品的价格，价格定得高了，消费者的购买能力达不到就不会购买该产品而选择价格较低的产品；当然如果产品的价格定得过低，就会需求量增大，产品的产量跟不上需求的增加，其实也会使企业丧失利润。因此，企业在制定产品价格时，应当考虑到市场供求状况和需求弹性。

1. 需求与供给的关系

供给（Supply）是指特定市场上在一定时期内，与每一销售价格相对应，生产者愿意且能供应的商品数量。但供给并不完全代表生产，它属于生产的一部分，也就是说供给量并不就是生产者在计算一系列成本所愿意生产的数量。在现代营销中，供应量根据市场需求的变化往往是随时变化的。比如，有商家提出的“零库存”概念，就是根据需求来确定供给，以降低产品的成本，使价格更有竞争力。供给和需求是一个经济学模型，它被应用于决定市场均衡价格和均衡产量。这个模型适用于竞争性市场，而不适用于市场存在垄断或者寡头垄断的情况，需求或者供给价格分别与消费者的需求量和生产者的供给量挂钩，形成市场两种力量，决定价格和产量的均衡。一般情况下，价格的变动是因为市场的需求与供给发生了变化，一般的规律是供过于求时价格下降，供不应求时价格上涨。供求关系与价格变化关系图如图 8-1 所示。

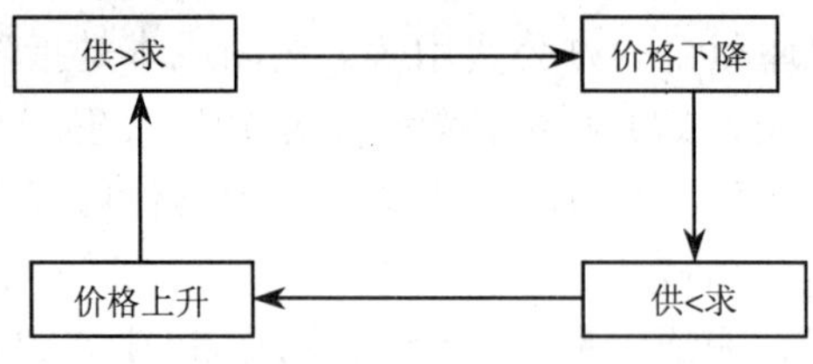

图 8-1 供求关系与价格变化关系图

供求关系对价格的影响可以通过图 8-1 看出：当商品的供应量大于消费者的需求时，因为商品的过剩，生产者为了卖出商品，必然降低商品价格，以促进销售量的增长；当消费者看到商品价格下降后，往往会因为价格便宜而产生更多的需求，导致商品需求量大于供给量；在这种情况下，生产者为了获得高价利润，又不愁销路，则会提高商品的价格，并加大商品供给量；但当商品供给量大于需求后，为了卖出多余的商品又将导致商品价格的下降。

2. 消费者对产品价格与价值的感受

评判价格的高低，最有发言权的始终是消费者，因此，企业在对产品定价时，应当特别研究消费者对价格和价值的评价以及二者对于是否决定购买的影响。总之，在市场营销过程中，始终是以对消费者的研究为中心的。消费者面对众多的产品进行选购时，往往将同质产品的价格进行相互比较，只有认为物有所值时才会购买，即产品的价值符合消费心理。因此，企业应该注意消费者对产品价值是怎样感知的。价值可以分为消费者自身认为的价值和产品的实际价值，在实践中，二者不一定是等同的。有些商品，如奢侈品的定价不一定只根据实际价值和成本来定价，更多地考虑消费者的购买目的、市场需求强度等。

3．需求的价格弹性

需求的价格弹性即产品价格变动对市场需求量的影响。不同产品的市场需求量对价格变动的反应程度不同，也就是弹性大小不同。企业制定的每一种价格都会产生不同的需求水平。通常情况下，产品的需求量与产品价格成反比（需求定律）。但对于某些高档名牌产品来说，其需求量与价格可能成正比。因此，需求决定产品价格的上限。

需求的价格弹性计算公式为

$$E=(\Delta Q/Q)/(\Delta P/P)$$

式中 E 表示需求弹性系数；P 表示价格；Q 表示需求量。

当 $E<1$ 时，需求缺乏弹性。此时企业提高产品售价可以增加总收益，因为需求减少的幅度小于提价的幅度。生活日用品属于这类，但不能提价太高。

当 $E>1$ 时，需求富有弹性。此时企业降低产品售价可以增加总收益，因为需求增加的幅度大于降价的幅度。一般的奢侈品、金银首饰、耐用消费品属于这类，但不能降价太多。

当 $E=0$ 时，需求没有弹性，需求不随价格的变化幅度而变化，如生活必需品盐、油等。

影响需求的价格弹性的因素主要有：

（1）消费者对产品的需要程度。

（2）产品的可替代性。

（3）消费者的收入水平。

实例 8-1

“十一”黄金周期间及春节前后，火车票的价格较平时都会有一定的上浮。虽然票价涨了，但是旅客数量不见减少，反而百倍增多。对铁路客运服务来说，服务价格的高低直接关系到企业收益高低。同时，我们也看到另外一种情况，同是客运服务，市区公共交通服务价格并未上涨。这主要是因为，“十一”黄金周期间及春节前后，是每年旅客出行的三个高峰期，需求变化量很大，但这种需求的增加并不是由于价格的变动而引起的，而是旅客休闲和家庭团圆的需要的结果。因此，由价格变动而相应引起的需求变动不大，铁路客运的需求价格弹性仍然较小。市区公共交通服务受价格变动的影响就很大，如果服务价格上涨，需求马上会大幅下降，直接影响公共交通服务企业的收益。因此，市区共同交通服务价格比较稳定，即使是在春节期间，价格也没有上涨。

三、竞争

市场经济是竞争的经济，消费者在选购商品的时候，面对众多同质的商品，势必要进行比较。如果生产者采用高价高利润的策略，会对同类竞争者产生一定影响，因为高价会使得企业的利润相对较高，但也要注意到，一些以拓展市场为目的的竞争者就会采取相反的低价低利润策略。在这种竞争中，一些较弱的企业将会被淘汰。企业为了增强自己的市场地位，就需要对竞争者所生产产品的价格有一个清晰的认识，进行调查研究，为自己的产品定价提供第一手资料。如果自己的产品与竞争者的产品相类似，那么定出的价格应当相当，否则过大的价格差异会丧失大批消费者；如果比竞争者的产品质量要低，就应当降低价格，争取不同的消费群体；如果质量高于竞争者，就可以定高价，形成自己独特的特性，吸引特定的消费群体。

四、其他因素

除了上述几个主要因素外，以下几个方面的因素也会不同程度的影响到企业产品定价：

1．企业营销目标

企业在产品定价时，首先应当明确营销的目标，即利润、市场份额等。如果企业生存情况不佳时，或因经营不善造成产品大量积压，资不抵债时，企业营销的目标首先应当是如何生存下去，如何快速处理积压的大量产品，因此应当制定低价，甚至可以等于或低于成本。如果企业要发展壮大，应当争取利润的最大化，以此为目标的情况下，企业需要评价和比较不同价格的市场需求，同时应当考虑产品的生产成本问题。如果企业以扩大市场份额为目标，为了短期内迅速提高市场份额，可以降低产品的价格，这样可以用短期的利润损耗，换取较大的市场份额，提高产品知名度，从而为今后获得长期利润做准备。

2．价格决策机制

价格决策机制是指产品由谁来定价，按照什么程序定价，在定价过程中，如何进行信息的反馈和交流等。大型企业中一般有专门的部门负责定价，有一套健全的定价体系，如让产品线经理提出定价建议等；小企业经常是由高层管理者负责定价；在一些特殊产品企业中，也允许销售人员自己在一定的幅度内与用户协商确定产品的价格。价格决策机制不同，所定出的价格就会存在差异。就定价的程序而言，企业的高层领导者，应当注意听取基层管理人员和营销人员的建议和反馈。在大型企业的重要产品定价中，应当建立专门的定价机构，该机构可以与企业负责人、营销部门、生产部门直接联系，取得第一手资料，为准确定价提供全面的信息支持，同时其他业务部门，如财务、物流等部门也应对定价有发言权。

3．宏观经济因素

企业在对产品定价时，要考虑当前所处的宏观经济环境包括利率、经济形势（繁荣或萧条）、通货膨胀等，这些因素对产品的价格影响很大。例如，经济发展较快，人们的收入增长快，易出现需求膨胀，导致物价总水平上涨；而经济处于调整时期时，经济发展放慢，人们收入增长减缓，易出现有效需求不足，影响物价总水平基本稳定。

实例 8-2

上海大众是德国大众在我国与上海汽车工业集团总公司成立的合资企业，在品牌营销方向上基本继承发扬了德国大众的策略。而德国大众作为世界知名的跨国公司，其制订出的定价策略，是保证公司目标实现的重要条件。通常，这类公司产品价格会受到三个制约因素——生产成本、竞争性产品的价格和消费者的购买能力，其中产品的生产成本决定了产品的最低定价，而可比产品的竞争性定价和消费者的购买能力则制约着产品的最高定价。

以上海大众上市销售的帕萨特高档车帕萨特 2.8V6 为例。2003 年 1 月 21 日，上海大众正式向媒体展示刚刚推出的帕萨特 2.8V6。其打出的品牌定义为“一个真正有内涵的人。并非矫揉造作。”营销目标是“成为中高档轿车的领导品牌”、“成为高档轿车的选择之一”。无疑，上海大众希望传播这样一个目标：帕萨特是中高档轿车的首选品牌；在品牌形象方面是典范；要凌驾于竞争对手别克、雅阁和风神蓝鸟之上；缩小与高档品牌（如奥迪、宝马、奔驰）之间的差距。

上海大众为了制订出有竞争优势的市场价格，从以下几个方面分析了自己的优劣势。

（1）就生产成本而言，由于上海大众已在 2000 年就开始生产该车系，而且产销量每年递增，所以生产成本自然会随着规模的增加而降低。

（2）竞争品牌技术差异。

1）在与市场同档次产品（如奥迪 A6、本田雅阁、通用别克等）相比，虽然帕萨特的长度排名最后一位，但是帕萨特轿车身材最高，达 1.47 米；整车轴距为 2.803 米，远远高于雅阁、别克。帕萨特的乘坐空间和乘坐舒适性在同类轿车中处于最好水平，尤其对后排乘员来说，腿部和头部空间尤显宽敞。

2）帕萨特和奥迪 A6 所用的 2.8V6 发动机技术水平均处于领先地位。

3）空气阻力影响汽车的最高车速和燃油油耗。帕萨特的风阻系数仅为 0.28，在同类轿车中处于最好水平。

4）和帕萨特及奥迪 A6 的周密防盗系统相比，雅阁没有发动机电子防盗系统和防盗报警系统，别克轿车没有防盗报警系统。

5）帕萨特轿车的长度在四种车型中名列之末，但由于其卓越的设计，帕萨特的行李箱容积却超过了广州本田雅阁和上海通用别克的水准。

（3）上海大众建厂最早，售后服务维修站的数量自然也会居于首位。

在对经销商的培训及消费者的宣传中，上海大众用了这样的语言："上海大众便捷的售后服务、价平质优的纯正配件，使帕萨特的维护费用在国产中高级轿车中最低，用户耽搁时间最短，真正实现'高兴而来，满意而归'。"很明显，上海大众抓住了消费者的需求心理：高质量、低价位、短时间。

在对全员培训中，上海大众非常明确地描绘出了帕萨特的品牌定位：感性表述——帕萨特宣告了你人生的成就；理性描述——帕萨特是轿车工业的典范。最后一句"帕萨特 2.8V6 是上述品牌定位的最好例证"，推出了新产品的卖点与竞争力。

整个营销方案的最后，打出了帕萨特 2.8V6 的定价：35.9 万元人民币。

资料来源：魏惠娟．剖析上海大众帕萨特营销策略[J/OL]．南方网汽车频道．http://www.southcn.com/car/caizht/dazhong200/200207301970.htm．

第二节 企业的定价目标

企业在给产品定价以前，先要考虑一个与企业总目标、市场营销目标相一致的定价目标，作为确定价格策略和定价方法的依据。企业的定价目标主要分为以下几种。

一、利润目标

1．以追求预期收益为目标

预期收益是指企业将预期收益水平规定为占投资额或销售额的一定比率，也称投资收益率。

在产品成本费用不变的情况下，产品价格的高低取决于投资收益率的大小，此时，价格与投资收益率呈正比例关系。如投资是银行贷款，企业的预期投资收益率要高于银行贷款利息率；若投资是企业自有资金，其收益率应高于银行存款及其他证券利率；如投资是政府调拨资金，其收益率要高于政府投资时规定的收益指标。

若市场竞争者较少，则预期收益率可定得高一些；如为防止潜在竞争，则收益率可定在适中的位置。

实行这种定价目标的企业一般应具备较强的实力，在同行业中居于领先地位，生产标准化，产销量规模大，经济优势显著或产品差异化程度高，产品价格相对也较高。

2．以追求最大利润为定价目标

该目标一般通过给产品定高价来实现，但不是制定最高价格。企业的盈利来自全部收入扣除全部成本费用和税金及附加之后的余额，而不是单位商品价格中所包含的预期盈利水平，最大的盈利往往更多地取决于合理价格推动更多需求扩大销售规模。

选择这一定价目标的企业要以良好的市场环境为前提，即企业在市场上享有较好的声誉，生产技术、产品质量在市场上处于领先地位，同行业竞争对手的力量薄弱，消费者对产品的需求评价较高。

二、以稳定价格为目标

以此为定价目标时，通常由行业中的领导者地位的企业先制定一个价格，其他企业的价格与之保持一定的比例关系，或大体接近。这样，不仅可以使价格稳定在一定的水平上，保证企业在经营中获得稳定的利润，而且也避免了在竞争中的价格战给企业带来经营风险和财务风险。

三、以扩大市场占有率为目标

扩大市场占有率最好的途径是降低价格和利润水平，从而增加销售量。每个企业的生产工艺和生产规模存在差异，因此并不是所有的企业都可以以扩大市场占有率为企业目标，如果要以扩大市场占有率为企业目标，企业生产必须满足以下条件：

（1）存在大量生产的物质条件。

（2）总成本的增长速度低于总产量的增长速度。

（3）单个商品生产成本低于同类产品的生产成本。

四、产品质量领先为目标

该目标是指企业要在市场上树立产品质量领先地位时，而在价格上作出的反映。优质优价是一般的市场供求准则，研究和开发优质产品必然要支付较高的成本，自然要求以高的价格得到回报。从完善的市场体系来看，高价格的商品自然代表着或反映着商品的质量及其相关的服务质量。

采取这一目标的企业必须具备提供高质的产品和提供优质的服务两个条件。如果企业不具备以上条件，而采取高价位策略，只会吓跑顾客，失去市场。

五、应付和防止竞争为目标

当企业遇到生产能力过剩或激烈的市场竞争或者要改变消费者的需求时，它要把维持生存作为自己的主要目标。为了保持工厂继续开工和使存货减少，企业必然要制定一个低的价格，并希望市场是价格敏感型的。生存比利润更重要，不稳定的企业一般都求助于大规模的价格折扣，为的是能保持企业的活力。对于这类企业来讲，只要产品的价格能够弥补变动成本和一部分固定成本，即单价大于单位变动成本，企业就能维持生存。

综上所述，企业的发展阶段不同，企业产品的市场占有率不同，企业所处的市场环境不同，就会有不同的企业目标，不同的定价依据。因此，企业必须综合考虑自己的生产能力和市场地位，从而制订出适合企业发展的产品价格。

实例 8-3

休布雷公司在美国伏特加酒的市场中，属于营销出色的企业，它们生产的史密诺夫酒在伏特加酒的市场占有率中达23%。20世纪60年代，另一家公司推出了一种新型伏特加酒，其质量不比罗密诺夫酒低，而每瓶酒的价格却比史密诺夫酒低一美元。

按照惯例，休布雷公司面前有三条对策可用：①降低一美元，以保住市场占有率；②维持原价，通过增加广告费用和推销支出与竞争对手竞争；③维持原价，听任市场占有率降低。

由此看来，不论休布雷采取以上哪种策略，都很被动，似乎将是输定了。但是，该公司的市场营销人员经过深思熟虑后，却采取了令人们大吃一惊、意想不到的第四种策略。那就是：将史密诺夫酒的价格再提高一美元，同时推出一种与竞争对手的新伏特加酒价格一样的瑞色加酒和另一种价格更低的波波酒。

资料来源：http://www.whfuqiao.com/info/info.asp?ids=v5003013-d1004782039.

问题：（1）第四种策略是否恰当？为什么？

（2）这一策略使公司的目标市场策略发生了怎样的变化？

分析说明

（1）恰当。通过提高价格，休布雷公司将自己的产品定位于高档产品，这就和竞争对手的产品区别开来了，另外，休布雷公司还增加了两个不同价格层次的产品，这样可以满足市场不同收入层次的消费者的需求。

（2）这一策略使公司实现由集中性市场策略到选择性市场策略的转变，从生产一种价格层次的史密诺夫酒到生产高、中、低档三个层次的酒，以满足不同收入和消费层次的顾客。

第三节　定价方法

当企业确定定价目标后，在给产品定价时就应对这些因素给予综合的考虑，不过，这还停留在定性分析上，要确定产品的价格，须掌握定价的方法。定价的基本方法有以下几种

一、成本导向定价法

成本导向定价法是以产品的成本为依据，分别从不同的角度制定对企业最有利的产品价格的定价方法。它包括总成本加成定价法、盈亏平衡定价法、目标投资收益率定价法、边际贡献定价法。

1．总成本加成定价法

（1）顺加法。它是指按照单位产品成本加上一定百分比的加成来制定产品销售价格。这种方法是我国一种传统的产品定价方法。其操作是：先计算生产销售产品的全部成本，再加上一定的预期利润额确定产品价格。单位产品销售价的计算公式为

$$\text{单位产品销售价}=\text{单位产品成本}\times(1+\text{加成率})$$

$$\text{加成率}=\frac{\text{计划售价}-\text{成本}}{\text{成本}}\times 100\%$$

例 1：某厂生产的某品牌电风扇，单位成本为 50 元，加成率为 40%，则每台电风扇的售价为 50×（1+40%）=70（元）

顺加法的优点主要是成本资料直接可得，计算简便。这种方法的基础原则是：将本求利，水涨船高。但这种方法只是从保证卖方利益出发而定价，忽视了市场需求者的利益。它比较适用于销售量与单位成本相对稳定、供求双方竞争不甚激烈的商品定价。

（2）倒扣法。这种方法主要应用于零售企业，公式中的产品成本就是零售企业的进价。单位产品销售价的计算公式为

$$单位产品销售价=\frac{单位产品成本}{1-毛利率}$$

$$毛利率=\frac{售价-进价}{售价}\times100\%$$

例 2：某零售企业购进一批高档手表，每只手表的进价为 1 600 元，计划毛利率为 30%，则每只手表的销售定价为：1 600÷（1−30%）=2 286（元）

加成率、毛利率的确定，因行业和产品特性的不同而有所差别，大众商品的加成率、毛利率较低，时尚、名牌、季节、新鲜易腐产品的加成率、毛利率较高，服务行业的也高。

2．盈亏平衡定价法

盈亏平衡定价法，也称保本定价法、收支平衡定价法。它是按照生产某种产品的总成本和销售收入维持平衡的原则，制定产品的保本价格。其计算公式为

$$单位产品保本价格=\frac{固定成本总额+变动成本总额}{预期销售量}$$

$$=\frac{固定成本总额}{预期销售量}+单位产品变动成本$$

盈亏平衡定价法使企业无利润可言，只是在市场不景气时，企业为了维持生产不得已而采取的定价方法。采用这种方法的关键在于正确预测市场的销售量，如果销售量预测不准确，则依此计算出来的保本价格也不会准确。

3．目标投资收益率定价法

目标投资收益率定价法，也称目标利润定价法。它是以投资额为基础，再加上投资收益来制定价格的方法。目标投资收益率的确定在前面也陈述过。单位产品价格的计算公式为

$$单位产品价格=\frac{总固定成本+目标收益}{预期销售量}+单位商品变动成本$$

$$目标收益=投资总额\times投资收益率$$

例 3：某企业的固定成本为 100 万元，计划销售量为 10 万件，单位变动成本为 5 元，该商品的投资收益率若定为 10%，求该商品的销售价格应为多少？

解：企业目标投资收益额为

$$(1\,000\,000+5\times100\,000)\times10\%=150\,000（元）$$

目标投资收益率定价时的单位商品销售价格（保利价格）为

$$\frac{1\,000\,000+150\,000}{100\,000}+5=16.5\text{（元）}$$

这种方法更全面地考虑了企业投资的经济效益，能够保证企业在一定时期内收回投资，有利于企业的发展。但是，与盈亏平衡定价法一样，市场需求的预测是否准确直接影响商品定价的准确性。同时，以这样的盈利价格能否达到预期销售量，也很难把握。

4．边际贡献定价法

该方法也称变动成本加成法。边际贡献是指销售收入减去变动成本后的差额。这种定价方法不计算固定成本，要点是：只要价格大于单位产品变动成本，这样的价格就是生产企业可以接受的价格。单位产品价格的计算公式为

单位产品价格=单位产品可变成本+单位产品边际贡献

例 4：某企业的年固定成本为 100 万元，每件产品的可变成本为 50 元，计划边际贡献为 40 万元，当销售量预计可达 10 000 件时，其价格为

$$\text{价格}=50+\frac{400\,000}{10\,000}=90\text{（元/件）}$$

例 5：某厂生产甲产品的年生产能力为 10 000 台，固定成本为 120 万元，国内只接到订货 8 000 台，售价每台 1 000 元，经核算只够保本。现有一外商洽谈订货 2 000 台，要求把价格降到 920 元，试确定该项订货是否可以接受？如果接受，利润有多少？

解：根据 $\text{单位产品保本价格}=\frac{\text{固定成本总额}}{\text{预期销售量}}+\text{单位产品变动成本}$

得 $$\text{单位产品变动成本}=\text{单位产品保本价格}-\frac{\text{固定成本总额}}{\text{预期销售量}}$$

$$=1\,000-\frac{1\,200\,000}{8\,000}$$

$$=850\text{（元/台）}$$

又第二次的订货价格大于单位产品变动成本（920>850），第二次的订货价每台 920 元，企业可以接受。如果接受，可得利润为

$$(920-850)\times 2\,000=140\,000\text{（元）}$$

或 利润=总销售收入−固定成本−变动成本

$$=(1\,000\times 8\,000+920\times 2\,000)-1\,200\,000-850\times(8\,000+2\,000)$$

$$=140\,000\text{（元）}$$

当市场价格低于企业产品的总成本，企业又拿不出别的对策时，只好按边际贡献定价，只要市面上的产品价格大于单位产品变动成本，所得收入除足够弥补变动成本外，企业还能获得一定的边际贡献来弥补固定成本。如果市面上的产品价格低于单位产品的变动成本，生意就不能做了，因为在这种情况下，多做多亏，不如不做。

在国际贸易中，有些企业为了打进国外某一市场，产品定价往往同时采用按总成本定价和边际贡献定价这两种方法，即国内市场按总成本定价，并要求国内销售量达到保本点，出口部分则按边际贡献定价法定价，只要出口部分售价高于变动成本，企业便有利可图。企业采用这种做法既可以以较低价格向国外市场渗透，又可保证企业取得一定的利润。

二、需求导向定价法

这是一种以需求为中心，以顾客对商品价值的认识为依据的定价方法。

实例 8-4

在便利店或超市，一瓶啤酒 3 元钱，而在高级饭店却要 8 元甚至更多，这是由于环境、气氛、服务等因素提高了产品的附加值，使消费者愿意支付那么高的价格。

资料来源：http://www.tianjinwe.com/tianjin/tjwy/201104/t20110429_3662712.html.

1. 认知价值定价法

这种方法的基本指导思想是，认为决定商品价格的关键因素是顾客对商品价值的认知水平，而不是卖方的成本。因此，企业在对产品定价时，先要估计和测量在营销组合中的非价格变量在顾客心目中建立起来的认知价值，然后根据顾客对商品的认知价值，制订出商品的价格。

一般说来，每一种商品的性能、用途、质量、外观及其价格等在消费者心目中都有一定的认知和评价。当卖方的价格水平与消费者对商品价值的认知水平大体一致时，消费者才能接受这种价格。

认知价值定价法与现代产品定位思想很好地结合起来，成为当代一种全新的定价思想和方法，被越来越多的企业所接受。其主要步骤如下：

（1）确定顾客的认知价值。它是指确定顾客对企业产品的性能、用途、质量、外观及市场营销组合因素等在其心目中的认知价值。

（2）根据确定的认知价值，决定商品的初始价格。

（3）预测商品的销售量。它是指在估计的初始价格的条件下，可能实现的销售量。

（4）预测目标成本。目标成本的计算公式为

目标成本总额=销售收入总额−目标利润总额−税金总额

单位产品目标成本=单位产品价格−单位产品目标利润−单位产品税金

（5）决策。它是指把预测的目标成本与实际成本进行对比，来确定价格。

1）当实际成本不高于目标成本时，这说明，在初始价格的条件下，目标利润可以保证，因而初始价格就可定为商品的实际价格。

2）当实际成本高于目标成本时，这说明，在初始价格的条件下，目标利润得不到保证。企业需要进一步作出选择，要么降低目标利润，要么设法进一步降低实际成本，使初始价格仍可付诸实施。否则，只能放弃原有方案。

（6）判定顾客的认知度。认知价值定价法的关键是准确地确定消费者对所提供商品价值的认知程度。对自己提供的商品价值产生夸张自满看法的卖主，会令他们的产品定价过高。对自己产品的消费者认知价值估价过低，定的价格就可能低于他们能够达到的价值。为了建立起市场的认知价值，进行市场调研是必不可少的。正确判断顾客对商品价值的认知程度，目前采用的办法主要有以下三种：

1）直接评议法，即邀请有关人员，如顾客、中间商及有关人士等，对商品的价值进行直接评议，得出商品的认知价值。

2）相对评分法，又称直接认知价值评比法，即请顾客等有关人员用某种评分方法对多种同类产品进行评分，然后再按分值的相对比例和现行平均市场价格推算评定产品的认知价值。

3）诊断评议法，即用评分法对产品的功能、质量、外观信誉、服务水平等多项指标进行评分，找出各因素指标的相对认知价值，再用加权平均方法计算出产品总的认知价值。

例 6：有 A、B、C 三家企业制造同一种开关，抽样选出一组工业用户为对象，邀请这些用户的采购员来检查和评价这三家企业产品的价值。这里有三种可供选择的方法。

解一：直接评议法。在这种情况下，采购员们为他们认定的每种开关估计一个能反映从这些企业购买这种开关的价格。他们评议的结果是：A、B、C 三家企业开关的价格分别为 2.55 美元，2.00 美元和 1.52 美元。

解二：相对评分法。在这种情况下，采购员们给三家企业的产品以 100 分打分计算，依此来反映购买每家企业开关的总价值。假设 A、B、C 三家企业分别获得 42 分、33 分、25 分。如果一只开关的平均市场价格为 2 美元，三家企业分别收取的价格就是 2.55 美元，2.00 美元和 1.52 美元，以反映认知价值的不同。

解三：诊断评议法。在这种情况下，采购员们对三家企业提供的一组产品属性进行评价。他们对每种属性，分配 100 分给三家企业，他们也分配 100 分以反映各属性的相关重要性。产品属性评价表见表 8–1。

表 8–1 产品属性评价表

重要性权数（%）	属 性	产 品		
		A	B	C
25	产品耐用性	40	40	20
30	产品可靠性	33	33	33
30	交货可靠性	50	25	25
15	服务质量	45	35	20
100	认知价值	41.65	32.65	24.9

把对每个企业的评分乘以重要性权数，然后加总，我们可以发现，A 开关的认知价值约为 42 分；B 开关的认知价值约为 33 分；C 开关则约为 25 分。

显然，在顾客眼里，A 企业产品有更高的认知价值，可以定较高的价格。如果 A 企业希望按其认知价值成比例定价，它可以定价为 2.55 美元（2×42/33，其中：2 美元为平均价格）。

如果三个企业都按其产品的认知价值成比例地定价，那么，每个企业都可得到相应的市场占有率。因为它们各自的认知价值对价格的比例相等。如果一个企业的定价低于其认知价值，它就会得到较高的市场占有率。因为，在顾客看来，他付同样的钱，可以得到更多好处。相反，如果一个企业的定价高于其认知价值，它就会得到较低的市场占有率，或者根本得不到市场的承认。

实例 8–5

天天低价（Everyday Low Pricing，EDLP）定价法，被许多零售商采用。四个最成功的美国零售商家得宝公司（Home Depot）、沃尔玛（Walt-Mart）、欧迪办公（Office Depot）、玩具反斗城（Toys“R”Us）公司都使用天天低价定价法。这种定价方法强调把价格定得较低，但它们的定价并非总是市场上的最低价。因此，从某种意义上说，“天天低价”中的“低”并不一定是最低。对这种定价方法更准确地表述应该是“每日稳定价”，因为它防止了每周价格的不稳定性。成功运用天天低价法会使零售商从与对手的残酷价格战中撤出。一旦顾客意识到价格是合理的，他们就会更多、更频繁地购买。天天低价法下的稳定价格还减少了高/低定价法中的每周进行大量促销所需要的广告，而是把注意力更多地放在塑造企业形象上。另外，天天低价法的销售量和顾客群都较稳定，不会因贱卖的刺激而产生新的突发消费群，因而销售人员可以在稳定的顾客身上花更多的时间，多为顾客着想，提高企业整体服务水平。

由于对大多数零售商而言，天天低价难于保持，且采用天天低价法，零售商的商品价格与其竞争者的价格必须是可比的。比如，某百货公司销售的全国名牌产品或超级市场上的牛奶和糖这样的日用品。因而，在零售市场上与天天低价法对立的高/低定价法也被广泛采用。在高/低定价法（High/Low Pricing Strategy）中，零售商制定的价格会高于其竞争者的天天低价，但使用广告进行经常性的降价促销。在降价过程中，卖场常常出现一种“仅此一天，过期不候”的氛围，从而导致购买者人头攒动，大大刺激了消费。过去，零售商仅仅在季末降价销售时尚商品，杂货店和药店也只有在供货方提供优惠价格或存货过多时才会降价销售。现在，许多零售商对日益加剧的市场竞争和顾客对价值的关注作出反应，采用经常降价的方式进行促销。杂货店和药店的供货方也通过增加处理期（Deal Periods）获得更高收益。在处理期内，制造商则对零售商购买的商品提供特惠价格。

当然，零售商也可交替使用两种定价方法。在美国，较早实行天天低价的零售商（如沃尔玛）现在也开始进行经常性的促销活动，而主要使用高/低定价法的零售商则为努力稳定其价格而使用天天低价法。

资料来源：http://jpkc.gdut.edu.cn/08xjsb/scyx/CONTENT/WORD/%E7%AC%E5%8D%81%E4%B8%89%E7%AB%AO%E5%AE%9A%E4%BB%B7%E7%AD%96%E7%95%A5.doc.

2．差别定价法

这种方法又称区分需求定价法，是指在给产品定价时可根据不同需求强度、不同购买力、不同购买地点和不同购买时间等因素，采取不同的价格。

（1）以顾客为基础的差别定价。它是指对不同的消费者，产品可以采用不同的价格。例如，对老客户和新客户采用不同价格，对老客户给一定的优惠；同一产品卖给批发商、零售商或消费者，采用不同的价格等。

（2）以产品式样为基础的差别定价。例如，对于不同地区的购买者采用不同的价格；同一地区或城市的影剧院、运动场、球场或游乐场等因地点或位置的不同，产品定价也不同。

（3）以时间为基础的差别定价。不同季节、不同日期，甚至在不同时点的商品或劳务可以制定不同的价格。例如，宾馆、饭店在旅游旺季和淡季的收费标准不同；公用事业如电话、电报等在不同时间（白天、夜晚、节假日、平日等）的收费标准不同；出租小摊贩车在白天和夜晚的收费标准不同等。

采用差别定价法，要具备一定的前提条件，首先是要分析需求差别，搞好市场细分；其次要防止引起顾客反感和敌意。

三、竞争导向定价法

这种方法的主要特点是定价不直接与成本或需求相联系，而主要着眼于对付竞争者。成本和需求可能发生变化，但企业仍维持原价格不变，因为竞争者的价格不变。相反，当竞争者改变价格时，企业也要改变其产品定价，即使成本与需求可能并未发生变化。

1．随行就市定价法

随行就市定价法就是企业使自己的产品价格跟上同行业的平均水准，也称为流行水准定价法。这种方法主要适用于匀质产品，如原料、食物、纺织品等，不论是哪个企业生产的，只要规格相同，产品质量是相似的。

在完全竞争的市场上，经营匀质产品的企业对产品的定价，除了按流行水准以外，可以说毫无选择余地。因为价格完全由市场决定，企业如果将价格定得高于流行价格，就会失去消费者。企业也没有必要将价格定得高于流行价格。因为在流行水准时，已经可以将产品全部销售。因此，匀质产品在完全竞争市场上出售，企业是没有什么定价方法可言的。企业唯一的竞争手段就是控制成本，以获得更多的利润。

当然，企业采用随行就市定价法，并不意味着在任何情况下，都和竞争者的价格相同。经营非匀质产品，即同种产品的质量会因制造者的不同而出现很大差异的企业就会有很大的余地作出定价决策。它们可以将价格定得高于流行水准，但是必须使顾客相信它们的产品具有更好的质量或服务。

2．拍卖定价法

拍卖定价法是由卖方预先发布公告，公布时间、地点、拍卖物、拍卖起步价等，经买方看货后，卖方通过拍卖市场公开叫价，买方相互竞争，将商品卖给出价最高者的一种定价销售方式。拍卖定价法主要用于品质不易标准化的商品的定价，如各类藏品、土地、房屋、企业，或不能长期保存、季节性强、淘汰周期短的各类商品。

实例 8-6

2005 年 4 月 18 日，在浙江西湖龙井御茶园上演了一场拍卖大战，100 克十八棵御茶极品最后以 72.8 万元/斤的天价定槌。这个价格创下了西湖龙井茶的历史最高价——每克 1456 元，相当于黄金价格的 10 余倍。这也许已是中国利润空间最大的农副产品。100 克御茶极品摘自清朝乾隆皇帝当年在杭州狮虎山胡公庙前品茗问源时钦定的十八棵御茶，这十八棵御茶每年春茶总产量仅 1 公斤。

资料来源：极品龙井御茶拍出 14.56 万元[J/OL]．新浪网．http://news.sina.com.cn/c/2005-04-19/03345685501s.shtml．

3. 密封投标价格

以竞争为中心的定价方法，在需要投标取得承包工程合同的场合，也是很流行的。投标价格是厂商自己的报价。这是厂商根据竞争者可能提出的报价，并考虑自己的成本、利润而确定的报价。

企业确定投标价格是以既能取得承包合同，又能得到尽可能大的利润为目标的。但是这两个方面是有矛盾的。一方面为了取得承包合同，企业的报价必须低于所有竞争者，但是又不能太低，如果低于成本，企业将得不到利润会受到损失，中标也就失去了意义；另一方面为了取得利润，企业的报价必须尽可能提高，但也不能太高、定价提高，可能的利润将增加，而取得合同的机会必将减少。

实际上，企业常通过计算期望利润的办法，来确定投标价格。期望利润，即某一投标价格所能取得的利润与估计中标的可能性的乘积，期望利润最大的投标价格，就是企业最佳的投标报价。

例 7： 假定有一投标项目，某企业估算各种投标价格时的期望利润见表 8-2。

表 8-2 某企业估算各种投标价格时的期望利润

企业的投标价格/万元	企业利润/万元	报价的中标可能性（%）	期望利润/万元
950	10	81	8.1
1 000	60	36	21.6
1 050	110	9	9.9
1 100	160	1	1.6

期望利润最高为 21.6 万元，所以企业应报的投标价格为 1 000 万元。

第四节 定价策略

在市场营销活动中，企业不仅要掌握制定价格的方法，还要研究各种定价策略。定价策略是企业制定价格的谋略和技巧。企业的定价策略，要根据商品本身的情况、市场状况、成本状况、消费者构成、消费心理而制定。

一、新产品定价策略

新产品是指产品整体概念中的任何一部分进行的变革或者创新，并能给消费者带来新的利益和满足的产品。新产品与其他产品相比，可能具有竞争程度低、技术领先的优点，但同时也会有不被消费者认同和产品成本高的缺点，因此在为新产品定价时，企业既要考虑能尽快收回投资，获得利润，又要有利于消费者接受新产品。实际中，常见的定价策略有以下三种。

1. 撇脂定价策略

撇脂定价策略是指企业的新产品一上市，把价格定得尽可能高，以期及时获得较高的收益，在商品市场生命周期的初期便收回研制开发新产品的成本及费用，并逐步获得较高的利润，随着商品的进一步成长再逐步降低价格。采用此策略的企业商品一上市便高价厚利，其做法很像从牛奶的表面撇取奶油，所以称为“撇脂法”。

（1）策略目的。企业采取撇脂定价策略的目的是在新产品上市之初即赚取丰厚的市场利润，以追求短期利润最大化，获取高额利润，以迅速收回投资和弥补产品的研究与开发费用，增强企业产品高质、高价的形象定位，确立企业的优势竞争地位，掌握调价主动权。

（2）策略适用条件。撇脂定价策略可尽早争取主动，达到短期获得最大利润的目标。当然企业采用这种价格策略是有先决条件的，撇脂定价策略应在以下条件具备时才能采用：

1）应有足够的购买者，他们的需求缺乏弹性，即使把价格定得很高，市场需求也不会大量减少。

2）产品价格缺乏弹性，高价造成的需求或销售量减少的幅度很小，或者早期购买者对价格反应不敏感。

3）新产品质量与价格相符。

4）产品或服务处在介绍期，企业希望通过高价策略获得更多的利润。

5）新产品与市场上现有产品相比有显著的优点，有足够多的消费者能接受高价并购买。

6）由于短时期内对产品进行仿制、复制有困难，仿制、复制产品出现的可能性小，竞争对手少。

7）产品生命周期过短时，采用高价策略有助于短期内收回成本。

8）企业重视利润胜过销售量，希望保持较高利润率。

9）产品受专利保护。

（3）应注意的问题。

1）由于定价过高，可能会导致缺乏渠道成员的支持。

2）由于定价过高，可能得不到消费者的认可。

3）由于定价过高，高价厚利会吸引众多的生产者和经营者转向此产品的生产与经营，加速市场竞争。

实例 8-7

苹果公司的 iPod 数码产品是十分成功的产品，取得了巨大成功。第一款

iPod零售价高达399美元，属于高价位产品，但是有很多“苹果迷”既有钱又愿意花钱，所以还是纷纷购买。苹果的撇脂定价策略取得了成功。但是苹果公司认为可以“撇到更多的脂”，于是不到半年又推出了一款更大容量的iPod，当然价格更高，定价499美元，仍然卖得很好。苹果公司的撇脂定价策略大获成功。

资料来源：张苗莹. 市场营销策划[M]. 北京：高等教育出版社，2007.

实例 8–8

云南白药牙膏，零到三亿元的营销大突破

2005年，云南白药集团借助“云南白药”的悠久历史、特殊功效和高度的知名度，在竞争激烈的牙膏市场中推出了云南白药牙膏，经过精心策划，实施有效的营销组合策略，在中央电视台大做特做广告，产品一上市，每支牙膏的零售价格高达22元，产品销售一路看好，从2005年7月至2005年12月，销售额达三亿元。2006年，权威机构发布的数据表明，云南白药牙膏销售量进入全国前十名，销售额进入前五名，部分城市排名第三，仅次于佳洁士和高露洁。

资料来源：管理人网. http://marketing.manaren.com/yxch/201004/3401.html.

2. 渐取定价策略

渐取定价策略也称低额定价策略，与速取策略截然相反，企业在向市场推出新产品时，尽量把价格定得低些，薄利多销。在商品上市后，以较低价格在市场上慢取利润、广泛渗透，可以占有比较大的市场份额，以提高销售量来获取企业利润，也较容易得到销售渠道成员的支持，低价低利对阻止竞争对手的介入也具有屏障作用。

（1）策略目的。企业采取渐取定价策略的目的是渗透新市场，立即提高产品的市场占有率，并能快速而有效地占据市场空间。企业不追求短期利润最大，并以低价格、低利润阻止竞争对手的进入。

（2）策略适用条件。商品的市场规模较大，存在着强大的市场潜力；商品的需求价格弹性较大，稍微降低价格，需求量会大大增加；通过大批量生产能降低生产成本。

（3）优点。

1）扩大市场，让无法支付高价的新消费者成为实际购买者。

2）低价可使现有消费者增加产品使用量。

3）对于价格弹性大的产品，低价会促进销售，虽然单位利润低，但销售量的增加仍会提高利润总额。

4）作为先发制人的竞争策略，有助于夺取市场占有率。

5）和竞争者保持均势。如果大多数竞争者都降低价格，就必须跟进，尤其当产品价格很敏感时。而且如果强大竞争者提供无法与之匹敌的附加价值时，为了作出反应，只好降低产品价格。

6）低价可阻止实力不足的竞争者进入市场。这种扩大市场的定价政策，使企业可在竞争压力最小的情况下，获得大量最忠实顾客。

（4）可能存在的问题。

1）产品定价过低，一旦市场占有率扩展缓慢，企业收回成本的速度也会很慢。

2）低价容易使消费者怀疑产品的质量。

实例 8-9

飞度汽车的定价

2004 年，在国内经济型轿车市场上，广州本田的飞度统一全国销售价格，1.3 升五速手动挡的为 9.98 万元，1.3 升无级变速自动挡的为 10.98 万元，飞度定价一步到位。而比飞度略早上市的上海大众的三厢 POLO 上市时的价格，手动挡的为 13.09 万元，自动挡的为 16.19 万元。飞度上市后，尽管 POLO 进行了价格调整，最低价调为 11.11 万元，但价格还是高于飞度。虽然飞度 9.98 万元的价格超过了部分消费者的心理预期，但在行家眼里，这是对其竞争对手致命的定价。这就使得长期徘徊观望的经济型轿车潜在消费者打消了顾虑，放弃了持币待购的心理，纷纷选择了飞度。

资料来源：陈玮，李穗豫．本田飞度——低价，一步到位[J]．现代营销·营销学苑，2005（8）．

3．中间定价策略

中间定价策略是指产品价格按照本行业的平均定价水平或者按当时的市场行情来制定。企业制定的产品价格被消费者认可，企业则可以在不承担较大风险的情况下，获得比较稳定的市场份额；同时，价格不高不低，销售渠道成员觉得稳妥，可以保持经营的积极性；从企业自身来看，可有计划地在适当的时间内收回企业的研制成本。采用这种定价策略，企业有一定的利润而乐于经营，消费者、中间商及企业都满意，所以又称为“满意法”。

中间定价的最大优点是稳妥，应当注意的问题是要避免产品因没有特色而打不开销路。

实例 8-10

通用汽车公司的雪佛莱汽车（Chevrolet Camaro）就是采用的满意定价策

略（中间定价策略），该品牌汽车的价格为绝大部分市场所能承受，其市场规模远远大于高价的“运动型”（Sporty）外形的细分市场。在雪佛莱汽车的样式十分流行，供不应求时，公司仍采用满意定价策略数年不变，原因在于通用汽车跑车生产线上已经有一种采取撇脂定价的产品——Corvette，若对雪佛莱汽车也采取撇脂定价，会影响原来高价产品的销售。

资料来源：http://JPKC.gdut.edu.cn/08xjsb/scyx/CONTENT/WORD/%E7%AC%AC%E5%8D%81%E4%B8%89%E7%AB%AO%E5%AE%9A%E4%BB%B7%E7%AD%96%E7%95%AS.doc.

二、产品组合定价策略

产品组合是指一个企业所生产经营的全部产品大类和产品项目的组合。对于多品种生产经营的企业来说，各种产品有需求和成本之间的内在相互关系及受到不同程度竞争的影响。如何从企业总体利益出发，为每一种产品定价，发挥每一种产品的有关作用，是这类企业定价过程中经常遇到的问题。

1. 产品线定价策略

企业一般都不只生产经营单一产品，而是生产经营一系列产品，并且使产品的品种、档次、规格、花色、式样、等级等多样化。因为产品之间存在差异，因此在价格上也应有所区别。企业在对产品定价时，首先，确定某种产品为最低价格，它在产品线中充当招徕价格，吸引顾客购买产品线中的其他产品；其次，确定产品线中某种产品为最高价格，它在产品线中充当品牌质量象征和收回投资的重要角色；最后，根据其他产品的成本、特色、质量等分别定价。

在许多行业，企业为产品线的产品定价时，使用的是已经成熟的等级定价法。例如，经营服装的商店，一般都会有高、中、低三种等级的服装，以便满足不同阶层的顾客需求。

实例 8-11

“第二次世界大战期间，我在法国南部一个有六个孩子的家庭长大。为了养家糊口，我父亲弄了一个很大的菜园子，我们几个小孩每周末都在当地的露天市场卖新鲜的蔬菜。我们总是拿着两篮子西红柿到市场卖，这些西红柿其实都是出自同一个菜园，质量相同，唯一不同的是它们的价格。”

“你猜猜发生了什么事？毫无例外地，价钱高的那一篮总会先卖光。所以，我们不停地从价格比较低的篮子里取出西红柿，放进价格高的那个篮子里。”

这是一位法国朋友给我们讲的往事。尽管蔬菜可能有特殊性，而且那个露天市场的竞争情况也不够详细，但这个例子告诉我们，价格本身就是一个有效的推销手段，它成为西红柿品质的象征。

资料来源：高价货的终端话术[J]. 销售与市场，2006（33）.

2．任选品定价策略

任选品是指那些与主要产品密切关联的可任意选择的产品。例如，顾客去饭店吃饭，除了点饭菜之外，可能还会点酒、饮料、香烟等。在这里，饭菜是主要商品，烟酒、饮料等就是任选品。

企业为任选品定价有两种策略可供选择：①为任选品定高价，靠它来盈利；②定低价，把它作为招徕顾客的项目之一。

3．连带产品定价策略

连带产品又称受制约产品，是指必须与主要产品一同使用的产品。例如，胶卷是照相机的连带产品，剃须刀架是剃须刀的连带产品。

大多数企业采用这种策略时，主要产品定价较低，而连带产品定价较高。以高价的连带产品获取高利，补偿主要产品因低价造成的损失。例如，柯达公司给它的照相机定低价，胶卷定高价，增强了照相机在同行业中的竞争实力，又保证了原有的利润水平。

4．产品系列定价

这种定价策略是将生产和经营的产品组合在一起，制定成套产品的销售价格。成套产品的价格低于购买单件产品的价格总和，如成套化妆品的定价、旅游套票的定价等。企业采用这一定价策略，一般要求成套产品的价格确实有吸引力，另外，如果有单件产品配合销售，让消费者进行比较，更有利于成套产品的销售。

三、心理定价策略

心理定价策略是针对顾客心理而采用的一类定价策略，主要应用于零售商业。心理定价策略主要有以下形式：

1．零头定价策略

一般来说，给商品一个带零头的数结尾的非整数价格，会给消费者一个价格低，价格向下的概念。例如，某商品单价定为 9.95 元就比定 10 元好销售。另外，零头定价会给消费者以企业定价认真、准确的印象，增强消费者对企业的信任感。零头定价适宜于低值易耗的日用品。

实例 8–12

标价 9.8 元远比标价 10 元要受欢迎；应定 70 元的只定 69.6 元。常用的尾数有 5、6、8、9，但连续的 9 一般不用，如 9.99 一般不被采纳。国内的许多地方比较喜欢 8。

2．整数定价策略

对于价格较贵的商品，则要特别取消零头，而采取整数定价策略，使顾客产生“一分钱一分货”的认识，反而提高了商品的身价，维护了商品的声誉。由于消费者常常根据价格来辨别产品的质量，对价格较高的产品，如耐用品、礼品或服装等消费者不太容易把握质量的产品，实行整数定价反而会抬高产品的身价，从而达到扩大销售的目的。比如，一台空调定价为 4 500 元更有利于提高产品的身价。

实例 8–13

某商品核算出来的价格为 980 元，定价时就定为 1 000 元以上，价格从三位数升到四位数，更有利于争取顾客，提高销售量。

3．分档定价策略

分档定价策略就是将同类商品比较简单地划为几档，按档定价。同类商品，生产者众多，花色品种各式各样，分档定价，节省顾客时间，有利于顾客选购商品，又能提高经营效率。这种策略在服装业、水果业、蔬菜业等行业中被普遍采用。

实例 8–14

某服装店对某型号女装制定三种价格：260 元、340 元、410 元，在消费者心目中形成低、中、高三个档次，人们在购买时就会根据自己的消费水平选择不同档次的服装。如果一味地定成一个价格，效果就不好了。一般情况下，如果相邻两种型号的商品价格相差大、买主多半会买便宜的；如果价格相差较小，则买主倾向于买好的。

资料来源：消费者心理学及案例分析．http://tieba.baidu.com/f?k2=593858654.

4．声望定价策略

它是指在定价时，把在顾客中有声望的商店、企业的商品的价格定得比一般的商品要高，是根据消费者对某些商品、某些商店或企业的信任心理而使用的价格策略。在长期的市场经营中，有些商店、生产企业的商品在消费者心目中有了威望，认为其产品质量好，服务态度好，不经营伪劣商品、不坑害顾客等。因此，这些经营企业的商品可以定价稍高一些。

实例 8–15

金利来领带一上市就以优质、高价定位，对有质量问题的领带，企业决不上市销售，更不会降价处理。由此，企业给消费者传递了这样的信息，即金利来领带绝不会有质量问题，低价销售的金利来绝非真正的金利来产品，从而极好地维护了企业的形象和地位。

资料来源：百度文库．http://wenku.baidu.com/view/7c2bcdoc7cd184254635353b.html.

5．招徕定价策略

企业将商品以低于一般市价、个别商品甚至低于营业成本出售，以此招徕顾客。招徕定价策略是指在市场竞争激烈情况下，企业为了扩大销售量而采取的一种定价策略。例如，商店在其商品组合上，特别设置几种低价畅销商品，有的则把一些商品用处理价、大减价来销售，以招徕顾客。顾客增多了，不仅卖出了低价商品，而且也带动了一般商品和高价商品的销售。

实例 8–16

北京地铁有家每日商场，每逢节假日都要举办一元拍卖活动，所有拍卖商品均以一元起价，报价每次增加五元，直至最后定夺。但这种由每日商场举办的拍卖活动由于基价定得过低，最后的成交价就比市场价低得多，因此会给人们产生一种卖得越多，赔得越多的感觉。岂不知，该商场用的是招徕定价策略，它以低廉的拍卖品活跃商场气氛，增大客流量，带动了整个商场的销售额上升，这里需要说明的是，应用此策略所选的降价商品，必须是顾客都需要而且市场价为人们所熟知的才行。

资料来源：消费者心理学及案例分析．http://tieba.baidu.com/f?k2=593858654.

实例 8–17

日本创意药房在将一瓶 200 元的补药以 80 元超低价出售时，每天都有大批人潮涌进店中抢购补药，按说如此下去，该药店肯定赔本，但财务账目显示出盈余逐月递增。其原因就在于没有人来店里只买一种药，人们看到补药便宜，就会联想到其他药也一定便宜，促成了盲目的购买行动。

资料来源：消费者心理学及案例分析．http://tieba.baidu.com/f?k2=593858654.

6．习惯定价

市场上许多产品由于销售已久，形成一种习惯价格或便利价格，消费者习惯于按此价格购买，对此类产品，任何企业要进入市场，必须依照习惯价格定价，这就是习惯定价。采用习惯定价的产品，纵使成本降低，也不要轻易降价，降价易引起消费者对产品质量的怀疑，若产品成本升高，也不要轻易提价，宁可在产品内容、包装、容量等方面进行调整，提价会导致消费者的不满。若要提价，也要尾随市场领导者之后。

实例 8–18

南宁市堪称米粉之都，南宁人早餐有吃米粉的习惯，二两肉粉只收 2.5 元已成多年的价格。2007 年下半年，市场物价普涨，可是普通粉店谁也不愿意带头涨价，直至三品王、花溪王、粉之都这些领头羊粉店把二两肉粉的单价上涨 0.5 元钱后，其他粉店才纷纷挂牌二两肉粉 3.00 元。

四、价格折扣策略

价格折扣策略是指企业根据产品的销售对象、成交数量、交货时间、付款条件等因素的不同，给予不同价格折扣的一种定价决策，其实质是减价策略。这是一种舍少得多，鼓励消费者购买，提高市场占有率的有效手段。

实例 8–19

美国波士顿有一家商店，干脆命名为自动降价商店。商店里的商品，一律标有价格和首次陈列日期。12 天内，商品卖原价，第 13 天起每六天为一周期，共设三周期，每周期按原价降低 25%。降价 18 天以后，即商品陈列 1 个月时间，如果卖不出去，这件商品就送到慈善机构处理。事实上，这里的顾客最多，每天的营业额高达 30 万美元，也几乎没有可用来行善的商品。

资料来源：雷海燕.市场营销原理与实训教程精选案例库［J/OL］http://jpkc.czzy-edu.com/scyx/ziyuan/%E5%B8%82%E5%9C%BA%E8%90%A5%E9%94%80%E5%8E%9F%E7%90%86%E4%B8%8E%E5%AE%9E%E8%AE%AD%E7%B2%BE%E5%93%81%E8%AF%BE%E7%A8%8B%E6%A1%88%E4%BE%8B%E5%BA%93.swf.

价格折扣策略主要有以下几种：

1．现金折扣

这是对按约定日期或者提前以现金付款的购买者，根据其所购买商品原价给予一定优惠的策略。采用现金折扣一般要考虑三个因素：折扣率，给予折扣的时间期限，付清全部货款的期限。折扣率的高低，一般由买方付款期间利率的多少、付款期限和经营风险的大小来决定，这一折扣率必须提供给所有符合规定条件的消费者。现金折扣在许多行业已成习惯，其目的是鼓励消费者提前偿还欠款，加速资金周转，减少坏账损失。

付款期限折扣按下式表述：“2/10，净 30”。表示付款期限为 30 天，如客户在 10 天内付款，给予 2%的折扣，超过 10 天付款，不给折扣，超过 30 天付款，通常要加收较高的利息。

2．数量折扣

数量折扣是指根据购买数量的多少，分别给予不同的折扣，购买数量越多，折扣就越大。这种折扣必须提供给所有的消费者，但不能超过销售商大批量销售所节省的费用。数量折扣的实质是将大量购买时所节约的费用的一部分返还给购买者，其目的是鼓励消费者大量购买或集中购买，期望顾客与本企业建立长期商业关系。数量折扣的关键在于合理确定给予折扣的起点、档次及每个档次的折扣率。

数量折扣可分为累计数量折扣和非累计数量折扣。

（1）累计数量折扣。累计数量折扣就是规定顾客在一定期间内，购买商品累计达到一定数量或一定金额时，按总量大小给予不同的折扣。这可以鼓励顾客经常向企业采购，成为可信赖的长期顾客。企业掌握这类顾客越多，越易于预测市场需求，使生产适应需求。实行这种办法的缺点是：购买者为争取较高的折扣率，常于规定期间届满之际大批订货，影响生产部门均衡生产。

（2）非累计数量折扣。非累计数量折扣就是顾客每次购买的数量达到折扣标准时就给予相应的折扣，这是鼓励大量购买的一种策略。

数量折扣的作用非常明显，折扣使企业单位产品利润减少而产生的损失完全可以从销售量的增加中得到补偿。此外，销售速度的加快，使企业资金周转次数增加，流通费用下降，产品成本降低，从而促使企业总盈利水平上升。

运用数量折扣策略的难点是如何确定合适的折扣标准和折扣率。如果享受折扣的数量标准定得太高，则只有很少的顾客才能获得优待，绝大多数顾客将感到失望；购买数量定得太低，比例不合理，企业的盈利水平就得不到提高。因此，企业应结合产品特点、销售目标、成本水平、资金利润、需求规模、购买频率、竞争者以及传统商业惯例等因素来制定科学的折扣标准和比例。

3．交易折扣

交易折扣是指企业根据各类中间商在市场中的不同地位和功能，给予不同的折扣，所以又称功能折扣。折扣的大小随行业与产品的不同有所区别，一般给予批发商的折扣较大，给予零售商的折扣较小，对工业使用者可能另定一种折扣。通常的做法是：先定好零售价，然后再按相应的折扣制定各环节的价格。

例8：某商品的零售价定为100元，给予批发商、零售商的折扣率分别为25%、20%，则批发商的进价是75元，零售商的进价是80元。交易折扣的结果是形成购销差价和批零售差价。该例批发价与出厂价的差价为5元（80−75），批零差价为20元（100−80）。

4. 季节折扣

季节折扣是生产季节性产品的企业对在消费淡季购买产品的顾客提供一定的价格折扣，目的在于鼓励顾客淡季采购，以减少企业的仓储费用和资金占用。这一策略主要用于常年生产季节性产品的企业。季节折扣率的确定，应考虑成本、储存费用、基价和资金利息等因素。

啤酒厂和各饮料生产厂对在冬季进货的中间商给予大幅度让利，服装厂为夏季购买冬装的客户提供折扣，零售业、旅馆、酒店和航空公司等在淡季实施季节折扣。

5. 折让

常采用的折让有三种形式：

（1）推广让价。中间商为产品提供各种推广活动，如刊登地方性广告、布置专门橱窗等，对此，生产企业乐意给予津贴或减价作为报酬。

（2）运费让价。对较远的顾客，销售企业为顾客送货困难大，便减价或补运费给顾客以弥补部分运费或全部运费，这样有利于扩大产品的销售范围。

（3）回扣和津贴。回扣是间接折扣的一种形式，是指购买者在按价格目录将货款全部付给销售者以后，销售者再按一定比例将货款的一部分返还给购买者。津贴是企业为特殊目的，对特殊顾客以特定形式所给予的价格补贴。例如，当中间商为企业产品刊登地方性广告、设置样品陈列窗等在内的各种促销活动时，生产企业给予中间商一定数额的资助或补贴。又如，“以旧换新”，将旧货折算成一定的价格，用新产品的价格减旧货价格，顾客只付余额，以刺激消费者需求，促进产品的更新换代，扩大新一代产品的销售量，这也是一种津贴的形式。

实例 8-20

日本东京银座“美佳”西服店采用了一种折扣销售方法，颇获成功。具体方法是这样：先发一公告，介绍某商品品质性能等一般情况，再宣布打折扣的销售天数及具体日期，最后说明打折方法：第一天打九折，第二天打八折，第三、四天打七折，第五、六天打六折，以此类推，到第十五、十六天打一折。这个销售方法的实践结果是：第一、二天顾客不多，来者多半是来探听虚实和看热闹的。第三、四天人渐渐多起来。第五、六天打六折时，顾客像洪水般地拥向柜台争购。以后连日爆满，没到一折售货日期，商品早已售罄。

资料来源：http://www.51lunwen.com/details/2009/1126/lw2009112620530425392.

实例 8-21

沃尔玛能够迅速发展，除了正确的战略定位以外，也得益于其首创的“折价销售”策略。每家沃尔玛商店都贴有“天天廉价”的大标语。同一种商品在沃尔玛比其他商店要便宜。沃尔玛提倡的是低成本、低费用结构、低价格的经营思想，主张把更多利益让给消费者，“为顾客节省每一美元”是他们的目标。公司每星期六早上举行经理人员会议，如果有分店报告某商品在其他商店比沃尔玛低，可立即决定降低价格。低廉的价格、可靠的质量是沃尔玛的一大竞争优势，吸引了一批又一批的顾客。

资料来源：刘昆山．差异化战略夺得“全球之冠”——美国沃尔玛集团核心竞争力探析．http://www.chinavalue.net/Management/Article/2009-11-16/189046_2.html.

五、地区定价策略

地区定价策略是指企业要决定对于卖给不同地区顾客的某种产品，是分别制定不同的价格，还是制定相同的价格，也就是说，企业是否要制定地区差价。地区定价策略具体形式有：

1．产地定价

产地定价是指产品报价为生产地卖货价，也称FOB（Free On Board）价。企业按产地价批量销货，交货地点一般在仓库、车站、码头、机场，产品装上运输工具办清交接货手续后，所产生的费用和风险全部由买方承担。可见，实行产地定价，卖方的定价工作简化了，风险降低了，但缺乏在较远市场的竞争力。

2．统一送货定价

这种策略就是划定市场范围，对所有的顾客，不论其路途远近，均由卖方将产品运到买方所在地，按相同价格结算。该结算价实质上已在基价的基础上加了平均运费。实行统一送货定价策略，优点是使顾客认为运送是一项免费的附加服务，有利于巩固卖方的市场地位。

实例 8-22

20 世纪初，日本人盛行穿布袜子，石桥便专门生产经销布袜子。当时由于大小、布料和颜色的不同，袜子的品种多达 100 多种，价格也是一式一价，买卖很不方便。有一次，石桥乘电车时，发现无论远近，车费一律都是 0.05 日元。由此他产生灵感，如果袜子都以同样的价格出售，必定能大开销路。然而，当他试行这种方法时，同行全都嘲笑他。认为如果价格一样，大家便会买大号袜子，小号的则会滞销，那么石桥必赔本无疑。但石桥胸有成竹，力排众议，仍然坚持统一定价。由于统一定价方便了买卖双方，深受顾客欢迎，布袜子的销售量达到空前增长。

资料来源：消费者心理学及案例分析[J/OL]．百度贴吧．http://tieba.baidu.com/f?kz=593858654.

3. 运费补贴价

运费补贴价是指对远距离的顾客，卖方适当给予价格补贴的一种定价策略。其实质是运费折让。由于企业产品跨地区市场渗透，导致市场范围扩大，费用增加，产品价格提升，这迫使顾客只能弃远求近购买产品，为了争取远距离的潜在顾客，企业必须通过采取运费补贴价格来扩大市场销售区域。

4. 分区运送货定价

分区运送货定价是指企业将市场划分为若干个区域，不同的区域产品价格可以不一样，同一区域产品价格相同。一般来说，距离卖方近的区域，价格定得低，距离卖方远的区域，价格定得高。这种定价，保证了卖方的获利，但不利于市场扩大。

第五节　价 格 调 整

价格调整策略是指企业为了适应客观环境和市场形势的变化，为调整产品的原价格所进行的策划。根据导致价格调整的原因，产品价格调整可以分为主动调价和被动调价两类。不论是主动调价还是被动调价，都必须对市场需求和竞争形势作出科学的判断。

一、企业主动调整价格

企业对原价格进行主动调整时，主要有主动降价和主动提价两种策略。

1. 主动降价

（1）降价原因。

1）生产能力过剩，库存积压严重。企业在难以通过产品改良和加强其他促销手段来扩大销售的情况下，就必须考虑通过降价来提高销售量。

2）市场占有率下降。在强大的竞争压力下，企业的市场占有率下降，企业只好降低价格来维持和扩大市场份额。

3）成本费用下降。企业的成本费用比竞争者的低，通过降价，增加销售量，提高市场占有率。

4）市场疲软。市场需求不振，在宏观经济不景气的形势下，价格下降是许多企业借以渡过经济难关的重要手段。

5）产品寿命周期阶段变化。产品的导入期，定价一般都比较高，在产品进入成长期后期和成熟期后，市场竞争不断加剧，下调价格可以吸引更多顾客，衰退期降价处理产品更是必要。

（2）降价方式。

1）直接降价，即企业直接降低产品的价格，并通过各种方式告知顾客。

降价时，最好一次性降价，避免多次小幅度降价。多次小幅度降价，顾客会持一种观望等待的态度。近几年来，彩色电视机降价、微波炉降价等都是公开宣布降价。直接降价带来的一个问题就是容易引发价格大战。

2）间接降价。降价也可以采取隐蔽的间接下调的方式。这种做法的优点是：维持产品品牌高价高档的形象，不致招到竞争对手的不满和反击，如果情况发生变化需要回调也有可能。间接降价的方式主要有以下几个方面：①增加额外服务，即在价格不变的情况下，增加物流配送等费用支出，实行送货上门，或者免费安装、调试、维修等；②馈赠物品，即在价格不变的情况下，购买产品时馈赠购物券、礼品或其他物品；③改进产品性能，即在价格不变的情况下，加大各种折扣的比例，达到降低产品实际价格的目的；④推出低价新产品，即通过简化包装、更换品牌等方式推出一种新型低价产品。这种新产品定价较老产品要低，容易销售，也不降低现有产品形象。

实例 8-23

2004 年 11 月 25 日，天津一汽宣布：从即日起对其夏利品牌中的三厢主力车型实施价格调整，价格最大降幅高达 1 万元，降低 20%以上。其中 TJ7101 AU 绅雅舒适型由 49 800 元下调至 39 800 元；TJ7101 AU 绅雅普通型由 47 800 元下调至 37 800 元，为国内首款四万元以下的三厢轿车。同时，天津一汽对夏利其他车型的价格也进行了适当调整。

与因市场原因而被迫降价不同，天津一汽此次降价正值其夏利系列轿车热销之际，尤其是最近三个月销售量一路攀升，从 8 月份的 8 999 辆到 9 月份的 10 829 辆，10 月份更是跃升到 12 980 辆，每月递增 20%以上。夏利在全面热销时期突然大举降价，格外引人注目。新价格仅仅实施了几天，各经销商均表示客户反应强烈，成交数量较往日有明显上升。

资料来源：搜狐网，http://auto.sohu.com/20041129/n223226651.shtml；新华网，http://news.xinhuanet.com/auto/2004-11/25/content_2259138.htm.

2. 主动提价

（1）提价原因。

1）成本升高。通货膨胀不同程度的发生，企业使用的原材料、燃料、动力等价格上涨，都会使产品成本上升，妨碍了企业合理利润的取得，企业只能通过提价来转嫁负担。这是企业调高价格的最主要原因。

2）产品供不应求。由于产品供不应求，企业必须通过提价来抑制部分需求，以缓解市场压力，同时也为企业带来可观的利润。

3）改革产品。企业通过改进产品的质量、性能、结构来提高市场竞争力。

4）竞争策略的需要。以产品的高价位来显示产品的高品位。

（2）提价的方式。

1）直接提价，即直接提高产品的价格。提高价格往往会遭到顾客的反对，因此在提价时必须慎重，尤其应掌握好提价的幅度、时机，利用一切沟通信息的手段，向顾客和有关人员解释产品提价的原因。

2）间接提价，即企业采取一定方法使产品价格表面保持不变，但实际上隐性上升。常用的方式有：①以更换产品型号、种类的方式变相提价。很多工业产品由于在工艺上有一定的区别，往往一系列产品有若干种型号，这对于提价来说，就比较容易操作，一般只要更换一种型号，或在外观设计上略加改变就可以做到。这种提价方式消费者几乎觉察不到，也就谈不上心理能否接受的问题了。②减少产品数量而价格不变，达到实质上涨价的目的。对于已经有了习惯定价的产品，可以通过减少产品的数量来达到涨价的目的。这样，当竞争对手提价的时候，企业却可以反复声明价格不变。尽管从实质上来说，企业和竞争对手所获得的实际利润差不多，但消费者更能够接受该企业的产品而不是竞争对手的产品。

产品提价后，企业应当派出推销人员经常访问顾客，征求意见，改进销售工作，尽可能消除提价给销售带来的不利影响。

实例 8-24

2004 年 11 月下旬，浙江发行量最大的报纸《钱江晚报》刊登了养生堂的提价公告，声明由于野生龟鳖资源日益紧缺，企业难以继续以现有价格供应消费者。公司决定，龟鳖丸在原有的价格上提价 8%，以解决资源稀缺和成本增加的问题。提价的原因不外乎两种情况：市场发展遇到瓶颈或市场价格混乱亟待整顿。但不管养生堂是哪一种情况，提价所能给予养生堂的是显而易见的好处：

（1）提高利润率，增强企业综合实力。几年无序竞争，保健品企业都普遍遭遇了成本持续增高、利润不断下降的尴尬境地，养生堂自然也无法幸免。一方面，利润率下降；另一方面，以广告费及终端费为代表的营销费用却与日俱增，（像龟鳖丸这类特殊商品又面临原材料成本的增加），因此，如何压缩费用、有效控制成本已成为保健品企业的老大难问题。利润是企业可持续发展的保证，应想方设法提高利润创造能力。

（2）提升产品的品位感，进而提升品牌美誉度。价格，在某种意义上也是品牌的一种外相。提价可以培养"旺销"、"珍贵"等美誉舆论。品牌美誉是企业巨大的无形资产。

（3）差异化区隔，市场突围。当市场遭遇增长瓶颈，企业通常以降价的形式换取市场销售量的增长。而事实上，尽管降价能为企业带来一时的滚滚财源，但由于降价不可避免要引发市场动乱，势必引来竞争者的跟进搅局，假如企业缺少强势的核心竞争力，往往都不得善终。这种不降反升，反其道而行之的价格竞争策略一下子将竞争者远远抛到身后，直接避免残酷的竞争肉搏。

资料来源：苏奕智．提价，准备好了吗[J/OL]商战名家网．http://www.boke28.com./Article/AritcleDetail_3540_2442_yes.html.

二、企业被动调整价格

企业被动调整价格是指竞争者首先调整了价格，迫使本企业必须随之调价。一般而言，在同质市场，当竞争者降价时，其他企业也必须随之降价，否则顾客就会购买竞争者的产品而不买本企业的产品。如果某一企业提价，且提价会给整个行业带来利益时，所有企业都会提价，如果其中一家企业不认为提价对自己有利时，则它的不合作将促使市场领导者和其他企业撤销提价决定。而在异质市场上，消费者选择供应商，主要考虑服务、质量、可靠性以及其他一些因素，这些因素会降低顾客对较小价差的敏感性，企业对竞争者变价的反应将有更多的回旋余地。

一旦企业确定竞争对手已减价，企业可以选择继续等待，在获得更多的竞争者价格变动效果之后再作出反应。这同时也意味着企业可能愿意保留忠诚顾客，而把不忠诚的顾客让给竞争对手。然而，需要注意的是随着竞争对手降价增加了它的销售量，会使它变得更加强大和自信，因此企业等待的时间不应太长，否则到最后将无法作出反应。

竞争对手降价，很可能会损害企业的销售和利润，如果企业决定采取有效的行动，那么它可以采取以下五种方式应对：

1．降低价格

降低价格主要用于同质产品市场。由于产品没有差别，顾客是按技术规格购买的，这样，如果竞争对手降价，大部分顾客都会转向最低价的销售者。本企业不降价就会丧失市场份额。企业可将价格降低到竞争对手的价格水平，以便与竞争对手的价格相匹配。它可以这样做的条件包括：

（1）随着销售量的增加，成本下降。

（2）市场对价格十分敏感，不降价，就会使市场份额下降，而市场份额一旦下降，以后就将难以恢复。

2．维持原价

维持原价主要在差别产品市场上引用。在差别产品市场，由于顾客考虑产品品质、服务水平、品牌信赖等因素，这些会抵消顾客对价格的敏感程度。价格不变，靠顾客对产品的偏爱和忠诚度自主选择产品，企业之所以维持原价，是因为：

（1）降价可能会使利润减少过多。

（2）如果不降价，市场份额也不会失去太多。

（3）需要时，加强非价格竞争或参与价格竞争，也可以自己夺回市场份额。

3．提高价格和质量

较高的价格可以用来支持和证明产品是具有较高质量的，即满足消费者“一分钱一分货”的消费心理，较高的价格也能使企业保持较高的利润。提高产品的质量，可以使消费者认为物有所值，即以质量取胜。

4．提高认知质量

企业也可以改进产品、服务和沟通方法，强调与竞争者的低价产品相比，自己的产品具有更高的相对质量。

5．推出低价进攻性产品

最好的做法是在产品线中增加较低价格的产品，或者单独创立一种较低价格的品牌。当正在丢失的细分市场对价格很敏感且不会对较高质量的说法感兴趣时，企业这样做很有必要。

实例 8-25

诺基亚，在降价中突围

诺基亚手机进入中国市场后，曾一路高歌猛进，并以质量、价格坚挺而著称，但它并非一枝独秀。诺基亚的“帝国梦”受到了来自摩托罗拉、三星等跨国巨头和许多国产手机的挑战和夹击。2002 年以来，诺基亚的市场占有率一路下滑，2007 年 5 月 4 日，诺基亚只好宣布开始大幅度降低出售给运营商和零售商的手机价格，降价在全球范围内进行，几乎涉及诺基亚所有手机品种，以扭转公司近期在全球手机市场份额下滑的势头。

资料来源：马健．诺基亚在降价中突围[J/OL]．人民网．http://people.com.cn/GB/paper1631/12080/1087379.html．

三、顾客对企业变动价格的反应

分析顾客对价格变动的反应，不得不分析顾客的价格意识。价格意识是指顾客对产品价格高低的感觉程度，直接表现为顾客对价格敏感性的强弱，包括知觉速度、清晰度、准确度和知觉内容的充实程度。它是掌握顾客态度的主要方面和重要依据，也是解释市场需求对价格变动的关键变量。价格意识和收入呈负相关关系。收入越高，价格意识越弱，价格的调整一般不会对需求产生较大的影响。收入越低，价格意识越强，价格的变化直接影响购买量。价格意识决定顾客可接受产品价格的上下限，在一定条件下价格界限是相对稳定的，若条件发生变化，则价格心理界限也会发生改变，因而会影响企业的调价幅度。

根据以上分析，可以把顾客对价格变动的反应归纳为：

（1）在一定范围内的价格变动是可以被顾客接受的。提价幅度超过可接受价格的上限，则会引起顾客不满，使其产生抵触情绪，不愿意购买企业产品；降价幅度低于下限，会导致顾客的种种疑虑，也对实际购买行为产生抑制作用。

（2）在产品知名度提高、收入增加、通货膨胀等条件下，顾客可接受价格上限会提高。

（3）在顾客对产品质量有明显认识、收入减少、价格连续下跌等条件下，顾客可接受价格下限会降低。

（4）顾客对降价的反应可能是：产品因式样陈旧、质量低劣而被淘汰；企业遇到财务困难，很快将会停产或转产；价格还需要进一步下降；产品成本降低。

（5）顾客对产品提价的反应可能是：很多人购买这种产品，我也应尽快购买，以免价格继续上涨；提价意味着产品的改进；企业将高价作为一种策略，以树立名牌形象；企业想尽快取得更多利润；各种产品价格都在上涨，提价是正常的。

本章小结

定价策略是市场营销的重要组成部分，是市场营销的基础，产品定价是企业营销活动的重点，产品价格策略的适当与否关系到新产品能否顺利进入市场、打开销路，以及取得较好的经济效益。

影响产品定价的因素有很多，主要包括产品成本、市场需求、竞争等因素。企业在产品定价以前，先要考虑一个与企业总目标、市场营销目标相一致的定价目标，作为确定价格策略和定价方法的依据，企业定价的目标包括以利润为目标、以稳定价格为目标、以扩大市场占有率为目标、以产品质量领先为目标、以应付和防止竞争为目标。

定价的基本方法通常包括成本导向定价法、需求导向定价法、竞争导向定价法。产品的定价策略是企业制定价格的谋略和技巧，分为新产品定价策略、产品组合定价策略、心理定价策略、价格折扣策略、地区定价策略。

由于市场环境在不断变化，产品的价格就不可能一成不变，由于市场对价格是十分敏感的，因此企业对产品进行价格调整时必须仔细考虑。当企业为了适应客观环境及市场环境变化就应当对产品的原有价格进行调整，包括企业主动调整价格、企业被动调整价格，同时还应当考虑消费者对价格调整的反应，以作出相应的调整。

知识练习与思考

一、重要概念

产品成本　市场需求　顺加法　盈亏平衡定价法　边际贡献定价法
撇脂定价策略　渐取定价策略　中间定价策略

二、单项选择题

1. 若运用需求价格弹性理论，通过降低产品价格提高其销售量，一般情况下，这种策略对下面（　　）类产品效果明显。

A. 特效药　　B. 原材料
C. 生活必需品　　D. 高级化妆品

2. 当消费者对价格比较敏感，且市场的容量较大时，企业为阻止竞争对手进入这一市场，可以考虑采用（　　）策略。

A. 尾数定价　　B. 撇脂定价
C. 领导定价　　D. 渗透定价

3. 以产品成本为定价基础，在此基础上考虑定价，这种定价方法是以（　　）定价。

A. 需求导向　　B. 竞争导向
C. 预计利润　　D. 成本导向

4. 某企业经营某种产品，其需求弹性系数为2.5，为进一步扩大销售量，在价格决策上应（　　）。

A. 适当降价　　B. 保持不动
C. 大幅度降价　　D. 适当上调

5. 在价格折扣策略中，（　　）折扣并不是对所有的商品都适宜。

A. 交易　　B. 现金
C. 季节　　D. 数量

三、多项选择题

1. 影响产品定价的因素包括（　　）。

A. 产品成本　　B. 市场需求

C. 竞争　　D. 企业营销目标

2. 企业的定价目标包括（　　）。

A. 利润目标　　B. 稳定价格

C. 扩大市场占有率　　D. 应付和防止竞争

3. 产品定价的基本方法有（　　）。

A. 成本导向定价法　　B. 需求导向定价法

C. 竞争导向定价法　　D. 拍卖定价法

4. 成本导向定价法包括（　　）。

A. 总成本加成定价法　　B. 盈亏平衡定价法

C. 随行就市定价法　　D. 边际贡献定价法

5. 渐取定价策略的优点包括（　　）。

A. 扩大市场，让无法支付高价的新消费者成为实际购买者

B. 低价可使现有消费者增加产品使用量

C. 对于价格弹性大的产品，低价会促进销售，虽然单位利润降低，但销售量的增加仍会提高利润总额

D. 作为先发制人的竞争策略，有助于夺取市场占有率

E. 和竞争者保持均势。

四、判断题

1. 对于匀质产品，如原料、食物、纺织品等，只要规格相同，产品质量是相似的，可以采用随行就市定价法。（　　）

2. 当采取认知定价法时，如果企业过高地估计认知价值，便会定出偏低的价格。（　　）

3. 在制定价格过程中，现行价格弹性的大小对确保企业实现利润最大化的定价没有影响。（　　）

4. 随行就市定价法适用于同质产品。（　　）

5. 在完全寡头竞争条件下，当需求有弹性时，一个寡头企业不能通过提价而获利；当需求缺乏弹性时，一个寡头企业也不能通过降价获利。（　　）

6. 产品形式差别定价是指企业对不同型号或形式的产品制定不同的价格，但它们的价格与成本费用之比却相同。（　　）

7. 面对激烈的竞争，企业为了生存和发展，在任何时候都应始终坚持只降价不提价的原则。（　　）

8. 提价会引起消费者、经销商和企业推销人员的不满，因此提价不仅不会使企业的利润增加，反而导致利润的下降。（　　）

五、简答

1. 定价方法有哪些？
2. 新产品定价策略有哪些？
3. 价格折扣策略有哪些？
4. 简述企业定价的目标。
5. 心理定价策略的形式有哪些？

六、案例分析

一个分析师曾这样形容英特尔公司的定价政策：“这个集成电路巨人每 12 个月就要推出一种新的、具有更高盈利的微处理器，并把旧的微处理器的价格定在更低的价位上以满足需求。”当英特尔公司推出一种新的计算机集成电路时，它的定价是 1 000 美元，这个价格使它刚好能占有市场的一定份额。这些新的集成电路能够增加高能级个人计算机和服务器的性能。如果顾客等不及，他们就会在价格较高时去购买。随着销售额的下降及竞争对手推出相似的集成电路对其构成威胁时，英特尔公司就会降低其产品的价格来吸引下一层次对价格敏感的顾客。最终价格跌落到最低水平，每个集成电路仅售 200 美元多一点，使该集成电路成为一个热卖的大众市场的处理器。通过这种方式，英特尔公司从各个不同的市场中获取了最大量的收入。

问题：

1. 英特尔公司采取的是什么定价策略？
2. 请说出英特尔公司采取这种定价策略取得成功的原因。

实 训 操 作

实训目的：理解运用价格折扣策略。

实训内容：假设你正经营管理一家服装店，请运用价格折扣策略，对你的产品进行定价及促销。

实训要求：

（1）结合自身买衣服的体验进行分析。

（2）分析要尽可能切合实际。

实训指导：

（1）将学生分组，每组拿出一套折扣策略。

（2）实训结束后，各组交流评选最优折扣策略。

第九章 分销渠道

营销格言

企业在各种各样的行销方式中，应选择一种使产品经济容易到达消费者手中的方式。

——现代营销学之父 菲利普·科特勒

知识目标

1. 掌握分销渠道的含义与类型。
2. 掌握影响分销渠道决策的因素，了解选择中间商的原则。
3. 树立科学的市场营销观念。

技能目标

1. 能够设计合适的渠道系统。
2. 能够制定并实施渠道策略。

引导案例

营销渠道包含一切吗？试问可口可乐公司

美国的碳酸软饮料市场每年有 540 亿美元的巨大销售额，为每一位用户提供 353 毫升或 8 盎司（1 盎司=28.35 立方厘米）一份的软饮料。1997 年，可口可乐公司的产品占据了上述总数的 43%。但可口可乐公司希望把它最大的竞争对手——百事可乐甩得远远的。

可口可乐公司如何面对一个成熟的市场，通过已使用得极其惯常的方法，即新产品、有竞争力的定价和大规模的促销等武器来从竞争者手中夺取市场？可口可乐公司的主席和首席执行官 M. 道格拉斯·伊维思特认为答案显而易见：强调渠道，即营销组合的第四个 P，通过比竞争对手更密集的可口可乐产品的供应，财务上更加刺激分销商和零售商储存和推销可口可乐产品。被任命为可口可乐公司总裁后的第一次演讲中，伊维思特展现了他的渠道战略的核心，他说："我要你的顾客；我要你的货架；我要你的顾客的胃口；而且我还要软饮料每一点潜在增长的市场份额。”

为了达到这个目标，可口可乐公司与它的装瓶商、批发商和零售商紧密协作，共同开发了一项密集型渠道战略。可口可乐正在向大学、药店连锁店，以及一大批可能会成为软饮料独家供应的零售店推销其分销协议。同时，可口可乐也对那些给予其产品最佳展示位置，并且将竞争者排斥在外的便利店进行额外的奖励。可口可乐的产品将出现在每个便利店，包括学校、教堂、纳尔沙龙、空手道俱乐部、康复诊所和垒球场的便利店。总之，在任何地方人们只要想买软饮料就可以买到可口可乐。这种新的渠道策略增强了可口可乐现有渠道的深度和宽度，该项策略的范围包括了 200 万家储存可口可乐产品的商店，45 万家餐馆和快餐店，以及 140 万台自动售货机。

可口可乐是世界上最为人熟知、最为著名的品牌之一，但它如前所述依然专注于渠道。可口可乐公司认识到一个伟大的产品，甚至是世界著名的产品，只是成功的一部分。事实上，如果可口可乐的产品不能随时满足数以亿计的全世界的消费者需要，那么可口可乐也就名不符实了。

资料来源：http://wenku.baidu.com/view/56635904effqaef894/e0653.html.

分析说明

正是通过分销渠道使得这种供应成为可能。可口可乐与其他竞争者的数以百万计的产品和服务都必须通过分销渠道才能送到寻求大量的这种产品和服务的客户、公司和组织手里。由参与其中的分销渠道和人员构成了复杂和动态的系统，但是最终消费者是看不到他们做的大量工作的。分销渠道影响着数以亿计的依赖于它们在全球各地提供的产品和服务的金字塔消费者的生活。

第一节 分销渠道概述

一、分销渠道的含义

一个人要买海尔冰箱，他不必去青岛，到一家大一点的百货店或电器专卖店就能办到。一个人想喝可口可乐，他也不必去美国，街头的小店就能满足他的要求。一个人不与生产厂家打交道，就可以轻松得到他所需要的每一件日常用品；他甚至不需要知道谁是真正的生产者就可以享用产品所带来的利益。

这一切之所以可能，是因为有了较为发达的分销渠道。这种较为发达的分销渠道，把远在千里之外的生产者与散布于世界各地的消费者联系在一起。试想，如果分销渠道还是处于它的原始阶段，即生产者与购买者必须面对面交易，那么生产者需要花费多大的气力才能把它的产品分布于全国、全世界呢？消费者又如何才能如此方便地享有那么多的选择、享用那么多生产者为他提供的产品呢？

那么何谓分销渠道呢？关于营销渠道的定义，有多种描述，通常包括以下几种。

美国市场营销学权威菲利普·科特勒：“一条分销渠道是指某种货物或劳务从生产者向消费者移动时，取得这种货物或劳务所有权或帮助转移其所有权的所有企业或个人。”

销售学家斯特恩（Stern）和艾尔·安塞利（Adell Ansary）对分销渠道所下的定义是：“营销渠道是促使产品或服务顺利地被使用或消费的一整套相互依存的组织。”

美国市场销售协会（AMA）认为营销渠道是：“企业内部和外部的代理商和经销商（批发和零售）的组织机构，通过这些组织运作，商品（产品或劳务）才能得以上市行销。”

上述定义虽然表述各异，但其本质是一致的。本书认为：分销渠道是指产品或服务转移活动以使产品或服务便于使用或消费的所有组织构成。分销渠道也被称为销售通路、销售网络、营销渠道和流通渠道。简单地说，分销渠道就是商品和服务从生产者向消费者转移过程的具体通道或路径。

分销渠道有两层含义：①把商品从生产者转送到消费者手里的所有经营环节或经营机构，如批发商、零售商、代理商等中间商和生产企业自己的销售机构，反映的是商品价值形态变化的经济过程；②商品实体从生产者到消费者手里的运输储存过程，反映的是商品实体运动的空间路线。企业的分销渠道策略就是对这两层含义所涉及的内容进行决策。比如，决定是否通过中间商来分销自己的产品，怎样建立自己的分销机构？如果决定利用中间商销售商品，则选择什么样的中间商？选择多少中间商？企业开拓一个有效地渠道，往往需要花费大量的资金、时间和精力，而且有时还有很浓重的感情因素。在这个过程中，企业要采取相应的策略，才能使自己的产品尽快到达消费者和用户的手中，降低交易成本，提高经济效益。

分销渠道的根本任务，就是把生产经营者与消费者或用户联系起来，使生产经营者生产的产品或提供的服务能够在恰当的时间、恰当的地点，以恰当的形式，送给恰当的人。

分销渠道有如下特征：

（1）分销渠道是一组路线，这组路线是由参与商品交易过程的各种类型的机构或人员（如生产者、各种类型的中间商）组成的，即有关联的外部组织（渠道成员）组成。外部的组织意味着分销渠道存在于企业的外部，关联组织是指那些将产品或服务从生产商传递至最终用户，并涉及转让职能的企业各方。

（2）通过这些机构的组织活动，商品才能脱离生产领域，最后进入消费领域。

（3）每一条分销渠道的起点是生产者，终点是个人消费者或用户。

（4）商品从生产领域向消费领域转移时，至少要转移商品所有权一次，通过这种转移，企业的营销目标才得以实现。

二、分销渠道的流程与作用

1. 分销渠道的功能

生产的功能是把自然的原料按照人类的需要转换成有某种效用或价值（使人们能够得到某种形式或某种程度的满足）的产品组合，分销渠道的功能则是使产品从生产者转移到消费者的整个过程顺畅、高效，消除或缩小产品供应与消费需求之间在时间、地点、产品品种和数量上存在的差异。具体而言，分销渠道的主要功能有收集与传递信息、促销、接洽、组配、谈判、物流、风险承担和融资。

（1）收集与传递信息。渠道成员通过市场调研收集和整理有关消费者、竞争者以及市场营销环境中的其他影响者或影响力量的信息，并通过各种途径将信息传送给渠道内其他参与者。

（2）促销。促销是生产者或经营者为刺激消费所进行的关于商品和企业的宣传、沟通活动。渠道参与者需要通过创意的开发与构思，把能够满足消费者需要的产品和服务的信息以顾客乐于接受的、富有吸引力的形式，传递给消费者或用户。

（3）接洽。这是生产者或经营者寻找潜在购买者，并与之接触的活动。在具体工作中，表现为接受或争取订单。

（4）组配。组配是指生产者或经营者对商品在分类、分等、装配、包装上进行组合、搭配，以符合购买者需要的活动。

（5）谈判。谈判是买卖者为实现商品所有权转移针对价格及有关条件进行协商的活动。为实现成员之间互利互惠的合作，分享渠道分工的效益，成员与成员之间、成员与消费者之间要进行谈判，达成有关产品的价格和其他交易条件的最终协议，实现商品所有权的转移。

（6）物流。物流是商品的运输、储存活动。从走下生产线那一时刻起，商品就进入流通过程，渠道的参与者开始进行商品实体的运输和储存活动。当然，虽然部分商品运输、仓储的功能是由有关的辅助商完成的，但渠道成员必须与辅助商联系，并支付相应的费用。在这种情况下，辅助商所承担的这部分功能实际上是渠道功能分析的结果。

（7）风险承担。风险承担是指在商品流通的过程中，随着商品所有权的转移，市场风险在渠道成员之间的转移与分担。在分销渠道中，渠道成员既要通过分工分享专业化所带来的利益，也要共担商品销售中的风险。例如，由于市场波动、政治动乱、自然灾害等因素造成的损失。中间商一旦加入到某个商品的分销渠道中，就自动地承担起分担该商品销售风险的功能。

（8）融资。融资是生产者或经营者为完成以上各种功能而进行的资金融通活动。不论是生产还是商品购销，都需要资金投入，用于渠道成员彼此之间的货款支付、组织的运转开支和支付劳动者工资。渠道成员只有筹集到足够的资金，才能运作，整个分销渠道才能有效地运转起来，渠道成员之间才能保持健康的联系。常见的融资行为有制造商通过预收订金或保证金等方式进行融资，批发商也可能通过要求工厂压货、铺货或给予授信赊销额度来减少资金的占用。

关于渠道功能有一个重要的原理：企业可以通过渠道的结构调整，取消或替代一些渠道参与者，但是那些参与者所发挥的功能不能被取消；当一些渠道参与者被从一条渠道中取消之后，它们的功能将随之上移或下移，由其他的参与者承担。

2．分销渠道的流程

渠道功能在渠道运行中表现为各种各样的流程，包括实体流、所有权流、促销流、洽谈流、融资流、风险流、订货与市场信息流及支付流。这些流程将组成分销渠道的各类组织机构贯穿起来。

（1）实体流。它是指产品的实体与劳务从制造商转移到最终消费者或用户的活动与过程。例如，汽车厂商在汽车成品出厂后，必须根据代理商的订单或工厂直接供应。在这一过程中，至少用到以下的运输方式，如铁路、公路、水运等。

（2）所有权流。它是指产品所有权从一个渠道成员转移到另一个渠道成员的活动与过程。在前例中，汽车所有权经由代理商的协助而由制造商转移到顾客手中。

（3）促销流。它是指一个渠道成员通过广告、人员推销、宣传报道、销售促进等活动对另一个渠道成员或消费者施加影响的过程。促销流从制造商流向代理商称为贸易促销，直接流向最终顾客的话则称为最终使用者促销。例如，洗衣机制造商向代理商、零售商和消费者促销，代理商和零售商向消费者促销。

（4）洽谈流。它是指产品实体和所有权在各成员之间转移时对价格及交易条款所进行的谈判活动过程。例如，代理商与洗衣机制造商之间、零售商与代理商之间，必须针对洗衣机的价格、交货日期、付款方式等问题进行谈判，而顾客也会与零售商针对这些问题进行讨论。

（5）融资流。它是指各成员之间伴随所有权转移所形成的资金融通活动与流程。比如，洗衣机制造商让零售商代理销售自己的产品，在货售出之后结款，这等于是制造商为零售商提供流动资金从事自己产品的经营活动。又如，零售商预付一定货款购买洗衣机，这等于零售商为制造商提供资金从事生产活动。另外，零售商还可以采用分期付款的方式，向消费者提供融资服务。

（6）风险流。它是指各种风险伴随着产品所有权在各成员之间的转移。这些风险包括产品可能发生的各种有形无形的损失，如价格保证、质量担保、保险、维修和售后服务成本。比如，一个零售商采用买断的形式从制造商或代理商处获得洗衣机的所有权；当它得到商品时，即开始分担各种形式的风险。与此同时，生产制造商或代理商则要承担信誉受损、零售商不合作或投机的风险。

（7）订货与市场信息流。它是指渠道的下游成员向上游成员发出订单和各中间机构相互传递市场信息的过程。当然，订单也可能由顾客直接向生产制造商发出。像洗衣机这类消费品，一般多由零售商根据销售预测下订单，而后制造商根据订单生产。在渠道中每一相邻的机构间会进行双向的信息交流，而互不相邻的机构间也会有各种信息交流。与促销流相对应，市场信息流更多的是反映消费者需要、消费者对商品的认识和竞争者的动态。

（8）支付流。它是指货款在各渠道成员之间的流动过程。例如，顾客向零售商支付货款，零售商再通过银行或其他金融机构向代理商支付账单，代理商扣除佣金后再付给制造商。

在以上各种功能流中，实体流、所有权流、促销流的流向是从制造商流向最终消费者或用户；支付流、订货与市场信息流是从消费者或用户流向制造商；而融资流、洽谈流和风险流则是双向的，因为是在不同成员之间达成交易，谈判、风险承担及资金往来均是双向的。

3．分销渠道的作用

分销渠道是企业的命脉，分销渠道策略运用是否得当，直接影响到企业能否用适当的方式，在适当的时间和地点，把商品送给适当的消费者，直接关系到企业经营目标能否最终实现。其具体作用表现在以下几个方面：

（1）分销渠道是连接生产者和消费者的桥梁和纽带。这种中介作用主要是由各类中间商来完成。一方面，这些中间商由从事市场营销的专业人士组成，他们更了解市场，更熟悉消费者和用户，对各种营销技巧掌握得更熟练，更富有营销实战经验，并拥有更多营销信息和关系，他们会根据市场需要，收购和集中生产者制造的各种商品，同时，还可以为生产者提供运输、仓储、资金、融通、销售及售后服务等。另一方面，中间商有自己的独立投资，如果生产企业自己承担营销工作，它必须为此投入资金、人力和设备，如果将营销转给中间商，不仅可以得到专业人员的帮助从而提高效率，还能相应地节省资金投入，或将这笔资金用在技术开发和扩大生产规模上。

（2）简化交易手续，降低成本，提高交易效率，维持效益的可持续增长。中间商的介入减少了工作量，比如 3 个生产厂商与 5 个零售商的销售，没有批发商时，要进行 15 次交易，如果通过 1 个批发商，交易次数可降为 8 次。依此类推，生产厂商和消费者越多，中间商介入所减少的交易次数及节约的社会总劳动就越多，这是中间商最大的贡献。

在激烈竞争的市场上，企业效益可持续增长的压力越来越大，也越来越困难。企业常常要回答这样的问题：企业如何在成熟的市场或增长缓慢的市场上迅速成长？这时，企业除了争夺竞争对手的市场，别无他途。这就要求企业一方面少失误或不犯错误；另一方面要有中间商的支持与合作。高效率的分销渠道是企业实现销售目标、维持效益增长的源泉。

（3）分销渠道既是物流的通路，也是信息流的通路。不断变化的市场需求信息可以通过分销渠道反馈到生产者，有利于企业及时调整产品数量、质量和花色品种，更好地满足市场需要，提高经济效益。

实例 9-1

娃哈哈：新一轮渠道变阵

2010 年第一季度尚未过完，宗庆后就故伎重演，又一次玩起了娃哈哈渠道魔方。

在娃哈哈的发展史上，每一次渠道变阵，它的生意都成倍甚至翻番增长。1991 年娃哈哈果奶一举成名，让娃哈哈跻身亿元俱乐部；之后全国划片，实行大区分片管理，1994 年时娃哈哈的销售额突破 7 亿元；为了让网点更密集，娃哈哈推行闻名一时的联销体，对空白市场进行深度分销，1995 年时销售额达到 8 亿元，而且通过其纯净水单品上升到 10 亿元，随后又借助非常可乐，加之县级渠道下沉，一路过关斩将，到 2003 年娃哈哈销售额突破 100 亿元。

2004 年，由于销售低迷，宗庆后砍掉中间环节，将渠道资源向终端倾斜，使终端网点更密集，市场从县级下沉到乡镇级，仅仅用了 5 年时间，销售额就达到了 500 亿元。如今，在娃哈哈向千亿元销售额挺进时，宗庆后同样选择从渠道入手，对渠道再次进行分割。这一次，他将渠道批发商环节砍掉，迫使渠道进一步下沉，使尚未覆盖的城郊及城乡结合地带的网络更为密集。

渠道变革，宗庆后与他的销售管理团队早已驾轻就熟。渠道变革仅仅是迈出了小小的一步，而更为深刻的变革早已在娃哈哈的各个体系中开始。留心娃哈哈的一举一动，可以发现，从 2009 年甚至 2008 年开始，娃哈哈就在为渠道变革作准备，扩大产能、加大人员招聘和培训力度、升级内部信息管理系统、调整渠道层级的利润与价格体系、加快新产品研发与上市的速度，而这些工作恰恰是渠道变革的关键所在。

资料来源：经理人网http://www.sino-manager.com.

三、分销渠道的类型

按照不同的分类标准，分销渠道有不同的类型。

1. 按照有无中间商划分

按有无中间商划分，分销渠道可分为直接渠道和间接渠道。

（1）直接渠道。直接渠道是指生产者直接把商品销售给消费者，而不通过任何中间环节的销售渠道，形式包括顾客定制、人员推销、自设销售门市销售、电视销售、目录邮购、电话销售等。直接渠道的优点包括：及时了解市场，减少流通费用，加强销售及控制价格，提供更好的服务。其缺点包括：增加了销售费用，分散精力，市场覆盖过窄，资金周转较慢，生产者风险较大。

（2）间接渠道。间接渠道是指生产者通过中间商来分销商品。间接渠道的优点包括：利用中间商的销售网络，市场覆盖面广；利用中间商的物流功能和销售经验，减少了资金占用和耗费；减少了销售上的人力、财力、物力的投入。其缺点包括：流通环节多，销售费用多，流通时间延长；生产者获得市场信息不及时、不直接；中间商的售前售后服务不能够满足消费者。

实例 9-2

“造得有多快，卖得就有多快”——戴尔公司的直销之道

尽管迈克•戴尔被誉为华尔街的赚钱机器，但他从来不被认为是一名技术先锋，其成功大半归结为给计算机业带来翻天覆地变化的“直销飓风”：越过零售商，将产品直接销售给终端用户。正如戴尔所言：“远离顾客无异于自取灭亡。还有许多这样的人——他们以为他们的顾客就是经销商！”

戴尔最爱说的一句话就是：“两点之间，直线最短。”

戴尔公司为何能独领风骚？其经验可归纳为以下五点：

（1）为客户提供“量体裁衣”式服务。

（2）采用零库存运行模式。

（3）速度最快，应用最新的零件技术，快速组装。

（4）销售渠道最短，消费者通过免费直拨电话定制。

（5）网络销售，80%的新客户都通过这一渠道购买戴尔的产品。

依靠直销模式，戴尔公司取得了巨大成功，创造了网络时代的一个神话。

资料来源：郭国庆．市场营销学通论[M]．4版．北京：中国人民大学出版社，2009.

2. 按照渠道层次划分

按照渠道层次划分，分销渠道可分为长渠道和短渠道。

（1）长渠道。长渠道是指利用两个或两个以上的中间商分销，包括二级渠道、三级渠道等。长渠道的优点包括：能有效地覆盖市场，扩大商品的销售；

充分利用中间商的职能作用，市场风险小。其缺点包括：使生产者市场信息迟滞；与中间商和消费者之间的关系复杂，难以协调；商品价格较高。

（2）短渠道。短渠道是指利用一个中间商或直接销售，包括零级渠道和一级渠道。短渠道的优点包括：流通时间短，流通费用省；信息传播速度快；有利于与中间商建立直接、密切的关系。其缺点是：生产者承担更多的商业职能，不利于集中精力抓生产。

3．按照渠道宽度划分

按照渠道宽度划分，分销渠道可分为密集分销、选择分销、独家分销。

分销渠道的宽度是指渠道中每个层次使用的同种类型中间商的数目。按照这一划分思路，可将渠道分为以下三大类：

（1）密集分销。它是指制造商尽可能通过许多负责任的，适当的批发商和零售商推销商品。消费品中的便利品和产业用品中的供应通常采用密集分销，以方便广大顾客随时随地购买。密集分销的优点是与消费者的接触面较广。其缺点是销售成本较高，中间商积极性较低。

（2）选择分销。它是指制造商在某一地区仅通过少数精心挑选的，最适合的中间商推销商品。选择分销适用于所有商品，尤其在消费品中的选购品和特殊品分销中采用最多。选择分销的优点是可得到中间商最大限度的支持。其缺点是：市场覆盖面有限；增强了中间商的讨价还价的能力。

（3）独家分销。它是指制造商在某一地区挑选一家中间商推销商品，通常双方协商签订独家经销合同，规定中间商不得经营竞争者商品。独家分销优缺点介于密集分销和独家分销两者之间。

第二节　分销渠道决策

分销渠道是关系到企业生存与发展的重大问题，渠道建设是企业赢得市场的关键，同质化市场下渠道产生差异化竞争优势。

一、影响分销渠道决策的因素

影响分销渠道决策的因素很多，生产企业在分销渠道决策时，必须对下列几方面的因素进行系统的分析和判断，才能作出合理的选择。

1．产品因素

（1）产品价格。一般来说，产品单价越高，越应注意减少流通环节，否则会造成销售价格的提高，从而影响销路，这对生产企业和消费者都不利。而单价较低、市场较广的产品，则通常采用多环节的间接分销渠道。

（2）产品的体积和重量。产品的体积大小和轻重，直接影响运输和储存等销售费用，过重的或体积大的产品，应尽可能选择最短的分销渠道。对于那些按运输部门规定的超限（超高、超宽、超长、集重）的产品，尤其应组织直达供应。小而轻且数量大的产品，则可考虑采取间接分销渠道。

（3）产品的易毁性或易腐性。产品有效期短，储存条件要求高或不易多次搬运的产品，企业应采取较短的分销途径，尽快送到消费者手中，如鲜活品、危险品。

（4）产品的技术性。有些产品具有很高的技术性，或需要经常的技术服务与维修，应以生产企业直接销售给用户为好，这样，可以保证企业向用户提供及时良好的销售技术服务。

（5）定制品和标准品。定制品一般由产需双方直接商讨规格、质量、式样等技术条件，不宜经由中间商销售。标准品具有明确的质量标准、规格和式样，分销渠道可长可短，有的用户分散，宜由中间商间接销售；有的则可按样本或产品目录直接销售。

（6）新产品。为尽快地把新产品投入市场，扩大销路，生产企业一般重视组织自己的推销队伍，直接与消费者见面，推介新产品和收集用户意见。企业如能取得中间商的良好合作，也可考虑采用间接销售形式。

2. 市场因素

在发展和调节营销组合的过程中，企业应该将满足目标市场的需求作为其根本的努力方向，从而使企业提供的产品、价格，使用的促销方法，乃至市场渠道结构都能反映出目标市场的需求。因此，在分销渠道决策的过程中，市场因素便成了企业应该揣摩的关键所在。

市场因素中的市场区域、市场规模、市场密度和市场行为者四类基本因素对渠道结构有重要影响。

（1）市场区域。它是指市场的地理规模、位置，以及生产商和制造商间的距离。市场区域与渠道决策间的总体关系是：制造商与其市场间的距离越远，使用中间商的成本比使用直销方式的成本低的可能性越大。

（2）市场规模。一个市场中的客户数量决定着市场规模。从渠道设计的角度来看，独立客户的数量越多，市场规模就越大。常见的市场规模衡量方式是市场中潜在消费者的实际数量。若消费者的潜在需求多，市场范围大，需要中间商提供服务来满足消费者的需求，宜选择间接分销渠道。若潜在需求少，市场范围小，生产企业可直接销售。

（3）市场密度。市场密度即每一单位区域内购买单位的数量。总体上讲，市场密度越低，分销的难度就越大，使用中间商的可能性就越大；相反，市场密度越高，越可能不使用中间商。

（4）市场行为。市场行为是指客户如何购买、客户何时购买、客户在何处购买和谁购买这四类购买行为。每一种形式的购买行为都会对渠道结构产生重要影响，表 9-1 列举了一些典型例子。

表 9-1　市场购买习惯和相对应的渠道结构原则

购 买 习 惯	相对应的渠道结构原则
如何购买 客户通常只是少量购买	使用长渠道（或许是通过几个层次的中间商）来达到目标市场
何时购买 购买受季节影响较大	在渠道中添加中间商，以担负起存货职责，由此减少生产过程中的高峰与低谷现象
何处购买 消费者们越来越喜欢在家购物	取消批发商和零售商，采用直销
谁购买 消费品市场：夫妻双方共同购物 工业品市场：许多人影响着采购决策的制定	为更好地控制销售，采用对作出采购决策的各方成功实施直接分销的方式

3．企业因素

（1）资金能力。企业本身资金雄厚，则可自由选择分销渠道，可建立自己的销售网点，采用产销合一的经营方式，也可以选择间接分销渠道。企业资金薄弱则必须依赖中间商进行销售和提供服务，只能选择间接分销渠道。

（2）销售能力。生产企业在销售力量、储存能力和销售经验等方面具备较好的条件，则应选择直接分销渠道；反之，则必须借助中间商，选择间接分销渠道。另外，企业如能和中间商进行良好的合作，或对中间商能进行有效地控制，则可选择间接分销渠道。若中间商不能很好地合作或不可靠，将影响产品的市场开拓和经济效益，则不如生产企业进行直接销售。

（3）可能提供的服务水平。中间商通常希望生产企业能尽可能多地提供广告、展览、修理、培训等服务项目，为销售产品创造条件。若生产企业无意或无力满足这方面的要求，就难以达成协议，迫使生产企业自行销售。反之，提供的服务水平高，中间商则乐于销售该产品，生产企业则倾向于选择间接分销渠道。

（4）目标与策略。目标与策略（如试图高度控制产品和服务的目标与策略）可能会限制中间商的使用。

4．中间商因素

（1）可得性。在一些情况下，能否得到适宜的中间商将会影响到渠道决策。例如，缺少适宜的中间商使得戴尔计算机公司的创始人迈克·戴尔设计了一套直接邮购的渠道，以提供强有力的技术服务和定做各种计算机。

（2）成本。使用中间商所需的成本一直是企业渠道决策时必须考虑的一项内容。如果渠道管理者认为，为提供一定的服务而使用中间商所需的成本过高，就可能减少使用中间商。

（3）服务。服务即中间商提供的服务。中间商提供的服务好，企业一般选择长渠道；反之，选择短渠道。

5．环境因素

一个国家的政治、经济、自然、地理等因素是企业经营中不可控的外部环境因素。这些因素的特征与变化，会对企业的分销渠道产生重大的影响。从微观环境来看，企业要尽量避免和竞争者使用相同的销售渠道。同时，企业要调查研究某一市场上零售商、批发商的规模大小、购买数量大小与竞争状况，将这些情况与自身的生产量和生产周期进行比较，选择协调性好、适应性强的销售渠道。从宏观环境来看，经济形势有较大的制约作用，在经济萧条阶段，通货紧缩，市场需求下降，生产企业的策略重点只能是控制和降低产品的最终价格，所以必须尽量使用较短的销售渠道，避免影响产品销路。此外，政府有关商品流通的种种政策、法规也限制渠道选择的范围。地处商业中心或交通枢纽附近的企业，由于地理位置比较有利，可采用短渠道分销，而处在偏远地区或交通不便地区的企业，则宜采用较长的分销渠道。

实例 9–3

“伊人净”渠道设计

以新近上市的海南伊人生物技术有限公司生产的“伊人净”在上海地区的销售渠道为例，结合上述因素分析如下：

1．伊人净的产品特性

伊人净是泡沫型妇科护理产品，剂型新颖，使用方便，但与传统的洗液类护理产品不同，首次使用需要适当指导，因此以柜台销售为好；且产品诉求为解决女性妇科问题，渠道因尽量考虑其专业性，如药店和医院。

2．上海地区健康相关产品的渠道分析

药品、食品、保健品和消毒制品统称为健康相关产品，目前主要的销售渠道为药店、商场、超市（含大卖场）和便利店。其中药店多为柜台销售且营业员有一定的医学知识，目前药店仍然是以国有体制为主，资信好，进入成本低，分布面广。商场、超市和大卖场近几年来蓬勃发展，在零售中处于主导地位，销量大，但进入成本高，结款困难且多为自选式销售，无法与消费者进行良好的沟通。便利店因营业面积小而以成熟产品为主。

3．未来两年渠道变化趋势分析

目前，各大上市公司和外资对中国医药零售业垂涎欲滴，医药零售企业也在不断地进行变革，加之医保改革使大量的药店成为医保药房，药店在健康相关产品的零售地位将会不断提高，其进入门槛也会越来越高，比起日渐成熟的超市大卖场而言发展潜力巨大。

4．公司的营销目标

随着上海经济的快速发展，消费者收入的不断提高，消费观念也在不断地更新，对新产品更易于接受，公司希望产品能够快速进入市场，成为女性日用生活的必需品，像感冒药一样随处可购买，从而改变中国女性传统的清水清洗和洗液清洗的习惯。最终，像卫生巾取代卫生纸一样成为女性妇科护理市场的主导产品。这个过程需要很大的广告投入进行引导和时间积累，而在公司成立初期，大量的广告费和经营费意味着高度的风险。相关人员的口碑传播可能比较慢，但却是一种更安全和低投入的方式。努力使相关人员如营业员推荐和介绍本产品是优先考虑的方式。

5．伊人净在上海地区的渠道结构及评价

根据以上分析，公司在上海建立了如下的渠道策略：

分步完善渠道结构，优先发展传统国有医药渠道，在有限的广告中指定仅在药店销售，保证经销商的合理利润。在产品成熟后发展常规渠道。渠道结构如下：

第一年度：

公司 → 区级医药公司 → 药店和医院 → 消费者
（连锁药店）

第二年度以后：

公司 → 区级医药公司 → 药店和医院 → 消费者
|　（商场和超市　↑
↓　连锁便利店）　|
连锁药房--

分析：伊人公司的渠道结构体现了健康相关产品应有的专业特性，有效地克服了产品进入市场时的在使用指导上的困难，同时又以较低的代价达到了广泛的铺货。因第一年度的渠道选择上的指定性（仅在药店销售），使得现有渠道对公司产品有良好的印象，从而有利于后继产品的快速上市。医药在价格上的稳定性，也使公司在产品价格上易于控制，保证其他区域招商的顺利进行。

虽然起初的销售量未能达到最大化，在零售终端的陈列上也不够活跃，但考虑公司的成本控制和长远发展，公司在成长性的渠道上的良好印象，本方案仍不失为成功的渠道策略。

资料来源：张继明．营销渠道设计的限制因素及案例分析[J/OL]．有效营销，2007-10-06．http://www.em-cn.com/Article/200710/171832.shtml.

二、选择中间商

1．中间商选择的原则

选择中间商应把握以下几个原则：

（1）到达目标市场的原则。这是选择中间商的基本原则。因为企业选择中间商的目的就是要将自己的产品打入目标市场，方便消费者购买。根据这一原则，企业在选择中间商时，应了解所要选择的中间商是否在企业产品的目标市场拥有销售渠道、销售场所。

（2）形象匹配原则。中间商在目标市场消费者的心目中是否享有声望，是否代表着高品质和一流服务，这些中间商的形象会直接影响着企业形象，特别是对于产品品质卓越的企业来说，在选择中间商时尤其要注重中间商的形象。对于一般企业来说，如果能选择到一些声望或名气比自己高的中间商作为分销伙伴，则会迅速提高企业产品和自身的形象，给企业带来丰厚的回报。

实例 9-4

渠道成员的形象匹配原则

世界著名的意大利高级产品制造商古驰（Gucci），由于一度忽视分销渠道对企业战略发展的作用，造成了产品分销渠道的混乱和错位。有些零售商的档次、规模、知名度等根本不能与古驰的形象相匹配，但公司仍然对它们的加盟敞开大门。到 20 世纪 80 年代后期，古驰在全球的经销商竟发展到几千家。从数量上讲，公司的零售队伍得到扩大，但鱼龙混杂的零售队伍非但没有给公司创造利润，却给古驰的形象造成负面冲击，致使许多老顾客“移情别恋”，因而引起销售量的急剧滑坡。痛定思痛，公司重新调整了分销渠道战略，大刀阔斧地将那些整体形象与古驰形象不相称的零售商从分销队伍中砍去，只保留了不到 500 家品质卓越的零售商。这恰好反映出古驰力求拥有世界一流品质的形象。这一举措使古驰当年就产生了可观的成绩——利润上升了 45%。

资料来源：杨春富．营销渠道管理[M]．南京：东南大学出版社，2006.

（3）能力匹配原则。这一原则要求所选择的分销伙伴在经营方向和专业能力方面符合分销渠道要求，能承担相应的分销职能，提高分销效率。

（4）通力合作原则。分销渠道的成功，源自于制造商和分销商的共同努力和通力合作。只有渠道中的所有成员齐心协力，才能建立一个高效运转的分销渠道。因此，企业在选择中间商时，应考察中间商的合作意愿及态度，尽力争取分销商的合作与理解。

（5）角色分工原则。这是指所选择的中间商应当在经营方向和专业能力方面符合所建立的分销渠道功能的要求。明确角色分工，既是合作的前提，也是选择中间商的原则与标准。例如，宝洁公司在每一地区只发展少数几个大分销商，然后通过分销商对下级批发商、零售商进行管理。分销商与宝洁公司签订合同，双方明确权利、义务和责任，并进行合理分工。

2．中间商选择的标准

大多数企业在选择中间商时，缺乏具体的选择标准，凭感觉、凭印象选择渠道成员的情况十分普遍，而由这些渠道成员组成的渠道系统很不稳定，从而导致渠道成本偏高。因此，在中间商选择的原则指导下，确定相应的选择标准是十分必要的。

布仁德、西普雷、潘格勒姆三位分销渠道专家都对渠道成员选择标准进行过研究，虽然各人得到的研究结果——选择标准各不相同，但有很多标准是共有的，表明这些共有的标准是渠道成员选择的重要因素，可以将其归纳为四大类：财务能力、市场能力、产品能力和组织管理能力。中间商选择的标准与具体内容见表 9-2。

表 9-2 中间商选择的标准与具体内容

标　　准	具体内容
财务能力	财务状况 信用度
市场能力	市场覆盖范围 销售能力和业绩 销售队伍
产品能力	产品线
组织管理能力	管理层稳定性 规模 声望 理念

需要强调的是，以上这些选择标准并非适用于任何企业的任何情况，它们只适用于一般情况而非特殊情况。因此，企业在设计中间商选择标准时，在参考表 9-2 中内容的基础上，还应结合自身的渠道状况。

3．获得中间商

通过内部和外部途径确定中间商的候选名单，根据中间商选择的原则和标准，运用恰当的评估方法对候选中间商进行评估，经过谈判，获得中间商。

实例 9–5

爱普生公司如何选择中间商

日本的爱普生公司（Epson）是生产计算机打印机的一家大型企业。在公司准备扩大其产品线，增加经营各种计算机时，公司总经理杰克·沃伦对现有的中间商有些不满意，也对他们向零售商店销售其新型产品的能力有一些怀疑，他准备秘密招聘新的中间商以取代现有的中间商。为了找到更适合的中间商，杰克·沃伦雇用了一家招募公司，并给他们这样的指示：

（1）寻找在经营如电视机等和如冰箱等方面有两层（从工厂到分销商，再到零售商）分销经验的申请者。

（2）申请者必须具有领袖风格，他们愿意并有能力建立自己的分销系统。

（3）他们每年的薪水是 8 万美元底薪加奖金，公司将提供 375 万美元帮助其拓展业务，他们每人再出资 25 万美元，并获得相应的股份。

（4）他们将只经营爱普生公司的产品，但是可以经销其他公司的软件。

（5）同时，每个中间商都配备一名培训经理并经营一个维修服务中心。

招募公司在寻找候选人时遇到了很大的困难。虽然他们在《华尔街日报》上刊登招聘广告（没有提及爱普生公司）后，收到了近 1 700 封申请书，但大多数不符合爱普生公司的要求。于是，招募公司通过黄页（电话簿上用黄纸印刷的商业电话号码），得到了一份中间商的名单；再通过电话联系，安排与有关人员见面。在做了大量的工作之后，招募公司列出了一份最具资格的人员名单。杰克·沃伦与这些人员一一见面，并为其 12 个配销区域选择了 12 名最合格的候选者，替换了现有的中间商，并支付了招募公司 25 万美元的酬金。

由于招募是暗中进行的，因此原有中间商对此事一无所知。当杰克·沃伦通知他们须在 90 天内完成交接工作时，中间商感到非常震惊。他们与爱普生公司共事多年，只是没有订立合同。但是，杰克·沃伦必须更换中间商，因为他认为现在的中间商虽然干了很多年，但是缺少经营爱普生新产品和拓展新渠道的能力。

资料来源：庄贵军，周筱莲，王桂林．营销渠道管理[M]．北京：北京大学出版社，2004．

三、分销渠道管理

分销渠道管理是管理在分销渠道领域中的体现。但是，由于管理对象特殊，所以它又具有自己的特点。

1．分销渠道管理的内涵

分销渠道管理实际上是以分销渠道为对象的管理活动，是管理活动在分销渠道这个对象上的具体化。因此，根据管理的定义，我们可以把分销渠道管理定义为：通过计划、组织、激励、控制等环节来协调与整合分销渠道中所有参与者的工作活动，与他们合作，高效率地完成分销任务。

分销渠道管理的内涵可以从以下四个方面来理解：

（1）管理的目的是为了使整个渠道的运行过程有更高的效率（Efficiency）和富有成效（Effectiveness）。

（2）管理的对象是分销渠道中所有参与者，既有可能是企业内部的员工（如在直销渠道中）或外设机构（如企业的销售门市部），也可能是其他的企业（如中间商或经纪人）。

（3）管理的具体内容是分销渠道的各种功能流，包括实体流、促销流、融资流等。

（4）管理所采用的主要措施是计划、组织、激励和控制，渠道管理者通过执行这些职能，协调与整合分销渠道中所有参与者的工作活动。

2．分销渠道管理的特点

管理对象的独特性，决定了分销渠道管理有着不同于其他管理的特点。

（1）分销渠道管理属于跨组织管理，渠道管理虽然也涉及本企业的员工或部门，但是，大多数情况下，它涉及的当事人不属于同一个企业，而是分属于不同利益主体的组织或个人。

（2）有一个跨组织目标体系，由于是跨组织管理，所以目标也是跨组织的。渠道管理的首要任务就是把渠道的共同目标和渠道中不同成员的独立目标整合起来，让渠道成员充分认识到共同目标的存在与重要性。当然，最好是企业设计一套目标体系，使渠道成员只有很好地完成渠道共同的目标，才能很好地完成自己的目标。

（3）从管理职能上讲，分销渠道管理也有自身的特点。比如计划，不仅仅要考虑本企业做什么、怎样做，还要考虑渠道中其他成员做什么、怎样做；组织选择，更多地意味着选择机构而不是人员；领导和控制，更多地意味着影响而不是命令与指挥。

（4）在管理方式上，分销渠道管理较少地依靠制度或权力，较多地依靠合同、契约或一些规范，当然，利益是协调各方面的主要力量。

以上特点决定了，分销渠道管理比一般意义上的企业内部管理充满着更多的变数和不确定性，因而更为复杂与困难。

3．分销渠道管理的内容

分销渠道管理工作包括以下的内容：

（1）对经销商的供货管理，企业应保证供货及时，在此基础上帮助经销商建立并理顺销售网络，分散销售及库存压力，加快商品的流通速度。

（2）企业应加强对经销商广告、促销的支持，减少商品流通阻力；提高商品的销售力，促进销售；提高资金利用率，使之成为经销商的重要利润源。

（3）在保证供应的基础上，企业对经销商提供产品服务支持，妥善处理销售过程中出现的产品损坏变质、顾客投诉、顾客退货等问题，切实保障经销商的利益不受无谓的损害。

（4）企业应加强对经销商的订货处理管理，减少因订货处理环节中出现的失误而引起发货不畅。

（5）企业应加强对经销商订货的结算管理，规避结算风险，保障自身利益，同时防止经销商利用结算便利制造市场混乱。

（6）其他管理工作，包括企业对经销商进行培训，增强经销商对企业理念、价值观的认同以及对产品知识的认识。此外还要负责协调制造企业与经销商之间、经销商与零售商之间的关系，尤其对于一些突发事件，如价格涨落、同类产品的竞争、产品滞销以及周边市场冲货或低价倾销等扰乱市场的问题，要以协作、协商的方式为主，以理服人，及时帮助经销商消除顾虑，平衡心态，引导和支持经销商向有利于产品销售的方向转变。

从以上分析可见，渠道管理要求制造企业部分地参与经销商的经营管理工作，确保经销商把更多的精力投入到搞好销售上，使经销商切实感到合作是有价值的、满意的和愉快的。

第三节　中　间　商

一、中间商概述

中间商是指介于生产者与消费者之间，专门从事商品流通活动的经济组织，它们是构成商品分销渠道的基础。

中间商可以按不同的标准进行分类：按其服务的市场类型，可划分为工业品市场中间商和消费品市场中间商；按其直接销售对象，可划分为批发商和零售商；按其在交易过程中是否拥有产品所有权，可划分为经销商和代理商。此外，还可以按行业或产品类型（如化工、机械、房地产、钢铁、农产品等）来划分中间商。

二、批发商

1. 批发商的含义

批发是指一切将物品或服务销售给那些为了转卖或其他经营用途的客户

的商业活动。根据这一定义，批发首先是指一种商业活动，是中间商的一类职能。该职能承担的是流通中介任务，即在生产者与商业机构、生产经营组织和其他组织用户之间搭起桥梁，满足产品的分销业务在不同地区、不同时间和不同层次的市场对产品（服务）的批量、种类和花色品种的需求。批发的基本特征是其销售服务对象是中间性消费用户。这些用户包括生产者、机构和商业用户，而不是最终消费者。这意味着任何组织或个人所从事的交易，除了对最终消费者之外的所有销售活动都属于批发交易。批发商是指那些其主要业务是从事批发经营的组织或个人。

2．批发商的功能

批发商能否继续存在，取决于他们在分销渠道中所起的作用能否被替代。批发商的主要功能表现在：销售与促销功能；商品采购与搭配功能；整买整卖功能；仓储服务功能；运输功能；融资功能；风险承担功能；提供信息功能和管理咨询功能。

3．批发商的类型

批发商主要有三种类型：①专营批发商；②代销商、代理商和经纪人；③生产制造商的分销机构和销售办事处。

专营批发商是一种独立的批发机构，专业从事批发业务，并且在经营业务时获得商品的所有权。它们一般大批量购进商品并储存，再把这些商品拆分、转售给零售商或其他的生产经营单位。专营批发商是批发商中最主要的类型。

代销商、代理商和经纪人也是一种独立的批发机构。他们一般只帮助沟通产销，在商品交易中，一般不获得商品的所有权。他们参与关于商品所有权转移的谈判，但目的是为了帮助委托人与购买者达成交易，而不是为了自己获得商品的所有权。

生产制造商的分销机构和销售办事处，由生产制造商自己开办并进行经营，是生产制造商的下属批发机构，但独立于生产制造商的生产机构。他们的主要任务是销售本企业生产的产品。有些分销机构拥有仓库，有商品存储；还有一些分销机构，也批发销售其他生产制造商生产的同类产品。

三、零售商

1．零售商的含义

零售是指将商品和服务直接销售给最终消费者，从而实现商品和服务价值的一种商业活动，是分销过程的最终环节。零售商是指以零售为其主营业务的机构或个人。零售的概念具有以下要点：①零售是对最终消费者的活动；②零售向最终消费者不仅出售有形的商品，同时也出售服务；③最终消费者是指购买商品或服务的具体消费者，其不仅局限于家庭和个人，非生产性的集团购买也可归为最终消费者范畴；④零售是商品流通的最后一个环节，商品一旦出售就表明商品离开了流通领域进入了消费领域。

2．零售活动的特征

与制造活动和批发活动比较，零售活动具有以下特点：①交易次数多，但平均每笔交易金额少；②零售多为当面挑选的现货交易；③零售交易中，消费者多表现为较强的随机性；④零售商提供的商品种类具有一定的广度，品种具有一定的深度；⑤零售活动不仅可以在店铺内进行，也能以无店铺进行。

3．零售商类型

零售商的分类主要有按业种和按业态两种区分方法。按业种来区分，即按照零售商所经营商品的种类划分零售商的类型。按业种划分的零售商主要有百货店和专业店两类。百货店经营的商品种类较多，一般涉及服装、化妆品、家庭日用品、食品、文具等；专业店一般只经营一类商品，如服装店、药店、粮店、文具店等。业态是指按经营方式或销售方式划分的零售商类别。我国目前城市零售商也已逐步开始按业态来设置自己的企业形式了。按业态区分的零售商主要有百货公司、超级市场、折扣商店、专卖店、仓储商店、便利店、购物中心等。

实例 9–6

皇明经销商的渠道突破

2003 年年初，山东德州，一场隆重的经销商大会正进行到最引人注目的时刻：在掌声雷动的会场上，一位貌似平凡的中年女士在众多敬佩的目光中走上领奖台，从皇明公司销售副总的手中接过中华轿车的金钥匙，获得了经销商年度最高荣誉奖。她就是孙燕江，南京太阳能市场响当当的女强人，占领当地超过 20%的市场份额，并一连七年获得皇明品牌全国销售量冠军。

1997 年，孙燕江的皇明专卖店开始走上正轨，市场反馈越来越好。她开始不满足这种单一的销售方式，她瞄上了南京的大商场。然而，在当时，同行中没有进商场的先例，因为太阳能热水器知名度有限，体积又很大，在大商场经营要冒很大的风险。

孙燕江要做第一个吃螃蟹的人。她深知当地消费者有到大商场买家电的习惯，如果皇明占领了这个重要舞台，在品牌形象上定会起到很好的展示作用，最终势必会拉动专卖店的销售。

她盯上了南京的中央商场，主动和对方谈了不下十次，可对方就是不愿做。孙燕江和皇明公司业务人员共同商议，另生一计：借皇明公司在南京开招商会的机会，发邀请函请商场负责人前来参加，让企业出面，用实力来说话。

大会现场的亲身感受远远强于经销商费力的讲解，商场负责人终于答应可以摆放一台样机试销。就这样，当月出人意料地卖了 42 台，引得业界一片哗然，媒体也纷纷报道“太阳能热水器与家电比美，进入商场大雅之堂”。从那时起越来越多的太阳能品牌也意识到商场的重要性，开始纷纷跟进。

到了 2001 年，在南京表现抢眼的家电商场——苏宁电器，又成了孙燕江进攻的目标。但是怎样避开现在商场提出的名目繁多的各项费用呢？她采用欲擒故纵的策略，先在苏宁电器周围的广场上举办轰轰烈烈的促销活动，连续数周消费者都积极踊跃参与，销售量走势很好，让苏宁电器日渐不安，最后苏宁电器的商场经理主动提出以最优惠条件引进皇明。第一个月，就卖出了 50 多台。

随着苏宁电器的连锁扩张，皇明品牌顺利进了所有商场。

资料来源：庄贵军，周筱莲，王桂林．营销渠道管理[M]．北京：北京大学出版社，2004.

本 章 小 结

分销渠道是指产品或服务转移活动以使产品或服务便于使用或消费的所有组织构成，有两层含义：①把商品从生产者转送到消费者手里的所有经营环节或经营机构；②商品实体从生产者到消费者手里的运输储存过程，反映的是商品实体运动的空间路线。

在进行分销渠道决策时，企业要综合考虑产品、市场、企业、中间商和环境因素，在选择中间商时，把握到达目标市场、形象匹配、能力匹配、通力合作和角色分工五个原则。在中间商选择原则的指导下，参考布仁德、西普雷、潘格勒姆三位分销渠道专家研究结果——选择中间商标准，结合企业自身的渠道状况，设计符合本企业的选择标准。

中间商是指介于生产者与消费者之间，专门从事商品流通活动的经济组织，是构成商品分销渠道的基础。中间商可以按不同的标准进行分类，按中间商直接销售对象，可划分为批发商和零售商。

知识练习与思考

一、重要概念

分销渠道　直接渠道　间接渠道　密集分销

选择分销 独家分销 中间商 零售商

二、单项选择题

1. 下列不属于分销渠道的是（ ）。

A. 代理中间商 B. 专营批发商

C. 生产者和用户 D. 辅助商

2. 零层渠道通常叫做（ ）。

A. 直接渠道 B. 分销渠道

C. 零售商 D. 渠道流程

3. 一层渠道在消费者市场上通常是（ ）。

A. 批发商 B. 零售商

C. 销售代理 D. 佣金商

4. 当顾客人数多时，生产者倾向于利用每一层次都有许多中间商的（ ）。

A. 长渠道 B. 短渠道

C. 稳定渠道 D. 直销渠道

5. 制造商在某一地区仅选择一家中间商推销其产品，通常双方协商签订独家经销合同，规定经销商不得经营竞争者的产品，以便控制经销商的业务经营，这种形式称为（ ）。

A. 密集分销 B. 选择分销

C. 独家分销 D. 销售联合

6. 有条件地选择部分中间商销售企业产品的分销形式属于（ ）。

A. 密集分销 B. 选择分销

C. 独家分销 D. 短渠道分销

7. 含有两个销售中介机构的渠道叫做（ ）。

A. 二层渠道 B. 零层渠道

C. 一层渠道 D. 三层渠道

8. 如果顾客经常小批量购买，则须采用（ ）渠道为其供货。

A. 长 B. 短

C. 宽 D. 窄

9. 企业过去的渠道经验和现行的市场营销政策也会影响渠道的设计。这一影响因素属于（ ）。

A. 顾客特性 B. 产品特性

C. 企业特性 D. 环境特性

10. 消费品中的便利品，通常采用（ ），使广大消费者和用户随时随地买到这些日用品。

A. 密集分销　　B. 选择分销
C. 独家分销　　D. 方便推销

三、多项选择题

1. 影响分销渠道设计的因素有（　　）。
A. 中间商因素　　B. 产品因素
C. 制造商自身的因素　　D. 市场因素
2. 按照企业的分销活动是否有中间商参与，可以将分销渠道分为（　　）。
A. 直接渠道　　B. 间接渠道
C. 单渠道　　D. 多渠道
3. 零售商根据按业态区分可分（　　）。
A. 专卖店　　B. 百货公司
C. 超级市场　　D. 购物中心
4. 影响分销渠道的产品因素有（　　）。
A. 产品单位价值　　B. 产品的大小与重量
C. 产品的耐腐性　　D. 产品的技术性和服务性
5. 企业在经营下列哪种产品情况下最好选择较短的分销渠道（　　）。
A. 鲜活易腐产品　　B. 技术性强的产品
C. 体积大，重量大的产品　　D. 成熟期的产品
E. 有传统特色的产品

四、判断题

1. 直接分销渠道主要用于分销消费者用品。（　　）
2. 自己进货，并取得产品所有权后再批发出售的商业企业是经纪人或代理商。（　　）
3. 由于渠道成员利益的冲突，因此无法做到与中间商协作共赢。（　　）
4. 在分销渠道中，只要存在中间商，就不能节约流通费用。（　　）
5. 各种不同的渠道功能可以由不同的成员完成，因此营销渠道有的功能可缺失。（　　）

五、简答题

1. 什么是分销渠道？分销渠道有什么作用？
2. 分销渠道的主要功能什么？
3. 影响分销渠道决策的因素有哪些？
4. 选择中间商应把握哪些原则？
5. 批发和零售有什么区别？

六、案例分析

江苏春兰集团的空调产品在国内市场上的占有率在同行业企业中遥遥领先。它在处理与其经销商的关系时采用的一种全新的厂商合作方法——“受控代理制”，即代理商要进货，供货员必须提前将货款以入股方式先交付春兰公司，然后按全国规定，提走物品，在维系经销商方面，春兰公司不仅为他们提供质量好、价格合理的空调产品，而且专门建立了一支庞大的售后服务中心，近万人的安装、调试、维修队伍，他们实行 24 小时全天候服务，顾客在任何地方购买了春兰空调都能就近得到一流的售后服务，这为经销商免除了后顾之忧。此外，春兰公司给代理商大幅度让利，有时甚至高达售价的 30%，年末还给予奖励。

资料来源：中国发明专利技术信息网. http://www.1st.com.cn/dianzicontent.asp?id=1552.

问题：春兰公司是如何维系经销商的？

实训操作

实训目的：了解分销渠道的渠道成员——批发商、零售商在我国的现状。

实训要求：

（1）随机调查你身边的批发商零售商，了解他们批发零售活动的特征及管理要点。

（2）运用网络和图书馆，了解商品的分销渠道状况。

实训指导：

（1）将学生分组，每组分别进行一项内容的调查。

（2）实训结束后，各组交流调查信息。

第十章 促销策略

营销格言

予人以利，受人欢迎。

——蓬培基（Pompeji）遗址碑文，公元 71 年

知识目标

1. 明确促销策略的基本含义、内容。
2. 正确认识促销在市场营销中的重要性。
3. 掌握各种促销方式以及促销组合的运用。

技能目标

1. 初步学会各促销方式的实际操作。
2. 提高口头表达能力、随机应变能力以及创新思维能力。

引导案例

农夫山泉“有点甜”

在 1997 年以运动瓶盖“噗”的一声杀入中国水市场的农夫山泉，凭借“有点甜”的独特创意，以差异化营销定位，在消费者心中留下了深刻的印象。在当时已是群雄割据的市场中强行占领了一席之地，第二年就坐上了“康师傅”出局后空出来的中国水业“老三”的位置。农夫山泉的成功与其正确的市场定位和精湛的促销手段是分不开的。

排在水市场老大和老二位置的分别是“娃哈哈”和“乐百氏”，两者在饮用水市场的地位稳如磐石，排名老三的农夫山泉会怎么做呢？

2000 年 4 月 24 日，农夫山泉的出品人海南养生堂有限公司突然公开宣称，纯净水对健康无益，而含有矿物质和微量元素的天然水对生命成长有明显的促进作用。作为生产厂家应该对人的健康负责，因此农夫山泉不再生产纯净水，转而全力投向天然矿泉水的生产和销售，随后又在全国一些地区的中小学中开展了纯净水与天然水的生物比较实验并广泛传播。农夫山泉此举掀起了轩然大波，以娃哈哈、乐百氏为代表的全国各地数百家纯净水企业与农夫山泉针锋相对，展开了一场沸沸扬扬的“水战”。农夫山泉的纯净水一直与特定的味觉“有点甜”联系在一起，加上有效的传播策略配合事件行销，使它成为消费者高度关注的产品，消费者试用比例也非常高。农夫山泉此举从品牌角度来讲，实是完成一次品牌变身，割裂品牌原有的单一的“纯净”元素，向品牌中注入天然、健康等元素，增加附加值，使品牌再一次充满了活力。

但是，它相对高的价格在一定程度上阻挡了理性消费者的选购欲望。2001年3月20日，农夫山泉在北京、上海、广州、南京和杭州等全国几大城市的主要媒体同时打出一则广告“支持北京申奥，农夫山泉1元1瓶。”此前，农夫山泉天然水的零售价是每瓶1.5元。由于启用了价格利剑，2001年1～5月，农夫山泉的销售量已完成上一年全年销售量的90%，而此时，中央电视台“一分钱”广告正在热播：“再小的力量也是一种支持。从现在起，你买一瓶农夫山泉，你就为申奥捐出一分钱。”随着主办城市投票鼓点的密集，申奥气氛也跟着气温一天天升高，站在申奥队列的农夫山泉也不知不觉成了一锅沸水。以申奥来发动价格战，农夫山泉此举是一举两得，一方面以低价格来扩大市场占有率；另一方面在舆论面前显示出农夫山泉的公益性。企业不以个体的名义而是代表消费者全体的利益来支持北京申奥，这个策划在所有支持北京申奥的企业行为中是一个创举。事实上，农夫山泉的出品人海南养生堂有限公司，与体育事业特别是中国奥运有着非同寻常的渊源。从1998年法国世界杯后的中国乒乓球队历次国际大赛、悉尼中国奥运军团的唯一训练比赛用水，到这次全民支持北京申办2008年奥运会主办权的“一分钱”活动，海南养生堂牵手中国体育事业的脉络清晰可见。海南养生堂也借此达到了双赢，甚至多赢、全赢的目的。

资料来源：邱斌．中外市场营销经典案例[M]．南京：南京大学出版社，2011.

分析说明

农夫山泉为了进一步扩大其市场，同时更有力地击败行业对手，运用广告、公共关系等各种促销策略，将农夫山泉的品牌知名度迅速渗透到市场中，深入人心，取得了竞争中的绝对优势，为海南养生堂在饮用水市场中奠定了稳固的发展基础。

第一节 促销组合

一、促销组合的相关概念及作用

面对当今高度发展的市场经济，企业要在日益激烈的市场竞争中占有一席之地，必须做到适应和满足千变万化的顾客需求，而企业和顾客之间的信息沟通就显得尤其重要。因此，促销就成为企业与消费者实现双赢的重要途径和手段。对促销的研究为企业正确制定促销组合决策，实现企业市场营销有着重要的意义和作用。

实例 10-1

屈臣氏的促销策略

2004 年 6 月 16 日，屈臣氏中国区提出“我敢发誓，保证低价”承诺，并开始了以此为主题的促销活动，每 15 天一期，从那时起的一段时间里，我就一直参与并研究着促销活动带来的顾客反应以及屈臣氏的各店营业额的变化。从我所收藏的一大堆《屈臣氏商品促销快讯》中，可以把屈臣氏的促销活动发展大致分为三个阶段:

（1）2004 年 6 月以前为第一阶段，在这段时间里，屈臣氏主要以传统节日促销活动为主，屈臣氏非常重视情人节、万圣节、圣诞节、春节等节日，促销主题多式多样。例如“说吧说你爱我吧”的情人节促销；“圣诞全攻略”、“真情圣诞真低价”的圣诞节促销；“劲爆礼闹新春”的春节促销，还有以“春之缤纷”、“秋之野性”、“冬日减价”、“10 元促销”、“SALE 周年庆”、“加 1 元多一件”、“全线八折”、“买一送一”、“自有品牌商品免费加量 33%不加价”、“60 秒疯狂抢购”、“买就送”等为主题的促销活动。

（2）第二阶段是在 2004 年 6 月提出“我敢发誓，保证低价”承诺后，以宣传“逾千件货品每日保证低价”为主题，在这一阶段，每期《屈臣氏商品促销快讯》的封面都会有屈臣氏代言人高举右手传达“我敢发誓”信息，到了 2004 年 11 月，屈臣氏作出了宣言调整，提出“真货真低价”，并仍然贯彻执行“买贵了差额双倍还”方针，这样一直到 2005 年 8 月，“我敢发誓”一周年，屈臣氏一共举行了 30 期的促销推广，屈臣氏的低价策略已经深入人心。

（3）第三阶段是 2005 年 6 月起，屈臣氏延续特有的促销方式并结合低价方针，淡化了“我敢发誓”的角色，特别是到了 2007 年，促销宣传册上几乎是不再出现“我敢发誓”字样，差价补偿策略从“两倍还”到“半倍还”最终不再出现，促销活动变得更是灵活多变，并逐步推出大型促销活动，如“大奖 POLO 开回家”、“百事新星大赛”、“封面领秀”、“VIP 会员推广”，屈臣氏促销战略成功转型。

资料来源：袁耿胜．屈臣氏促销案例剖析[J/OL]．袁耿胜专栏，2007-12-24．http://blog.linkshop.com.cn/u/ALSON_2000/archives/2007/95888.html.

1．促销组合的相关概念

（1）促销的概念。“促销”一词源于拉丁语，意思是“前进”。在现代企业的营销中，它也被称为促进销售，是指企业通过一定的形式，将商品或劳务的性能、特征等信息传递给顾客，帮助顾客认识商品或劳务，引起顾客的注意，唤起其需求，使其采取购买行为的过程。

企业作为商品的生产者或销售者，必须将自己所生产的商品或劳务的相关信息充分而明确地传达给消费者。此时卖方就成为信息的主动发出者，他们需要通过一定的方式来对消费者进行信息的传递，那么促销在这一传递过程中就成为企业必选的重要手段。

通过企业促销，作为信息接收方的消费者又会将其对企业商品或劳务的认识和需求动向反馈给企业。对于企业来讲，适应当前市场需求是企业实现最终市场营销目标的重要前提。

企业与消费者之间的信息沟通，如图 10-1 所示。

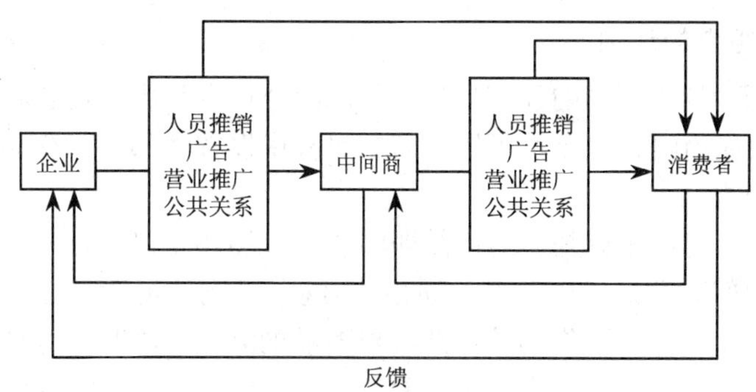

图 10-1　企业与消费者之间的信息沟通

（2）促销组合的概念。将人员推销与非人员推销的促销方式，即人员推销、广告、营业推广和公共关系结合起来，有计划、有目的地配合运用，就形成了整体促销作用，也就是促销组合。

企业在进行不同的促销组合时会形成不同的促销策略，但归纳起来主要有推动策略和拉引策略两种基本类型。

1）推动策略（Pushing Strategy）。推动策略是指通过以人员推销结合营业推广为主的促销组合，把商品推向市场的促销策略，即从制造商推向批发商，再由批发商推向零售商，最后由零售商推向最终消费者。推动策略的实施过程如图 10-2 所示。

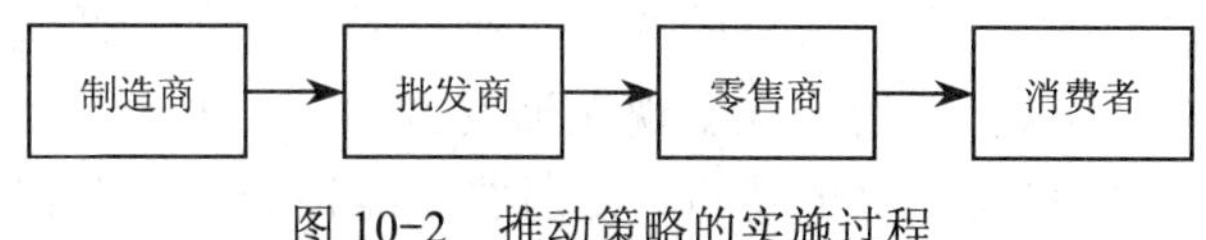

图 10-2　推动策略的实施过程

实施推动策略，要求推销人员针对不同的商品和不同的销售对象，灵活运用不同的方式方法，主要是在现有的产品用户以及潜在用户中多加努力。

2）拉引策略（Pulling Strategy）。拉引策略是通过以广告为主要促销方式的促销组合，把消费者吸引到企业特定的产品上来的促销策略。拉引策略的最终目的就是激发消费者的购买欲望，引起消费者的购买兴趣，从而产生购买动机。在这一过程中分销渠道的压力会加大。拉引策略的实施过程如图 10-3 所示。

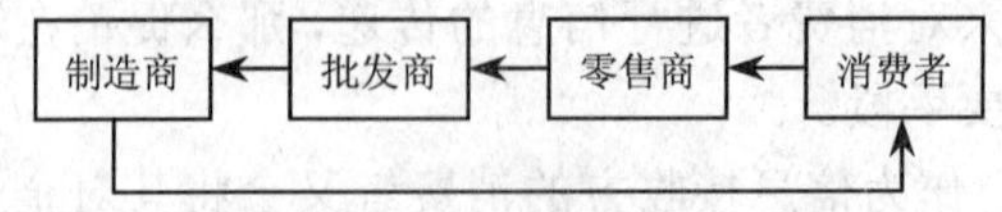

图 10-3 拉引策略的实施过程

拉引策略重点是引起潜在顾客的兴趣，使他们来购买企业的商品。所以在实际操作中，企业要更注重广告和其他形式的宣传报道，吸引消费者的注意。

2．促销组合的作用

在不同的时期、不同的经济环境、不同的企业产品中，企业的营销目标是不同的，因此促销组合在企业不同的营销目标中发挥着不同的作用，总的来讲包括以下四个方面：

（1）传递信息。无论企业的产品即将进入市场还是已经进入市场，都需要企业及时向中间商和最终消费者传递相关信息，做到让消费者准确掌握该产品的具体情况，以便于引起他们的注意及对商品的兴趣。同时，消费者对企业产品的反馈信息也会传递到企业，为企业进一步改进产品、适应市场需求提供重要的依据。

（2）唤起消费者的需求。企业采取有效的促销活动，可以扩大市场需求，最终实现增加企业利润的目标。通过促销活动，企业向消费者介绍自己的产品，从而唤起消费需求。这一过程不仅只是简单地激发和诱导消费者的购买欲望，还包括创造新的消费需求。大多数消费者在选购商品时是按照自己的现实需求来进行选择的，而促销活动带给消费者的很可能会有某些消费者过去并不为所知的产品信息，这些信息对于消费者来说也许是全新的，而且是感兴趣的，那么消费者新的消费需求也就可能从中产生。

（3）企业产品形象的树立。在竞争越来越激烈的市场环境中，很多产品之间的差距是微乎其微的，消费者要作出选择不是一件容易的事情。此时，企业除了对产品加大宣传外，自身形象的树立也是必不可少的。通过各种有效的促销方式的结合，企业以崭新的面孔呈现在消费者面前，再加上企业产品在宣传时的有的放矢，突出自身产品的特点，使消费者能很容易区分出各企业以及产品的差别，准确地作出自己的判断。因此，促销不仅仅只是企业的营销策略，也是企业在市场竞争中取胜的有力武器。

（4）稳固和扩大产品的市场份额。企业的生存离不开市场，而企业产品的市场份额又是决定企业去留的关键因素。无论是成熟的产品还是刚上市的新产品，它们在市场中到底占据多少份额以及能占据多久，是企业必须解决的重要问题。在维护和扩大企业产品销售时，促销所发挥的强大功能是不可否认的。

二、促销组合的构成

在市场中，由于各企业自身的特点不同，生产的产品也千差万别，在进行营销活动时采取的策略也不尽相同，这时，促销方式在现实中的表现是各有所长的。因此，不同的促销组合综合运用能够起到取长补短、事半功倍的效果。促销主要包括人员推销和非人员推销两大类，非人员推销的基本方法主要有广告、营业推广和公共关系三个方面。

1．人员推销（Personal Promotion）

人员推销是由开展促销活动的企业，派出推销人员或委托推销人员亲自向目标市场中的消费者进行有关商品信息的直接交流。采用这种促销方式与消费者沟通最为直接，促销效果也是最好的。它的特点是：推销人员能够与潜在消费者面对面直接交流，针对性较强；在最短时间内获得消费者的反馈，灵活、及时地调整推销策略；推销人员与消费者的沟通带有一定的人情味，双方之间很容易建立起信任感，便于今后双方保持长期联系；推销人员可以直接促成消费者的购买行为，推销过程完整并能产生较好的效果。

2．广告（Advertisement）

广告是企业促销活动中运用最为广泛的一种方式。企业通常是通过各种付费传播媒体向消费者进行信息的沟通。它的特点是：传播范围广泛；通过重复传播加深人们的记忆；具有极丰富的表现力；传播信息时速度快；但企业有可能需要付出高额的广告费用。

3．营业推广（Sales Promotion）

营业推广是企业在某一特定时间段所采用的促销方式，以刺激消费者的购买欲望。这种促销方式具有强烈的诱导性，使消费者能在短期内采取购买行动，大量购买企业销售的商品。营业推广与其他促销方式最大的不同点是它往往用于企业短时期的特别促销，目的就是让消费者更快、更多地购买企业产品。

4．公共关系（Public Relation）

公共关系是企业运用一些不需要付费的传播手段来进行自身形象的宣传，从而达到吸引消费者注意，向他们间接推销企业产品和劳务的目的。其特点就是：传播费用较低，却能达到较好的促销效果；企业在媒体选择上多半以新闻媒体为主，具有一定的客观性，使消费者能够产生较强的信任感。

三、确定促销组合时应考虑的因素

企业确定促销组合策略时，不仅要熟悉各种促销方式并灵活运用，还要不失时机、恰到好处地运用。因此，企业必须考虑到以下因素：

1．企业促销的目的

企业在进行每一次促销活动时，营销目的是不同的，所以企业在不同的时期、不同的市场环境中，每一次促销都不可能运用同样的促销方式。例如，企业如果希望在短时期尽快扩大自己的市场份额，那么在进行促销时就要更侧重于选择广告或者营业推广的促销组合方式；企业希望自己先在市场中树立良好形象，此时企业所制定的营销目标是长期的，那么在选择促销策略时，就需要更多地考虑具备公共关系特点的促销组合。

2．产品的性质

对于不同性质的产品，企业所采取的促销策略也不尽相同。广告多用于消费品的促销，这些商品具有相对价值小，技术含量不高，被消费者广泛购买的特点；一些工业品因其具备一定的专业性而非大众消费品，在促销时采用人员推销为主的促销策略效果更好。但是，无论哪一类性质的产品，企业在促销时都需要考虑到具体的实际情况再制定恰当的促销策略，不能一概而论。

3．市场特点不同

企业营销的目标市场不同时，企业所采用的促销策略也是大相径庭的。目标市场范围较大，如一些日用消费品，无论在哪一区域，广告都是较为理想的促销方式；如果目标市场比较局限或者比较特殊，潜在顾客数量有限，那么人员推销的效果更好。另外，目标市场的消费者文化水平和经济收入的差距也会影响企业促销方式的选择，假如消费者文化水平高、经济收入也高，那么广告和公共关系的促销组合的运用就较多；反之，则选择人员推销和营业推广。

4．产品生命周期

（1）产品导入期。产品刚刚上市进入导入期时，尤其是新产品，企业需要加大对产品的宣传，使消费者尽快接受产品，通常会采用大量的广告宣传来加深消费者对产品品牌、特性、功能的印象，达到在短时期内让目标市场消费者了解、熟悉企业产品的目的。与此同时，营业推广的运用也可加速产品的上市。

实例 10-2

内蒙古和湖北在历史上有一个关联人物，这就是王昭君。伊利集团在开发武汉市场时，首先对武汉的目标消费者进行促销。一方面在报纸上以“昭君回故里，伊利送真情”开展公关广告宣传活动，借助新闻媒体进行了铺天盖地的宣传，使武汉市民都知道了伊利集团的产品；另一方面以“古有昭君千里出塞，今有伊利集团千里大赠送”免费向武汉的中小学生赠送冰激凌。通过新闻宣传和免费赠送，不仅武汉消费者了解了伊利产品，而且经销商也意识到销售机会的到来，促销伊利集团产品的积极性大增，结果每10个武汉人中就有一个食用过伊利的产品。最终，伊利集团在武汉的市场占有率很快得到了提高。

资料来源：http://baike.baidu.com/view/289429.htm.

（2）产品成长期。产品处于成长期时，就意味着企业产品已经逐渐为广大公众了解，并且产品的市场占有率表现出逐步攀升的趋势，产品在市场中的销售逐渐看好。此时，企业需要进一步地让消费者接受产品，形成一定的产品偏好。作为最有效的促销手段，企业仍需继续扩大广告攻势，重点宣传产品特点，加之公共关系的运用，企业良好形象的树立也可加深消费者对产品的认知。

（3）产品成熟期。产品在市场中一旦进入成熟期，就意味着维持好现有市场份额已成为这一时期的营销关键。企业通常采用以营业推广为主的促销方式来保持产品销售量，而广告促销也就逐步减少。

（4）产品衰退期。企业产品在市场上进入衰退期，就表明企业促销费用不必再增加，从而保证衰退期时企业的正常获利。此时，除了营业推广可继续开展外，其余促销方式都应考虑逐步减少，甚至完全停止。

5．促销预算

企业所有的营销活动都要有一定的预算作为前提，促销策略的制定也要在一定的预算范围内有所考虑。不同的目标市场、不同的产品、不同的竞争环境都会对企业促销的开支产生一定的影响，因此企业应在一定的比例中确定促销预算。对于竞争激烈的产品，为了达到较好的宣传效果，企业往往会选择促销费用较高的传播方式，那么促销预算就大；反之，企业就会选择促销费用相对低的方式来降低促销预算。

第二节 人员推销

一、人员推销的概念、特点与方式

1．人员推销的概念

人员推销是企业推销人员直接向中间商或消费者进行推销商品和劳务，使其采取购买行为的一种促销活动，包含推销员、推销对象（消费者）以及推销品三个构成要素。人员推销是人类最古老的一种促销形式，它在早期的商品市场中就已经很常见，今天仍然被各企业广泛采用。

2．人员推销的特点

与非人员推销相比，人员推销有着非人员推销不可取代的优点，主要体现在以下方面：

（1）信息沟通的双向性。人员推销的过程是人与人之间信息交流的典型方式。一方面，推销人员面对面地直接向消费者推荐自己企业的商品，包括商品详细的功能、特性、优点、使用方法等相关信息；另一方面，消费者可以通过推销人员的直接介绍及时作出反应，包括对商品的评价、要求和疑问等反馈信息，企业可以通过对这类信息的掌握及时调整营销策略，有利于企业更进一步对销售市场的把握。

（2）推销过程灵活。由于人员推销是推销人员与消费者之间面对面的交流与沟通，推销人员可以根据消费者的反应及时调整沟通方式，最大限度地满足消费者要求，诱导其对推销品产生购买行为。这一过程由推销人员自己灵活把握，不仅能及时了解到更多的消费者信息，也能通过方式方法的调整，解除消费者的疑问与顾虑。因此，这种灵活的推销方式，使推销的成功率得到了很大的提高。

（3）推销针对性较强。人员推销大多数情况下是一对一的形式，即一个推销人员面对一个消费者的推销。推销人员可以根据自己的推销目的来选择潜在的消费者作为推销对象。通过这种一对一的推销，一方面，推销人员可以提高推销的成功率；另一方面，消费者也能享受到推销人员更优质的服务。

（4）企业与消费者的关系更易得到巩固。人员推销中带有很明显的人际交往的色彩，推销人员与消费者在长期的交往中不仅形成了买方与卖方的关系，双方也建立起了友谊和信任。对企业来说，人员推销为企业赢得了一批稳固的客源，有利于企业与这些消费者之间长期的合作，也有利于企业发展更多的忠实消费者。

实例 10-3

乔·吉拉德是世界上最伟大的推销员，他连续 12 年荣登世界吉尼斯纪录大全世界销售第一的宝座，他所保持的世界汽车销售纪录：连续 12 年平均每天销售六辆车，至今无人能破。其推销技巧总结如下：

（1）做好次日计划，目标明确。

（2）把顾客当做朋友，让顾客记住你的名字。

（3）经常向顾客寄邮件、贺卡，把公司及自己的信息写在里面，与顾客保持长期友好的联系。

（4）不要和同事一起吃饭，那是浪费时间。

（5）遇到每一个人都会给对方名片，让对方知道你是做什么的。

（6）重视与顾客第一次接触，留给对方的第一印象很重要。

（7）成交是销售的开始，售后服务一定要做好。

（8）我们卖的不是产品而是自己，顾客只有先接受你才会买你的产品。

（9）学会聆听，通过聆听可以得到更多的顾客信息。

（10）微笑可以提升一个人的价值，当你微笑时，全世界都在向你微笑，当你冷漠时，全世界都在逃避你。

资料来源：瞿文明．世界上最伟大的推销员[M]．北京：中国华侨出版社，2010.

3．人员推销的方式

人员推销通常包括以下三种主要的推销方式：

（1）上门推销。上门推销是人员推销中最常见的形式。推销人员通过对潜在消费者的上门走访，将企业的商品介绍给推销对象。在这种形式中，推销人员通常是随身携带推销品的相关资料信息，便于其在与推销对象交流时更准确地介绍推销品，而消费者通过推销人员的详细介绍，能有针对性地进行购买选择，作出购买决定。

（2）柜台推销。柜台推销又称门市推销，是推销人员在固定的门市或柜台向消费者推销商品的一种人员推销方式。柜台推销与上门推销的形式恰恰相反，不是推销人员上门，而是消费者上门。在门市或柜台上陈列的商品品种远远多于上门推销时推销人员携带的商品品种，消费者光顾柜台时，有更多的选择余地，推销人员也可以向消费者提供更多的购买方便，因此，这种方式比较为消费者所接受。

（3）会议推销。会议推销是指企业利用各种会议的机会，如订货会、展览会、商品交易会等向与会者介绍和推荐自己的商品。这种推销方式较为集中，接触的推销对象范围广泛。一般来说，会议推销的成交额大于上门推销和柜台推销，因此推销效果不错，常常被企业采用。

二、人员推销的程序

人员推销完整的程序包括以下几个步骤：

（1）寻找准顾客，确定推销对象，发展新顾客。

（2）推销前先了解顾客情况，做好物质、资料等方面的准备工作。

（3）约见顾客后，在与顾客的接触过程中迅速引起顾客注意，激发顾客兴趣。

（4）通过推销谈判，本着互惠互利原则，协商处理双方异议，达到利益一致的目的。

（5）与顾客达成共识后，推销人员主动把握时间促成交易。

（6）交易达成后，推销人员与顾客保持紧密联系，做好售后服务工作。

三、人员推销的策略与技巧

1. 人员推销的策略

在人员推销中，常常采用以下三种策略：

（1）试探性策略。试探性策略也称刺激—反应策略，是在不了解顾客的情况下，推销人员运用刺激性手段引发顾客产生购买行为的策略。

（2）针对性策略。针对性策略又称配方—成交策略，是在推销人员已知顾客某些情况的前提下，有针对性地向顾客介绍和宣传，引起顾客的兴趣，达成实现交易的目的。

（3）诱导性策略。诱导性策略也称诱发—满足策略，是指推销人员运用能激起顾客需求的说服方法，诱发、引导顾客产生购买行为。

2. 人员推销的技巧

（1）增强信心。推销人员面对面地与不同顾客打交道，将会出现的情况难以预料，因此，推销人员在工作时首先要做到的就是增强自信心、克服困难、从容应对。

（2）取得信任。当推销人员与推销对象有所接触并需要进一步沟通时，双方的信任就成为推销成功与否的重要前提。推销人员此时先要推销自己，其次才是推销商品。帮助顾客解决问题，最大限度满足顾客需求都是提升顾客对推销人员信任度的较好方法。

（3）分辨需求。交易的达成需要推销人员清楚地知道顾客需求。推销人员可以通过向顾客提问来了解顾客真正想要的是什么，有针对性地向顾客进行介绍和推荐。

（4）提出建议。不是所有的顾客都能清楚自己想要的是什么，此时，推销人员就必须向顾客提出一些建设性的建议，强调交易会带给顾客的利益有哪些，给予顾客一定的帮助和指导。

实例 10-4

把斧子卖给总统

美国的布鲁金斯学会（Brookings Institution），创建于 1927 年，以培养世界上最杰出的推销员著称于世。它有一个传统，在每期学员毕业时，都设计一道最能体现推销员能力的实习题让学员去完成。

2001 年 5 月 20 日，美国一位名叫乔治·赫伯特的推销员成功地把一把斧子推销给布什总统。布鲁金斯学会得知这一消息后，便把刻有“最伟大推销员”的一只金靴子赠予他，这是自 1975 年该学会的一名学员成功地把一台微型录音机推销给尼克松以来，又一名学员获此殊荣。

记者采访乔治·赫伯特时，他这样说：“我认为，把一把斧子推销给布什总统是完全可能的。因为，布什总统在德克萨斯州有一处农场，那里长着许多树，于是我给他写了一封信，说‘有一次，我有幸参观了您的农场，发现那里长着许多矢菊树，有些已经死掉，木质已经变得松软。我想，您一定需要一把小斧头，但是从您现在的体质来看，这种小斧头显然太轻了，因此您仍然需要一把不甚锋利的老斧头，现在我这儿正好有一把这样的斧头，它是我祖父留给我的，很适合砍伐枯树。如果您有兴趣，请按这封信所留的信箱给予回复……’最后他就给我汇来了 15 美元。”

乔治·赫伯特成功后，布鲁金斯学会在表彰他的时候说：金靴奖已空置了 26 年。26 年间，布鲁金斯学会培养了数以万计的推销员，造就了数以万计的百万富翁。这只靴子之所以没有授予他们，是因为我们一直寻找这样一个人：这个人从不因有人说某一目标不能实现而放弃；从不因某件事情难以办到而失去自信。

资料来源：陈书凯．小故事妙营销[M]．北京：中国纺织出版社，2005．

分析说明

不是因为有些事情难以做到我们才失去了自信，而是因为我们失夫了自信，有些事情才显得难以做到。作为一个推销员，尤其如此。在推销过程中，只有不畏艰辛，充满自信，才能获得更大的成功。

四、人员推销队伍的建设

企业在推销队伍的建设时，主要做好以下几项工作：

1．招聘推销人员

企业根据自身营销工作的需要，通过应招人员的学历、工作经历、业绩、性格特征等甄别、选拔合适人选。

2．培训推销人员

在推销人员正式上岗前，企业对其进行公司情况、产品情况、市场情况、竞争状况、推销技巧等相关知识的系统培训。

3．推销人员配置

企业一般按照地区、产品、顾客三个方面来进行推销人员配置。

4．推销业绩考核

企业对推销人员日常工作进行监督管理，按照一定的标准考核其业绩。

五、推销人员的薪酬方式与激励

企业根据推销人员的业绩考核，建立合理的薪酬方式和激励机制。其主要目的是鼓励推销人员努力工作，创造更好的业绩。一般企业在计算推销人员的报酬时是以其业绩为主要考核标准，与此同时再采取一些激励方式调动其工作积极性，如带薪假日、各种补贴、物质表彰、公费外出、升职加薪等，使推销人员在努力工作的前提下再得到一些额外的收获和奖励。

第三节 广　　告

一、广告概述

广告按照字面理解就是广而告之，具体来讲，它是指企业利用传播媒介与目标顾客和公众进行信息沟通的方式。

企业利用广告可以直接向顾客和公众传播信息，达到实现销售的目的。因此，广告作为一种有效的促销方式被企业广泛采用，并得到了迅速的发展。现在的广告除了带有明显的商业目的外，也可以作为一种艺术被人们欣赏，成为丰富大众精神生活的重要组成部分。

二、广告定位

广告定位是指企业从消费者需求出发，把市场按照不同的标准划分为不同的部分或购买群体，企业选择其中一个或几个市场部分进行广告活动。

广告定位是现代广告理论和实践中极为重要的观念，它的目的是要在广告宣传中，为企业和产品创造、培养一定的特色，树立独特的市场形象，从而满足目标消费者的某种需要和偏爱，为企业促进产品销售服务。

实例 10-5

宝洁号称“没有打不响的品牌”，这源自于宝洁成功的市场细分理念。以洗发水为例，宝洁有飘柔、潘婷、海飞丝三大品牌，每种品牌各具特色，占领各自的市场。海飞丝的个性在于去头屑，“头屑去无踪，秀发更出众”；飘柔突出“飘逸柔顺”；潘婷则强调“营养头发，更健康更亮泽”。三种品牌市场个性鲜明，消费群体需求划分明确，可根据自己的需要对号入座。这种细分，避开了自己同类商品的竞争，强有力地占领了市场。

资料来源：http://baike.baidu.com/view/289429.htm.

广告定位主要有实体定位和观念定位两大类。

1. **实体定位**

实体实位是指企业在广告宣传中突出产品的新价值，强调本品牌与同类产品的不同之处，以及能够给消费者带来的更大利益。实体实位又可以区分为市场定位、品名定位、品质定位、价格定位和功效定位。

实例 10-6

据说，日本企业在20世纪60年代末和70年代初开发、进军美国市场之前，曾派调查人员赴美国实地调查。结果发现，美国人所使用的单词中，最普通的第一个字母是：S、C、P、A及T。许多日本企业在随后的产品名称定位时，大都采用了美国人比较熟悉和经常采用的字母，日本企业的产品比较迅速地占领美国市场，与此不无关系。

资料来源：http://baike.baidu.com/view/289429.htm.

2. **观念定位**

观念定位是指企业在广告中突出宣传品牌产品新的意义和新的价值取向，诱导消费者的心理定势，重塑消费者的习惯心理，树立新的价值观念，引导市场消费的变化或发展趋向。

实例 10-7

脑白金的孝心和传统观念定位，使该产品在保健品市场上独占鳌头。广告语“今年孝敬咱爸妈，送礼还送脑白金”，“今年过节不收礼，收礼还收脑白金”。中国是一个节日和庆典比较多的国家，自古以来，民间就有互相送礼表示祝贺的风俗习惯。脑白金定位成一种礼品，并且是一种能带给人健康的礼品，极力宣传送礼更要送健康的理念。这个“送礼”观念定位恰好顺应了中国的传统。同时，中国自古就有尊老爱幼、孝敬父母的传统美德。脑白金增加礼品观念，增加孝心观念的策略，是其他竞争者所不具备的。

资料来源：http://baike.baidu.com/view/289429.htm.

广告定位能够赋予企业具有竞争者所不具备的优势，帮助企业在激烈的市场竞争中取胜，赢得消费者的信赖，树立产品在消费者心目中的特殊位置。

三、进行广告预算

企业在确立好广告目标后就要按照目标内容制定广告预算。广告预算是企业从事广告活动而计划支出的费用。企业在进行广告预算时应考虑以下几点影响因素，以确保合理的广告开支和有效的广告传播。

1. 产品生命周期

产品处于生命周期的不同阶段，广告预算是不同的。导入期的产品广告预算较高，而成熟期的产品广告预算就相对减少很多。

2. 企业实力

广告投资风险很大，企业应本着量力而行的原则，根据自身经济实力和生产规模来进行预算。

3. 竞争者

广告的竞争就是广告预算的竞争，企业广告预算应参照竞争对手的预算。当市场竞争激烈时，企业的广告预算就会增加。

4. 媒体因素

不同的传播媒体，广告宣传费用不同，电视广告效果好，但费用最高。企业应多方权衡，选择最适合产品宣传的媒体，并不一定是花费最高的。

5. 广告频率

广告重复的次数越多，广告预算就会随之增加；反之，则减少。

6. 产品销售量

企业在目标市场增加产品的销售量，广告费用就会因此而增加；反之，广告投入较多却不能提高产品销售量和利润，那么企业就该考虑削减广告预算。

四、广告媒体策略

广告媒体的选择是否恰当，直接影响企业产品的宣传效果以及广告预算开支，因此，企业应在以下几方面作出决策：

1. 确定广告触及面、广告频率和广告效果

广告触及面是指在一定时期内，某一特定媒体一次能触及的不同个人与家庭的数目；广告频率是指在一定时期内，平均每人或每个家庭见到广告信息的次数；广告效果是指使用某一特定媒体的展露质量。

确定广告触及面、频率和效果是企业正确选择广告媒体的重要参考指标。

2. 媒体的种类

常见的传播媒体主要有报纸、杂志、广播和电视，近几年出现的互联网也

已经作为传播的平台日渐显露出强大的优势。

报纸广告灵活性强，传播及时，广告费用较低，但时效性较短，阅读者有一定限制。

杂志广告与报纸广告有着大体类似的特征，但费用高，灵活性差。

广播广告传播范围广，传播较为普及，成本较低，但只有声音传递，稍纵即逝。

电视广告传播范围广、效果较好，传播时声情并茂，富有较强的感染力，但费用较高，传播内容不易保存。

互联网广告因其具有成本低的特点，近年来得到迅速发展，随着网民的不断增加，其传播效果也不同凡响。

3．媒体成本

不同的媒体，广告费用开支差别很大，企业要综合各传媒的特点来考虑成本的开支。例如，电视广告绝对费用最高，而报纸广告就比较低。但最重要的还是要看媒体成本与广告接收人数之间的相对关系。若看电视的人数大大超过看报纸的人数，那么可能在电视上做广告的成本比在报纸上做要便宜。

4．产品性质

任何一类产品都要选择适合的传播媒体来进行广告宣传才能取得最好的传播效果。例如，化妆品、服装选择在电视或杂志上做广告可以增加对观众和读者的感观刺激，增强产品的吸引力。

5．企业经济实力

无论哪种媒体，广告都是需要付费的，企业在预算时要充分考虑到自身规模和实力来选择经济实惠、效果最好的传播媒体。

五、广告效果测评

广告播出后，企业应根据广告接收者的反馈来判定最终的传播效果。广告效果的测评主要包括两方面：

1．广告传播效果测评

它是指测评广告对于消费者知晓、认知和偏好的影响。企业可以在广告推出前请专家和具有代表性的目标顾客进行测评，推出后对顾客进行抽样调查，收集顾客反馈信息。

2．广告销售效果测评

它是指测评广告推出后对企业产品销售的影响。影响广告销售效果测评的因素较多，所以难度较大，只有在影响因素较少的情况下，广告对销售的影响才越容易测评。

第四节 营 业 推 广

一、营业推广的含义及作用

1. 营业推广的含义

营业推广是指为刺激需求而采取的，能够迅速刺激购买行为的促销方式。与其他促销方式不同，营业推广有着自身的特点：

（1）短期性。营业推广是一种短期的促销方式，企业通常是在某一特定时期，根据一定的推销任务来进行短期特别促销。

（2）针对性。营业推广通常是对企业的某种产品进行的短期促销，针对性较强。

（3）灵活性。采用营业推广作为促销手段时，企业可以根据产品销售的情况，通过随时调整优惠活动的形式来增强促销效果。

（4）非连续性。营业推广是其他促销方式的辅助手段，往往以一次性的优惠来刺激顾客，具有明显的非连续性特征。

2. 营业推广的作用

（1）吸引消费者购买。这是营业推广的首要目的，特别是在某些新产品刚上市或者企业要吸引更多的新顾客时，营业推广通过一系列的优惠活动对顾客产生较为强烈的刺激，更容易吸引他们的注意，促使顾客采取购买行为。

（2）稳定产品的市场占有率。营业推广中的销售奖励、赠券等优惠形式增加了产品的附加值，大大吸引了经常使用本品牌产品的顾客，从而使他们更乐于长期购买该产品，对企业产品的市场占有率起到了稳定的作用。

（3）有利于企业营销目标的实现。营业推广实际上是企业让利于购买者的促销行为，可以在短期内使购买者数量迅速增加，产生一定数量的忠实顾客，从而达到本企业产品销售的目的。

3. 营业推广的不足

（1）影响面较小。它只是广告和人员销售的一种辅助的促销方式。

（2）刺激强烈，但时效较短。它是企业为创造声势获取快速反应的一种短暂促销方式。

（3）顾客容易产生疑虑。过分渲染或长期频繁使用，容易使顾客对卖方产生疑虑。

二、营业推广的方式

营业推广的促销方式很多，企业应结合自身产品的特点及本企业的销售目标来选择，常见的有以下几种：

1．赠送样品

在企业推出新产品或开拓新市场时赠送样品给消费者。

2．有奖销售

消费者在购买企业产品到达一定金额时，可获得一定数量的奖券参与抽奖活动，有机会获得某些物质奖励。

3．附赠礼品

企业在销售商品时附上某些小礼品在包装中，或者在消费者购买商品时直接赠送。

4．交易折扣

常见的有现金折扣、数量折扣、换季折扣等。

5．赠优惠券

企业向特定节假日的特定消费群体赠送优惠券，刺激他们的购买来增加产品销售量。

6．展销会

企业通过参与展销会展销自己的产品，一方面可以扩大产品知名度；另一方面也是刺激消费的较好形式。

实例 10-8

20 世纪 30 年代初，外国啤酒垄断了上海市场。山东烟台啤酒厂的啤酒对上海人来说还很陌生，烟台啤酒为打入上海市场，策划了一场别具一格的促销战。

他们征得上海新世界游乐场同意后，在上海各家大报刊登了一条启事：定于某日，新世界按正价出售门票，持票者进入新世界后，由东烟台啤酒厂赠送印有“烟台啤酒厂”字样的毛巾一条，然后可以免费喝啤酒。喝酒多者，按前三名予以重奖。

启事登出后，上海市万人空巷，纷纷涌入新世界游乐场。南京路上人山人海，交通堵塞。狂热的人们喝掉了 48 瓶 1 箱的 500 箱啤酒。第二天，各大报纸都绘声绘色地报道了这次喝啤酒的盛况。

过了不久，烟台啤酒厂又出新招，在报纸上登出一则消息：定于星期日，烟台啤酒厂在淞园内隐藏一瓶烟台啤酒，谁能找到，奖励啤酒 20 箱。这再次吸引了成千上万的上海市民。

由于众多上海市民参加了这两项活动，从中感受到了很大的乐趣，从而为烟台啤酒带来了极大的知名度。

资料来源：陈书凯．小故事妙营销[M]．北京：中国纺织出版社，2005.

三、营业推广的组织和实施

营业推广的组织实施应包括以下几个步骤：

1．确立营业推广目标

企业根据产品在某一特定时期的营销目标确立具体的营业推广目标，也可以针对不同的对象来确立营业推广目标，如消费者、中间商、推销人员等。

2．选择营业推广工具

可根据推广目标、产品生命周期、产品特征等来选择具体的营业推广的形式，如赠送、优惠券、奖励、现场示范、组织展销等。

3．制订营业推广方案

营业推广方案的内容主要包括：

（1）奖励规模。营业推广的实质就是对消费者、中间商和推销人员予以奖励，所以企业在制订具体营业推广方案时应首先决定奖励的规模。在确定奖励规模时，最重要的是进行成本—效益分析。假定奖励规模为一万元，如果因销售额扩大而带来的利润大大超一万元，那么奖励规模还可扩大；如果利润增加额少于一万元，则这种奖励是得不偿失的。营业推广的这种成本—效益分析，可为制定有关奖励规模的决策提供必要的数据。

（2）奖励对象。企业应决定奖励哪些顾客才能最有效地扩大销售量。一般来讲，应奖励那些现实的或可能的长期顾客。

（3）发奖途径。企业还应决定通过哪些途径来发奖。例如，代价券可放在商品包装里分发，或通过广告媒介和直接邮寄分发，也可以通过网络途径分发。在选择分发途径时，既要考虑各种途径的传播范围，又要考虑成本。

（4）奖励期限。如果奖励的期限太短，许多消费者可能由于恰好在这一期限内没有购买而得不到奖励，从而影响营业推广的效果；反之，如果奖励的期限太长，又不利于促使消费者立即做出购买决策。

（5）总预算。确定营业推广预算的方法有两种：一是先确定营业推广的方式，然后再预计其总费用；二是在一定时期的促销总预算中拨出一定比例用于营业推广。后者较为常用。

4．方案的组织实施

当营业推广方案制订好，营业推广的准备工作也一切就绪之后，企业就可以开始着手组织实施方案。在具体运用各种营业推广方式之前，如果有条件，应对各种方式事先测试，以确定所选择的是否合适，并及时决定取舍。企业还应为每一种营业推广方式确定具体的实施方案。实施方案中需明确规定准备时间（从开始准备到实施之前的时间）和实施时间。

5．营业推广的评估

企业通常是把推广前、推广中、推广后的产品销售情况来进行比较，得出营业推广的评估结果。

第五节 公 共 关 系

一、公共关系的含义和特点

1．公共关系的含义

公共关系是指一个组织为改善与公众之间的关系，在公众心目中树立良好形象，增进公众对组织的认识和支持而进行的一系列活动。具体包括以下内容：

（1）公共关系是组织与其相联系的公众之间的关系。

（2）组织形象是公共关系的核心。

（3）组织开展公共关系活动是为了通过改善与公众之间的关系促进商品销售，提高市场竞争力。

2．公共关系的特点

（1）公共关系是组织建立在平等互利的基础上进行的活动。

（2）公共关系是组织与公众之间双向的沟通和交流活动。

（3）公共关系的目标是塑造组织良好形象。

（4）公共关系是一种长期活动，着眼于组织长远的发展。

二、公共关系的应用方式

企业开展公共关系活动时，通常是以一定的公关目标作为任务核心，根据不同的公关目标选择不同的活动方式，具体有以下几方面：

1．宣传型公关

宣传型公关是指企业主要利用各种传播媒介直接向公众表白自己，以求最迅速地将组织信息传输出去，形成有利于己的社会舆论。这是企业最经常采用的公关模式，包括发新闻稿，刊登公关广告，召开记者招待会，举行新产品发布会、出内部刊物等。其特点是：主导性强，时效性强，范围广，能迅速实现组织与公众的沟通，获得比较大的社会反响。但它的局限性主要表现为：传播层次浅，信息反馈少，使传播效果一般停留在认知层次。

2．交际型公关

交际型公关是指企业以人际交往为主，目的是通过人与人的直接接触，为企业广结良缘，建立起社会关系网络，创造良好的发展环境。其具体内容包括：各种招待会、宴会、专访、个人信函等。交际型公关特别适于少数重点公众。其优点是：灵活而富有人情味，可使公关效果直达情感层次；但缺陷是活动范围小，费用高，不适用于大数量的公众群体。

3．服务型公关

服务型公关是指企业以提供各种实惠的服务工作为主，目的是以实际行动获得社会公众的好评，树立企业的良好形象。其具体工作包括：售后服务、消费引导、便民服务、义务咨询等。服务型公关能够有效地使人际沟通达到行动层次，是一种最实在的公共关系。

4．社会型公关

社会型公关是指企业以各种社会性、赞助性、公益性的活动为主，通过对困难行业的实际支持，为自己的信誉进行投资。其主要形式包括：开业庆典、赞助文体活动、救灾扶贫等。

5．征询型公关

征询型公关是指企业以采集信息、调查舆论、收集民意为主，目的是通过掌握信息和舆论，为企业的管理和决策提供参谋。其具体工作包括：建立信访接待制度、进行民意调查等。

三、开展公共关系活动的程序

公共关系的活动程序主要包括公共关系调查、制订公共关系计划、公共关系实施、公共关系效果评估四个步骤。

1．公共关系调查

公共关系调查是指组织通过运用科学的方法，收集与其相关的社会公众对组织的意见及评价资料，并对组织公关状态进行分析的活动。包括社会环境调查、公众调查、组织形象调查三个方面的调查内容。常采用的调查方法有文献调查法、观察法、访问法、抽样调查法、问卷法等。

实例 10-9

长城饭店的"全方位"调查

一提到长城饭店的公关工作，人们立刻会想到那举世闻名的里根总统的答谢宴会、北京市副市长证婚的 95 对新人集体婚礼、颐和园的中秋赏月和十三陵的野外烧烤等一系列使长城饭店声名鹊起的专题公关活动。长城饭店的大量公关工作，尤其是围绕为客人服务的日常公关工作，首先源于它周密系统的调查研究。

长城饭店日常的调查研究通常由以下几个方面组成：

（1）日调查。

1）问卷调查。每天将表放在客房内，表中的 32 项内容涉及客人对饭店的总体评价，再来北京时再住长城饭店的可能性有多大；对十几个类别的服务质量的评价，对服务员服务态度的评价，以及是否加入喜来登俱乐部和客人的游历情况等。

2）接待投诉。十几位客服经理 24 小时轮流值班，在大厅内接待客人反映情况，随时随地帮助客人解决困难、受理投诉、解答各种问题。调查表和投诉意见每天集中收回，由客房部和公关部进行统计整理，其结果当晚交给饭店总经理，使决策层及时了解情况，次日早晨在各部门经理例会上通报情况。

（2）月调查。

1）顾客态度调查。每天按等距抽样向客人发送喜来登集团在全球统一使用的调查问卷。每日收回，月底集中寄到喜来登集团总部，进行全球性综合分析，并在全球范围内进行季度评比。根据量化分析对全球最好的喜来登饭店和进步最快的饭店给予奖励。

2）市场调查。前台经理与在京各大饭店的前台经理每月交流一次客人情况，互通情报，共同分析本地区的形势。

（3）半年调查。喜来登总部每半年召开一次世界范围内的全球旅游情况调研会，其所属的各饭店的销售经理从世界各地带来的信息，互相交流、研究，使每个饭店都能了解世界旅游形势，站在全球的角度商议经营方针。

这种系统的全方位调研制度，宏观上可以使饭店决策者高瞻远瞩地了解全世界旅游业的形式，进而可以了解本地区的行情；微观上可以了解本店每个岗位、每项服务乃至每个员工的工作情况，从而使他们的决策有的放矢。

资料来源：曾琳智．新编公关案例教程[M]．上海：复旦大学出版社，2005．

2．制订公共关系计划

公共关系计划的制订是指组织为了达到公关目标，在充分调查研究的基础上，对组织的公共关系活动进行谋划和设计的工作。企业制订公共关系计划时首先要体现公关活动的明确主题，做到有的放矢；其次要深谋远虑、纵观全局；最后，要具有创新性。

制订公共关系计划包括以下内容：①确定公关目标；②确定目标公众；③确定公关主题；④选择传播渠道；⑤确定公关模式；⑥费用预算；⑦书面报告。

实例 10-10

伊利高钙奶公关宣传、促销策划书

（一）活动主题

伊利高钙奶，健康你我他。

（二）活动目标

通过在××市各大商场、超市的宣传、促销活动，提高伊利产品的认知度，增进消费者对伊利产品的认可与信任，并通过后续的公共关系活动，树立伊利集团关心百姓健康、关心失学儿童的良好形象，提高伊利的美誉度。

（三）综合分析

（1）企业概况（略）。

（2）产品概况。伊利高钙奶富含天然乳钙，安全易吸收，含钙量比普通牛奶高30%以上，而且喝完以后口中有很香、很甜的余味，每天两盒伊利高钙奶就能满足人体所需钙质，将日常饮食营养、美味合二为一。伊利纯正天然的牛奶不含抗生素和防腐剂，是绿色食品。

（3）市场分析。据统计，伊利液态奶事业部的销售量约占国内市场的10%。另据了解，目前全国液态奶每年以34.4%的速度增长，其中纯牛奶的增长达80%～200%，而纯牛奶又以钙奶系列需求量最大，尤其是广州、上海沿海开放城市。

（4）消费者分析。伊利的多种产品已深入人心，尤其是奶制品。伊利高钙奶价格不高，且其品牌已为广大百姓所接受，名牌效应较好，其潜在消费者应为所有阶层的消费者。

（四）基本活动程序

（1）在2005年1月3日期间，在各大超市同时展开宣传、促销活动。每箱价格在原价基础上下调0.5元，并在每个超市销售专柜配1～2名导购员，宣传介绍该产品的特点。

（2）活动结束后，举办新闻发布会，并当面将本次促销活动盈利的10%捐赠给国家“希望工程”，同时宣布今后仍将举办类似的公益性活动。

（五）传播与沟通方案

（1）在活动开始前一周，在××市各大报刊上进行宣传，着重说明伊利集团将把本次促销活动盈利的 10%捐赠给国家“希望工程”，以激发人们踊跃参加此活动的热情。

（2）在各大超市、商场附近散发宣传单。

（3）由超市导购员向消费者宣传介绍产品。

（六）经费预算

宣传单 1 万份，400 元；活动宣传的媒体广告费 3 万元；超市导购员劳务费 1 500 元；新闻发布会礼仪、场地等费用 6 000 元；合计 3.79 万元。

（七）预算效果

本次活动全部费用预计在 3.5 万元～4.5 万元，只要活动安排得当，通过伊利为“希望工程”捐款献爱心活动应能使伊利产品更加深入人心，在消费者心中更好地塑造伊利集团的良好组织形象，达到事半功倍的较好效果。

资料来源：刘军．公共关系学[M]．北京：机械工业出版社，2006．

3．公共关系实施

根据制订的公共关系计划内容，组织下一步的工作就是公共关系实施。

公共关系实施是公关工作程序中最为复杂、最为多变的关键环节，在实施公共关系活动时，应把握好以下几点：

（1）有效排除组织与公众沟通时的障碍，如语言、风俗、观念、心理等。避免这些可能出现的障碍影响组织信息传播的真实性，顺利实现与公众的沟通。

（2）正确选择时机是提高公关方案成功率的必要条件。不同的公共关系方案，时机的选择也不相同。公关时机的选择一方面要服从组织整体公关策划；另一方面要使公众的心理期望得到满足。

实例 10-11

20 世纪 50 年代，法国白兰地酒开拓性地打入美国市场就是公关人员善于利用最佳时机，开展公关活动的一个典型的公关杰作。当时，担任这项工作的公关专家，经过详细策划决定抓住法美两国人民的情谊大做文章。他们选定的时机是美国艾森豪威尔总统的 67 岁寿辰。他们把两桶极为名贵、酿造已达 67 年的白兰地酒作为献给美国总统的贺礼，并充分发挥新闻媒介的宣传功效，吸引了美国公众。以致在总统寿辰的当天，华盛顿出现了万人空巷的罕见景象。同时，有关名酒的新闻报道、专题特写、新闻照片等挤满了当天的报纸。在这种庄严的气氛中，法国白兰地酒昂首阔步地进入了美国国家宴会厅，也摆上了市民的餐桌。

资料来源：潘彦维．公共关系[M]．北京：北京师范大学出版社，2007．

4．公共关系效果评估

公共关系效果评估就是根据特定的标准，对公共关系计划、实施及效果进行检查、评价，以判断其优劣的过程。公共关系效果评估的目的就是取得关于公关工作过程、工作效益信息，作为决定开展、改进公关工作和制订公关计划的依据。

本章小结

促销有人员推销与非人员推销两种促销方式，包括人员推销、广告、营业推广和公共关系四个方面。将这几种促销方式结合起来，有计划、有目的地配合运用，就形成了整体促销作用，也就是促销组合。

人员推销是最古老的一种促销方式，在实际运用中有着独特的优势，是其他促销方式不可替代的。推销人员按照人员推销的步骤进行商品促销，成功率较高。加强对推销人员的管理是企业提高销售的重要环节。

广告借以报纸、杂志、电视、广播、网络等各种媒体将信息传递给受众，带给企业较好的促销效果，成为企业销售活动中不可缺少的重要促销方式。企业结合自身实际情况，按照一定的步骤开展广告活动，实现企业促销目标。

营业推广通过提供现实的优惠，直接刺激消费者购买商品。企业采用营业推广的形式可达到许多方面的营销目标，常见的营业推广形式有赠送样品、有奖销售、附赠礼品、交易折扣、赠优惠券、展销会等形式。

公共关系作为一种促销手段，是企业为了搞好与公众的关系，增进公众对企业的信任与支持，树立企业良好的声誉和形象而采取的各种策略和实施的活动。通过各种形式的公关活动，企业本着互惠互利的原则，实现与公众之间的沟通交流，最终在公众心目中树立起自身良好形象。企业根据公共关系调查、制订公共关系计划、公共关系实施、公共关系效果评估四个程序组织公关活动。

知识练习与思考

一、重要概念

促销　促销组合　人员推销　广告　营业推广　公共关系

二、单项选择题

1. 促销的目的是引发刺激消费者产生（　　）。

A. 购买行为　　B. 购买兴趣

C. 购买决定　　D. 购买倾向

2. 在人员推销中，常采用的“刺激—反应”策略也就是（　　）策略。

A. 针对性　　B. 诱导性

C. 等待性　　D. 试探性

3. 对单位价值高、性能复杂、需要做示范的产品，通常采用（　　）策略。

A. 广告　　B. 公共关系

C. 推式　　D. 拉式

4. 公共关系是一项（　　）的促销方式。

A. 一次性　　B. 偶然

C. 短期　　D. 长期

5. 人员推销的缺点主要表现为（　　）。

A. 成本低，顾客量大　　B. 成本高，顾客量大

C. 成本低，顾客有限　　D. 成本高，顾客有限

6. 在产品生命周期的投入期，消费品的促销目标主要是宣传介绍产品，刺激购买欲望的产生，因而主要应采用（　　）促销方式。

A. 广告　　B. 人员推销

C. 价格折扣　　D. 销售促进

7. 一般说来，人员推销有上门推销、柜台推销和（　　）三种形式。

A. 宣传推销　　B. 会议推销

C. 协作推销　　D. 节假日推销

8. 公关活动的主体是（　　）。

A. 一定的组织　　B. 顾客

C. 政府官员　　D. 推销员

9. 传播速度快，传播空间大，形声兼备，具有现场感的媒体是（　　）。

A. 报纸　　B. 杂志

C. 广播　　D. 电视

10. 公共关系（　　）。

A. 是一种短期促销战略　　B. 直接推销产品

C. 树立企业形象　　D. 需要大量的费用

三、多项选择题

1. 促销组合的作用主要有（　　）。

A. 传递信息　　B. 创造需求

C. 突出特色　　D. 扩大销售

E. 树立企业形象

2. 人员推销的程序包括（　　）。

A. 寻找顾客　　B. 吸引新顾客

C. 传播情报信息　　D. 激发顾客购买兴趣

E. 保持老顾客

3. 公共关系的活动方式包括（　　）。

A. 交际型公关　　B. 服务型公关

C. 社会型公关　　D. 宣传型公关

E. 时空型公关

4. 企业在选择各种促销组合的时候主要应当考虑（　　）。

A. 市场状况　　B. 预算

C. 产品类型　　D. 企业目标

E. 产品生命周期

5. 以下属于营业推广方式的有（　　）。

A. 附赠礼品　　B. 折扣

C. 公益活动　　D. 竞赛

E. 展销会

四、判断题

1. 促销的实质是营销者与购买者之间的信息沟通。（　）

2. 因为促销是有自身统一规律性的，所以不同企业的促销组合和促销策略也应该是相同的。（　）

3. 广告的目的是为了吸引消费者，但广告对产品的报道必须与产品的本来面目相一致。（　）

4. 企业举办各种展销会所采用的这种促销策略是公共关系。（　）

5. 促销策略主要以市场为导向，只有能将产品卖出去，就应该不惜一切代价。（　）

五、简答题

1. 人员推销与非人员推销相比，其优点表现在哪些方面？

2. 推销人员应具备哪些素质？

3. 企业为何要开展公关活动？

4. 简述广告实体定位和观念定位的区别是什么？

5. 营业推广是否适合所有类型商品的促销？

6. 促销是企业必行的营销成功之路吗？

7. 企业开拓农村市场应采用哪种促销组合策略？

8. 面对当前资源短缺、环境污染等情况，企业应如何改进促销组合策略？

六、案例分析

娃哈哈集团是浙江省一家集工业、物业、商贸等产业为一体的大型企业集团。在短短的十年内，娃哈哈已成为今天中国食品行业的知名品牌，这与它出奇制胜的营销策略是分不开的。

“喝了娃哈哈，吃饭就是香”的USP——独特的销售主张诉求把娃哈哈产品形象生动地刻进了人们的脑海。为了加大宣传力度，娃哈哈不惜巨资，从1988年起，每晚必在“新闻联播”前的黄金时段亮相，被人们称为“宇宙流”和“地毯式轰炸”。

1993年，娃哈哈在杭州市各大报纸上刊登了一则广告：将报纸上的“娃哈哈”标志剪下来，可以到杭州市各大商场领取一盒娃哈哈果奶。当天报纸发行了100万份，娃哈哈公司领导预计能有30%的反馈率就不错了，然而没料到各大商场的果奶很快告罄，可商场门前人山人海，手持剪报标志来兑现果奶的人迟迟不肯散去。如果到此为止的话，那么这一活动并不特别，而娃哈哈下一步所做的就不是每个企业都能做到的了。为了保证每一标志持有者领到果奶，公司连夜生产，使每一个消费者都满意而归。这一企业与中间商的广告技术活动成为各大报纸争相宣传的热点，娃哈哈的美誉得到大幅度提高。

一天，郑州街上突然出现了许多醒目的“小黄帽”，帽子上印着“娃哈哈捐赠”。原来，娃哈哈公司为郑州5万名小学生定做了5万顶小黄帽，以便放学过马路时醒目，避免事故。这次活动不仅提高了娃哈哈在郑州的知名度，而且在人们心中也树立了高大的“公益形象”。

资料来源：http://wenku.baidu.com.

问题：

1. 请具体分析娃哈哈集团采用的主要是什么促销策略，其目标是什么？
2. 分析娃哈哈集团所采用的促销策略有什么特点。

实训操作

实训目的：了解促销组合在销售中的运用现状

实训要求：

（1）调查生活中常见的促销方式对你身边的同学及朋友在购物时的影响，了解他们对于各种促销方式的接受程度。

（2）参与企业商品促销活动，亲身体验各种促销方式的实际运用与操作。

（3）收集知名企业促销成功案例，进行总结分析。

实训指导：

（1）将学生分组，每组进行调查，并且至少参与一项促销活动。

（2）实训结束后，各组以书面形式上交调查报告以及实践感受。

参考文献

[1] 毕思勇．市场营销[M]．北京：高等教育出版社，2009．

[2] 张卫东．市场营销理论与实务[M]．北京：电子工业出版社，2006．

[3] 苏兰君，肖润松．现代市场营销[M]．北京：高等教育出版社，2007．

[4] 方光罗．市场营销学[M]．大连：东北财经大学出版社，2005．

[5] 黄彪虎．市场营销原理与操作[M]．北京：北京交通大学出版社，2008．

[6] 倪自银．新编市场营销学[M]．北京：电子工业出版社，2011．

[7] 菲利普·科特勒．市场营销管理（亚洲版）[M]．梅清豪，译．2 版．北京：中国人民大学出版社，2004．

[8] 迈克尔·波特．竞争优势[M]．陈小悦，译．北京：华夏出版社，2001．

[9] 萨布哈什 C 杰恩．市场营销策划与战略[M]．贾光伟，译．6 版．北京：中信出版社，2004．

[10] 迈克·海德．市场营销实务[M]．陈立平，译．北京：经济管理出版社，2005．

[11] 勾殿红．市场营销原理与实务[M]．北京：中国人民大学出版社，2009．

[12] 符莎莉．市场营销实务[M]．北京：电子工业出版社，2010．

[13] 冯丽云．现代市场营销学[M]．北京：经济管理出版社，2008．

[14] 王妙，冯伟国．市场营销实训[M]．上海：复旦大学出版社，2007．

[15] 荣晓华．消费者行为学[M]．大连：东北财经大学出版社，2009．

[16] 符国群．消费者行为[M]．武汉：武汉大学出版社，2004．

[17] 顾青．市场营销[M]．大连：大连理工大学出版社，2006．

[18] 阎毅．市场营销理论与实务[M]．北京：科学出版社，2005．

[19] 菲利普·科特勒．市场营销原理[M]．郭国庆，译．11 版．北京：清华大学出版社，2007．

[20] 王方．市场营销原理与实务[M]．大连：东北财经大学出版社，2005．

[21] 赵兴军．现代市场营销学案例教程[M]．北京：北京交通大学出版社，2007．

[22] 徐阳．市场调研与市场预测[M]．北京：高等教育出版社，2005．

[23] 赵轶，韩建东．市场调查与预测[M]．北京：清华大学出版社，2007．

[24] 庞洪芬．市场营销[M]．北京：冶金工业出版社，2009．

[25] 刘婷婷，满媛媛．市场营销学[M]．上海：上海财经大学出版社，2007．

[26] 张丁卫东．营销策划：理论与技巧[M]．北京：电子工业出版社，2007．

[27] 王秀村，王月辉．市场营销管理[M]．4 版．北京：北京理工大学出版社，2009．

[28] 王方．市场营销策划[M]．北京：中国人民大学出版社，2006．

[29] 徐育斐，孙玮琳．市场营销策划[M]．2 版．大连：东北财经大学出版社，2006．

[30] 张苗莹．市场营销策划[M]．北京：高等教育出版社，2007．

[31] 贾妍，李海琼．市场营销理论与操作[M]．2 版．北京：北京交通大学出版社，2010．

[32] 伯特·罗森布罗姆．营销渠道管理[M]．李乃和，奚俊芳，等译．6 版．北京：机械工业出版社，2002．

[33] 李薇辉，罗文英．市场营销学[M]．上海：华东理工大学出版社，2006．

[34] 常永胜．营销渠道理论与实务[M]．北京：电子工业出版社，2009．

[35] 杨春富．营销渠道管理[M]．南京：东南大学出版社，2006．

[36] 庄贵军，周筱莲，王桂林．营销渠道管理[M]．北京：北京大学出版社，2004．

[37] 陈书凯．小故事妙营销[M]．北京：中国纺织出版社，2005．

[38] 刘军．公共关系学[M]．北京：机械工业出版社，2006．

[39] 金星．广告学实用教程[M]．北京：北京师范大学出版社，2007．

[40] 潘彦维．公共关系[M]．北京：北京师范大学出版社，2007．

[41] 吕一林，杨立宇．市场营销学[M]．北京：中国人民大学出版社，2008．

[42] 吴晓云．市场营销管理教程[M]．天津：天津大学出版社，2007．

[43] 吴健安．市场营销学[M]．北京：高等教育出版社，2008．